JN308911

社会政策学会誌第18号

経済発展と社会政策

東アジアにおける差異と共通性

法律文化社

社会政策学会誌編集委員会

編集委員長　小笠原　浩一　　＊編集副委員長　室住　眞麻子

＊石井まこと	上原　慎一	＊大塩まゆみ
熊沢　　透	＊栗田　明良	＊笹谷　春美
＊篠原　健一	清山　　玲	＊竹田　昌次
＊都留　民子	＊西村　　智	橋本　健二
平岡　公一	藤澤　由和	松尾　孝一
湯澤　直美	吉村　臨兵	＊渡邊　幸良

付記：本誌の編集は，秋季号編集委員会（＊印の委員で構成）が担当した。

はじめに

　本誌は，2006年10月21日（土）～22日（日）に大分大学で開催された社会政策学会第113回大会の報告を中心に編集したものである。同大会の参加者は246名であり，成功裏に終了した。本大会の準備と開催に関しては，大会実行委員長の阿部誠会員，事務局の石井まこと会員をはじめ，大分大学の会員の方々および大学関係者の方々に多くを負っている。この場をお借りして，厚くお礼申し上げる。

　本誌は，例年の秋季号と同様の構成となっている。第Ⅰ部では，第113回大会共通論題「東アジアの経済発展と社会政策―差異と共通性―」の報告に基づく4本の論文と座長報告を収録している。ゲスト・スピーカーの杉原薫先生には，ご多忙のなかを本学会のためにご執筆いただいた。

　本大会では7つのテーマ別分科会，計17本の報告がなされた。第Ⅱ部では，そのうち3本の論文とすべてのテーマ別分科会座長報告を収録している。第Ⅲ部には，書評分科会の全報告の6本を掲載している。第Ⅳ部では，前号から引き継いだ投稿論文3本を収録している。

　なお，書評の終わりにリプライを掲載している。書評に対する著者からのリプライは学会誌規定にはないことであるが，今回編集委員会での議論を経て，幹事会のご了解の下に，また評者のご希望も踏まえ，著者のご協力を得て，書評とリプライの同時掲載を行うことにした。関係各位の方々に感謝申し上げるとともに，会員の方々のご理解をせつにお願いするしだいである。

　本誌にご寄稿いただいた執筆者の皆様には，改めてお礼を申し上げる。最後に，本号の刊行にご尽力いただいた法律文化社社長の秋山泰氏および編集担当の浜上知子氏にお礼を申し上げる。

　　2007年7月

　　　　　　　　　　　　　　　　　　　　　　社会政策学会誌編集委員会

目　次

はじめに

Ⅰ　共通論題＝東アジアの経済発展と社会政策

1　東アジアの経済発展と労働・生活の質 …………… 杉原　薫　3
　――歴史的展望
　　1　はじめに　3
　　2　東アジア型経済発展径路　5
　　3　教育と労働・生活の質　10
　　4　むすび　15

2　東アジアの社会政策を考える視点 ………………… 大沢真理　19
　　1　「東アジアの社会政策」への注目　19
　　2　交錯する社会政策概念　20
　　3　「生活保障システム」とその型　22
　　4　福祉国家のいきづまりと「男性稼ぎ主」型の困難　24
　　5　東北アジアの生活保障システムのいま　26

3　労使関係の日韓比較 ………………………………… 禹　宗杬　33
　――トヨタ自動車と現代自動車を素材として
　　1　はじめに　33
　　2　トヨタ自動車と現代自動車の労使関係　34
　　3　類似にみえて異なる二つのシステム　39
　　4　おわりに　45

4　東アジアにおける公的年金制度改革の比較 ……… 朴　光駿　48
　　1　東アジア社会政策比較研究の特殊性　48
　　2　年金改革の目標と国家間学習　49
　　3　公的年金制度の改革　52
　　4　公的年金改革の比較　60

〔座長報告〕
5 東アジア福祉国家論はいかに論じられるべきか …… 田多英範　66
　　1　テーマの選択　66
　　2　報告とコメント　66
　　3　東アジア福祉国家論の方法　69

II　テーマ別分科会＝報告論文と座長報告

テーマ別分科会3＝日本労使関係のいま
1　日本労使関係の特質と可能性 ……………………… 富田義典　77
　　1　労使関係の転換　77
　　2　労使関係をとらえる図式　80
　　3　日本の労働組合の課題——労使関係の個別化と労働組合　83

テーマ別分科会5＝米韓自動車産業の労使関係
2　米国自動車産業の労使協調がもたらす
　　労使関係の集権化と分権化 ……………………… 山崎　憲　93
　　1　はじめに　93
　　2　米国自動車産業における従来の労使関係枠組み　93
　　3　労使協調と労使関係枠組み基盤の変化　95
　　4　労使関係枠組み——集権化の二つの方向　97
　　5　労使協調による労使関係枠組みの変化と限界　101
　　6　おわりに　102

テーマ別分科会7＝アジア発展途上国の社会保障——カンボジアとネパール
3　Provident Fund Centered Social Security System
　　——Comparative Examination of Three Countries and Policy Implication to Nepal
　　……………………………………………… Ghan Shyam Gautam　107
　　1　Introduction　107

2　Brief Outline of Existing Social Security Schemes　109
3　Basic Provisions and Macro Economic Linkage　110
4　Participants' Choices and Service Adequacy　111
5　Fund Management and Returns　114
6　Existing Issues and Prospects of Provident Fund in Nepal　115
7　Conclusions and Policy Implications　120

〔座長報告〕

第1分科会（労働組合部会）
　規制緩和のなかの労働組合（兵頭淳史）　125

第2分科会
　貧困・低所得層の自立支援（岡部　卓）　129

第3分科会（秋季大会企画委員会）
　日本労使関係のいま（石田光男）　133

第4分科会
　母子世帯政策の現状と課題（所　道彦）　137

第5分科会（産業労働部会）
　米韓自動車産業の労使関係（上井喜彦）　141

第6分科会（社会保障部会）
　「障害者自立支援法」の内容と意義（相澤與一）　145

第7分科会
　アジア発展途上国の社会保障——カンボジアとネパール（上村泰裕）　150

III　書　評

●現代の賃金問題
　遠藤公嗣『賃金の決め方——賃金形態と労働研究』（岩佐卓也）　157
　森ますみ『日本の性差別賃金
　　　　　——同一価値労働同一賃金原則の可能性』（清山　玲）　160
　小越洋之助『終身雇用と年功賃金の転換』（杉山　直）　163

●社会福祉の歴史

谷沢弘毅『近代日本の所得分布と家族経済
　　　　　——高格差社会の個人計量経済史学』（千本暁子）　167

菅沼　隆『被占領期社会福祉分析』（六波羅詩朗）　170

北場　勉『戦後「措置制度」の成立と変容』（小笠原浩一）　174

千本暁子氏へのリプライ（谷沢弘毅）　177

Ⅳ 投稿論文

1　公的年金財政検証の課題 …………………………… 畠中　亨　185
　　1　はじめに　185
　　2　乖離分析の方法　186
　　3　年金数理部会の財政検証　190
　　4　基礎年金拠出金単価の乖離分析　193
　　5　乖離の要因に関する考察　198
　　6　むすびにかえて　202

2　グローバリゼーションとフィリピンの
　　看護労働力輸出政策 ………………………………… 山田亮一　208
　　1　はじめに　208
　　2　看護労働力の国際移動の現状と課題　209
　　3　フィリピン労働力移動の現状と課題　211
　　4　フィリピンのグローバル戦略と看護労働力移動　216
　　5　看護労働力移動とグローバル戦略の課題　221
　　6　おわりに　224

3　アメリカ「オーナーシップ社会」の社会経済的意義 … 吉田健三　228
　　　——年金「所有権」の成立基盤の分析から
　　1　問題意識と課題　228
　　2　年金「所有」の権利　229

3 権利と年金サービス　234
4 年金「所有」と「金融革命」　239
5 結論と展望　246

SUMMARY
学会記事
編集後記

I 【共通論題】 東アジアの経済発展と社会政策

東アジアの経済発展と労働・生活の質　　杉原　　薫

東アジアの社会政策を考える視点　　　　大沢　真理

労使関係の日韓比較　　　　　　　　　　禹　　宗杬

東アジアにおける公的年金制度改革の比較
　　　　　　　　　　　　　　　　　　　朴　　光駿

座長報告：東アジア福祉国家論はいかに
　　　　　論じられるべきか　　　　　　田多　英範

共通論題=東アジアの経済発展と社会政策――― 1

東アジアの経済発展と労働・生活の質
歴史的展望

杉原　薫　Sugihara Kaoru

1　はじめに

　20世紀後半の東アジア・東南アジアは，未曾有のスピードで経済発展を遂げた。日本，NIES，ASEAN，中国と続いた高度成長の波はこの地域を世界経済における長期の成長基地にした。東アジア10カ国の世界 GDP に占める比重は，1950年には10パーセントにすぎなかったのが，21世紀初頭には実に30パーセントを占めるにいたった（**図表1参照**）。

　にもかかわらず，この地域の高度成長は，現在でも後進国（地域）による先進国（地域）へのキャッチアップの過程として捉えられることが多い［例えば末廣 2000］。しかし，日本，韓国といった国単位ならまだしも，東アジア・東南アジア地域の成長を全体として見た時，20世紀後半に生じた世界経済の大きな地核変動を，キャッチアップという概念だけで捉えきれるだろうか。

　たしかにこれらの諸国は，欧米へのキャッチアップを目指してきた。経済の側面では，開発主義が政策思想の主流となり，それがしばしば国民的に共有された。しかし，キャッチアップ志向だけが高度成長をもたらしたわけではない。世界史的な視点から見れば，開発主義に加えて，第二次大戦後の段階での初期条件の高さ，20世紀後半における国際環境の有利さも，それなしにはこのような「奇跡」は起こらなかっただろうと考えられるほど，重要な要因だったように思われる。

　すなわち，東アジアは，長期にわたって西洋とは異なった発展径路をたどってきたのであり，それを初期条件とした戦後の発展もアメリカ型や西ヨーロッ

I 共通論題

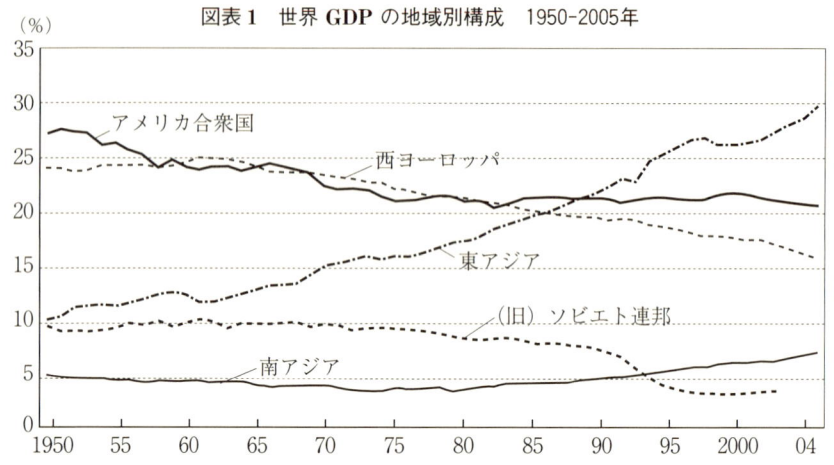

図表1 世界GDPの地域別構成 1950-2005年

出典および注：Maddison 2003. 1990年ドル換算で，購買力平価による推計。2002-2005年は，マディソンの2001年データに IMF 2006 および ADB 2006 にある GDP volume の成長率を乗じて計算した。西ヨーロッパは，オーストリア，ベルギー，デンマーク，フィンランド，フランス，ドイツ，イタリア，オランダ，ノルウェー，スウェーデン，スイス，イギリスの計。東アジアは，日本，韓国，台湾，香港，シンガポール，フィリピン，タイ，マレーシア，インドネシア，中国の計。南アジアは，インド，パキスタン，バングラデシュ，スリランカの計。

パ型の径路に収斂したのではなかった。たしかに欧米の技術や制度を導入することによって工業化を進めたが，その方向は，西洋型の模倣というよりは，長期にわたって存在した労働集約型・資源節約型工業化の伝統を受け継ぐものであった。戦後，アジアの多くの新興独立国では，重工業優先発展型の輸入代替工業化政策が採用され，東アジアにもこの傾向が見られた。しかし，それはその後次々と輸出志向型の政策に変更され，多くの国が自由貿易圏としてのアジア太平洋経済圏へ参入した。それが東アジア地域の高度成長につながったのである。先端的な資本集約的産業を導入したいが，外貨を稼ぐには良質の労働力を武器とした産業に特化して工業化をはからねばならないという緊張関係が，急速な経済発展を導く要因となり，世界経済のダイナミズムの一つの核を作りだした［Sugihara 2007］。なかでも資源節約型の発展径路を切り開いた点で日本の貢献は大きい。アメリカ型の発展径路への収斂ではなく，複数の発展径路の融合と共生が，グローバリゼーションの内実を構成していたと言えよう。

また，たしかに東アジア諸国は，結果として，1人当たり所得，教育水準，平均寿命などで，欧米に追いつくか，大きく差を縮めた。しかし，世界経済における東アジアの位置の変化はキャッチアップをはるかに超える重要性を有していた。画期的だったのは，生活水準の急速な上昇がヨーロッパ史では考えられないほどの膨大な人口を巻き込んで生じたことである。東南アジアを含めると，世界人口の3分の1を巻き込んだ高度成長の波は，世界の所得分配の構造を両極分解型から中間層形成型にシフトさせた。両極間の格差の拡大傾向は決して解消されてはいないが，ジニ係数で測った世界所得格差の悪化傾向にはほぼストップがかかった。20世紀前半までの世界では，一部の先進国で達成された高い生活水準を全世界の人びとが享受できるという現実的な見通しは存在しなかったことを考えると，これは「分配の奇跡」と呼ぶにふさわしい世界史的事件であった［Sugihara 2003］。もちろん，それと同時に，東アジアの成長地域と世界の貧しい国との格差は開きつつあり，しかも両者の経済関係は急速に強まりつつある。東アジアの発展を世界経済のなかで評価するときには，キャッチアップの側面とともに，こうした他の発展途上国に対する正負両面での大きな影響も同時に考慮するべきであろう。

　本稿では，このような観点から戦後の東アジア（以下，主として日本，韓国，台湾，香港，中国を念頭に置き，適宜地域ダイナミズムの一部を構成した東南アジア諸国に言及する）の経済発展を長期的，世界史的な文脈のなかに位置づけ，その発展の核となった労働・生活の質の変化を議論したい。

2　東アジア型経済発展径路

　まず，20世紀後半の東アジアをひとつのまとまりとして捉え，初期条件，国際環境，開発主義の3つの絡み合いを考えよう。ここではとくに初期条件に注目し，東アジア型経済発展径路とでも呼ぶべき，この地域に共通の特徴が，グローバリゼーションや開発主義国家の力を超えた径路依存性を維持しており，それは成長にストップがかかった1990年代の日本や1997年のアジア経済危機以降の東アジア諸国の変化を理解する場合にも，なお無視できない規定性をもつ

という論点を提出してみたい。

　第一に，東アジアにおける労働力の質の高さが，戦後の発展の初期条件としてもちこまれたことが重要である。中国を含む東アジアは，1950年頃にすでに安くて相対的に質の高い労働力を有し，世界経済のなかで競争力のある労働集約型工業を発展させるだけの条件を備えていた。もっとも重要な繊維産業（とくに綿業）では，日本，韓国，中国にはかなりの水準の技術・経営のノウハウがあった。上海に集積された技術は共産革命の影響もあって香港などにも伝播し，やがて例えば日本の合繊を台湾で織り，香港でアパレルにしてアメリカに輸出するといった，東アジア大の「繊維複合体」がアジア太平洋経済圏の形成を担うようになった。この例では，日本の資本と技術，台湾の低賃金，香港のアパレルに関するノウハウといった諸要素の結合が，東アジアのダイナミズムを支えたのである［杉原 2003］。東アジアの労働の質は，労働生産性では必ずしも欧米のそれに及ばなかったとしても，それを低賃金で補うだけの競争力を有していた。

　しかも，そのことの重要性は，雁行的発展の進展とともにますます明らかとなっていった。すなわち，1970年代以降の日本やNIESでは賃金が上昇し，為替レートで換算した欧米との賃金格差は比較優位の源泉ではなくなった。だが，東アジアの工業化の波は，ASEAN諸国に及ぶとともに，中国も開放政策に転換し，膨大な低賃金労働力が次々に世界経済に統合されていった。地域全体として労働市場を見れば，高賃金の熟練労働力から低賃金労働力まで，広汎な組み合わせが可能になったのである。労働力の国際移動そのものは量的には限られていたけれども，貿易や直接投資によってさまざまなかたちで結びつけられた東アジアの労働力の束が競争力を発揮し，地域ダイナミズムの源泉となった。一方で，輸出工業に動員された労働力は低賃金と劣悪な労働条件を強いられ，しかも域内競争はそのプレッシャーを強める方向に作用した［Deyo 1989］。と同時に，技術導入や労働の質の向上による労働生産性向上への圧力も，広汎な産業分野で強く感じられるようになり，熟練労働力の需要も増加した。20世紀末までに，労働の質と生活水準の継続的向上への期待は，実際にそれを実現した人の数よりもはるかに多くの人たちによって共有されるように

なった。

　こうした展開の背後には，東アジアの先進地域で「勤勉革命径路」が18世紀までに成立し［杉原 2004］，小農家族経済で培われた労働観，生活観が広く共有されていたという事情がある。戦前の日本の工業化は，同じ工業化の段階にある欧米諸国と比較すると，都市化が大きく遅れた半面，農村に位置する労働集約型工業は強い国際競争力を発揮した。また，共産革命以降制度的に都市化を抑えてきた中国の都市化率は，現在でも1840年のイングランドのそれに及ばない。他面大量の良質の労働力が農村に滞留し，労働集約型工業に携わってきた。日本では高度成長期に都市化が急速に進んだが，都市に移動した最初の世代には強く農村のエートスが残っていた。中国の現状も同様である。

　そればかりではない。都市の近代工業においても，農村で培われたエートスが利用された。工業化の過程で「出稼ぎ型」の労働力が果たした役割はよく知られている。戦前の日本では農村のエートスを社会化したイデオロギーが「経営家族主義」として影響力をもった［杉原 1996, 第12章］。現在でも，東アジアの工業労働力を農村，都市の底辺まで含めた巨大な労働力群として見ると，「勤勉革命径路」の規定性が大きく浮かび上がってくる。中国では広い意味での「出稼ぎ型」の労働力が依然として都市の工業を支えている。稲作農耕で培われた労働集約的な技術や労働吸収的な制度の蓄積のない他のアジア・アフリカ地域と比較すると，こうした地域径路依存性のもつ競争力への貢献は一層際だって見える。

　しかし第二に，労働集約型工業の発展は，アジア太平洋経済圏の興隆の一部として生じたのであり，その限りで世界システムの産物でもあった［杉原 2003］。第二次大戦後，アメリカを中心とする自由貿易体制が成立し，中東の原油をはじめとして，資源・エネルギーを世界から輸入し，アメリカや西ヨーロッパに労働集約型の工業品を輸出することができる国際秩序が形成された。冷戦体制は，米ソを軍事的，先端的な技術に特化させがちだった一方，日本，NIESが徹底的に民需に特化したことも，国際分業を容易にした。東アジアは，アメリカを中心とする自由貿易体制の下で，資源集約的，資本集約的な技術とは異なる，労働集約的，資源節約的な技術を発達させたのである。高度成長は

こうした棲み分け,国際分業によって可能となった。

リーによれば,NIES の工業化は,先進国市場への工業品輸出を急速に拡大させただけでなく,それを,国内の所得分配を悪化させることなしに高度成長に結びつけたという意味で,「質の良い」成長だった [Lee 1981]。リーは,韓国で国内市場にトリックル・ダウンが起こっている理由を,クルーガーなどが分析した,輸出の成長が分配に平等的な方向に働くメカニズムの説明 [Krueger 1980] だけで満足せず,その前提条件として,韓国における土地改革の徹底性という初期条件の高さを指摘している [Lee 1979]。それが輸出志向型工業政策と結びついて,高度成長につながったというわけである。

実際,東アジア諸国の対 GDP 輸出比率には大きなばらつきがあったが(国の大小も関係があるが,それだけではない。日本の比率は一貫して低かったのに対し,中国の比率は大きい),それは「東アジアの奇跡」にとっては基本的な問題ではなかった。それよりも,初期条件が輸出機会に反応することによって,一国経済,やがては地域経済の全体が,工業品の世界市場における比較優位を獲得したことが重要だった。それまでの非ヨーロッパ世界は,第一次産品輸出への地域的特化からはどうしても抜け出すことができなかった。ところが,労働集約型工業化の成功によって,世界の工業生産における東アジアのシェアはなお小さかったものの,世界の工業雇用におけるこの地域のシェアは急上昇し,それを農業が支えることによって世界最大の「地域工業化」が実現した。その規模と広がりが本質的に新しかったのである。

第三に,戦後の日本だけでなく,NIES,ASEAN,中国も,それぞれ開放体制に移行して以降は,「開発主義」と総称しうるような成長へのコミットメントを社会的に作り出した。政府は,必要なら中産階級の消費や民主化要求を抑えても,輸出を増やし,成長率を上げようとした [末廣 1998]。国民も,民主主義や環境破壊の面では多くの犠牲を払いつつも,成長イデオロギーを共有しがちであった。

高度成長国の課題は基本的には成長そのものであり,福祉の問題を解決する最大の武器は成長によって生活水準を急速に向上させることであるとされた。日本では,鉄道,道路,港湾など,物的インフラの整備が強調されるとともに,

「二重構造の解消」を旗印とした平等社会化（世帯所得の均等化）が目指された。

　だが，ここで注目したいのは，それとともに，教育，およびそれよりもさらに下位の目標として，医療の2つの分野で，開発主義の側からの正当化がなされたことである。労働の質と，それを支える生活の質を向上させなければ国際競争に耐えられないという意識ははっきりしていた。というよりも，そもそも教育水準の向上や衛生・健康の重要性を政府が国民に説得するという局面は，日本の場合は戦前にほぼ終了しており，戦後の課題は，欧米で急速に進む技術革新や制度変革を，日本語，日本文化を維持しつつどのように吸収し，国際競争力のあるものにするか，そのためにどのような施策が必要かということだったように思われる。「強制貯蓄」の側面からは，保険や年金のある程度の普及も，少なくとも成長を阻害するものだとは理解されていなかった。

　NIES でも，初期条件は日本ほど高くはなかったが，国民の教育水準の向上への意欲は強かった [Mok 2003]。とりわけ中国が所得水準の低い段階で識字率を高め，初等教育を普及させたことは，他の発展途上国・地域との大きな違いとして広く知られている [Dreze and Sen 1995, chapter 4]。それは，体制の違いを超えた，東アジアに共通の特徴である。また，開放体制への移行後の中国では，成長イデオロギーの国民的共有という側面での開発主義も，しだいに共有されるにいたった。他の発展途上国・地域に比べれば，東アジアの1人当たり所得，教育水準，平均寿命は，バランスよく，急速に上昇したことは明らかである（図表2を参照）。労働・生活の質の向上が，福祉の観点からというよりは成長の観点から政策課題とされたことは，東アジア諸国に共通する特徴だったのではなかろうか。

　こうして開発主義は，東アジア型経済発展径路を基礎とし，世界システム上の規定を受けて成立した政策イデオロギーであった。ホリデイとワイルディングは，東アジアの「福祉資本主義」を「生産第一主義（productivist）」だと特徴づけた [Holliday and Wilding 2003. とくに chapter 7]。エスピン・アンデルセンによる国家型，家族型，市場型といった分類は，東アジア型の特徴を地域としては有しない世界，とくに欧米諸国を基準とした社会政策の主体による分類，あるいは福祉レジームの分類である [Esping-Andersen 1990]。これに対し，生

I 共通論題

図表2 　人間開発指数（1960-1995年）

	1960	1970	1980	1995
アメリカ	0.865	0.881	0.905	0.943
日　　本	0.686	0.875	0.906	0.940
香　　港	0.561	0.737	0.830	0.909
シンガポール	0.519	0.682	0.780	0.896
韓　　国	0.398	0.523	0.666	0.894
タ　　イ	0.373	0.465	0.551	0.838
マレーシア	0.330	0.471	0.687	0.834
インドネシア	0.223	0.306	0.418	0.679
フィリピン	0.419	0.489	0.557	0.677
中　　国	0.248	0.372	0.475	0.650
イ ン ド	0.206	0.254	0.296	0.451

出所：国連開発計画1998, 176-78ページ。

産第一主義というかれらの特徴づけは，「福祉」という概念を，教育，健康，住宅など，労働・生活の質にかかわる主要な局面に広げて捉えており，本稿でいう東アジア型経済発展径路の特徴づけと大きく重なっている。もっとも，かれらはこれをエスピン・アンデルセンの3類型との対比で第4類型だとしたのであるが，それでは福祉を社会保障を中心とせずに（その意味で西洋の基準を相対化して），「人間開発」に広げて解釈したことの意味が薄れてしまう。本稿の観点からすれば，生産第一主義にもとづく労働・生活の質の向上は，量的にも質的にも，西洋型経済発展径路で見られる諸類型全体と対比させられるべき歴史的重要性をもつものである。

3　教育と労働・生活の質

アーサー・ルイスの「無限労働供給」論文 [Lewis 1954] の段階における開発経済学では，不熟練労働の動員による経済発展の可能性は強調されたが，労働の質の向上による工業化のイメージは明確ではなかった。一般に，当時の経済成長論では，遊休労働力の利用に加えて，制度，資本，貿易，政府による計画の役割や，技術進歩，インフラ整備の戦略的重要性は強く意識されていたが，

経済発展にとっての人的資本形成の必要性は，政策課題の核とはならなかった。初等教育，中等教育の普及を図り，それに対応して良質の雇用の拡大をどう起こすか，そのための工業化，産業構造の高度化をどのように進めるかという問題関心は，ごく抽象的なものにとどまっていたように思われる。

それには歴史的な理由がある。19世紀中葉までの西ヨーロッパの経済発展は，私的所有権の確立と，産業革命を担った技術革新によって可能となった。けれども，リンダートによれば，そこでは「私的所有権ルート」とでも呼ぶべき，物的資本への投資にもとづく経済発展への一つのルートが発見されたにすぎず，人的資本の政策的形成への志向はあまり見られなかった。義務教育はもちろんのこと，救貧法ですら，支配階級の利害にそぐわないところでは実施されないことが多かった。

これに対し，19世紀末以降の欧米，日本では，義務教育が普及し，税金の再配分を伴う，本格的な人的資本の形成が行われるようになった。両大戦間期のアメリカでは，中等教育も普及した。戦後，その傾向はさらに強まった。大衆が政治に参加するようになり，教育や福祉の充実を要求し始めたこともあるが，それだけではない。一国の識字率が高まるだけでなく，大衆の教育水準が全体的に上がり，労働・生活の質が向上することは，技術革新を進め，その国の「競争優位」を維持するという観点からも必要だと考えられるようになった。そして，これが，従来のルートに加えて，人的資本への投資にもとづく経済発展のもうひとつのルート，「人的資本ルート」を作り出した [Lindert 2003, 2004]。そして，20世紀後半にこのルートの重要な担い手として登場したのが東アジア諸国だったのである。

「人的資本ルート」のための政策論は開発経済学にとって新しい経験だった。古典派，新古典派の経済学が想定していたのは，基本的に「私的所有権ルート」のイメージだったからである。ルイスによれば，シュルツ [Schlutz 1961] やベッカー [Becker 1993. 同書第3章に収録された論文の原型の初出は1962] などによる人的資本論，なかでも教育の投資効率の計測を根拠にした政策論は，いくつかの基本的な問題を孕んでいる。第一に，教育は，教育そのものに意味のある営為であり，教育政策を雇用とのマッチングの問題に集約しても，有意な経

I 共通論題

図表3　先進国の産業部門別国内需要成長率（1972-85年）

	EC	アメリカ	日本
高成長部門	5.0	5.2	14.3
事務用機器，データ処理機器	9.0	6.5	7.2
電気電子機器・部品	3.5	7.2	20.7
化学工業生産品，医薬品	5.3	2.3	9.9
低成長部門	1.2	2.8	3.1
ゴム，プラスチック	2.8	5.4	2.0
輸送用機器	1.7	2.7	5.2
食料品，飲料，たばこ	1.2	0.4	0.0
紙，印刷物	1.6	2.9	2.7
工業用機械，農業用機械	−0.1	5.6	5.6
停滞部門	−0.3	0.5	2.4
金属製品	−0.5	−0.4	3.4
雑工業品	−0.6	2.1	1.9
鉱石，鉄・非鉄金属	0.6	−1.8	2.0
繊維製品，革製品，衣類	−0.2	2.0	2.2
非金属鉱物（建設資材）	0.1	1.7	1.1

出所：van Liemt 1992, 12.

済学的解答は得られない。第二に，発展途上国では，初等教育には先進国以上に費用がかかるので，産業構造の変化に応じて徐々に就学率を上げるのがよい。農業に雇用吸収の大部分を依存しなければならない状況で初等教育を進めると，労働力が都市に流出して，都市でスラムが膨張する。肝心の農業の生産性が上がらなくなる場合もある。また，高等教育も，しばしば過剰供給が問題にあるのが現状だ，というのがルイスの認識だった [Lewis 1966, 104-10]。

　実際，それは，輸入代替工業化を厳密に実践していたインドのような国を想定するとわかりやすい議論だった。また，東アジア諸国でも，ある段階までは良質の不熟練労働にもとづく工業化が重要であって，それが成功したからといって，自動的に労働の質が次第に上がったり，教育水準が上がったりするわけではない。社会が人的資本形成の方向に向かうには，それを可能にする国際環境と政策的コミットメントが必要であった。

　「日本の奇跡」が他のアジア諸国に波及するに際し，「日本例外説」が崩れ，

伝統的な理解が修正される大きな契機となったのは，マイクロ・エレクトロニクス革命である。図表3が示すように，1970年代以降，重工業を中心とする従来の基幹産業は停滞し，マイクロ・エレクトロニクスの技術をバネに，電子工業などの新しい工業が急速に成長した。新しい技術は，従来の機械系の技術と融合して，繊維など従来の労働集約型工業にも，重工業にも取り入れられ，生産効率を高めた［周 1997］。また，教育，医療，レジャーなどのさまざまな新しい消費・サービス活動が GDP に対する比重を高めていたが，ここでもこの技術の貢献が目立った。

　そればかりではない。図表3は，こうした産業構造の変化は，欧米ではなく日本でもっとも急速に進行したことを示している。したがってこの変化からもっとも強烈な影響を受けたのは，日本とアメリカの動きに敏感だった NIES, ASEAN だった。ここでの関心はマイクロ・エレクトロニクス技術のさまざまな分野への吸収速度である。新しい型の工業は，必ずしも固定した場所での産業集積を必要とせず，良質の低賃金労働を求めて，比較的簡単に国際移動することができた。大量の資本や重厚なインフラをもたなくても，競争力のある労働力と一定の情報の集積，商業・金融ネットワークがあれば，先進国における成長産業の一部を発展途上国に移転することができた。もちろん，移転した先の条件が（例えば賃金が上がったことによって）変化すれば，進出した企業はただちに別の国に移動することもしばしばであった。

　こうした変化が新興工業国に要求したのは，不熟練労働力から半熟練，熟練労働力への段階的なシフトである。しかも，輸出加工区だけではなく，国内経済全体のシフトが要求された。やがて伝統的な農村工業ですら，教育を受けた労働力を要求するようになりはじめたのである［van Liemt 1992, 12-13］。

　したがって，輸出志向型発展にコミットした NIES, ASEAN の場合，ルイスが想定しているような，いわば一国的に自立的な径路ではなく，変化する需要との直接的なマッチングと，それを支える中長期的な人的資本形成とを同時に進める必要があった。初期条件の低い ASEAN の場合はもちろんであるが，NIES の場合も，従来の労働力としての質の良さに加えて，激しい技術変化に対応できるようなスキルの形成と教育水準の向上が重要になった。図表4は，

Ⅰ 共通論題

図表4 アジア諸国の就学率推計（1965年，1985年）

	初等教育 1985年（1965年）		中等教育 1985年（1965年）		高等教育 1985年
	合計	女子	合計	女子	合計
バングラデシュ	60（49）	50（31）	18（13）	10（ 3）	5
イ ン ド	92（74）	76（57）	35（27）	24（13）	9＊
パ キ ス タ ン	47（40）	32（20）	17（12）	9（ 5）	5
フ ィ リ ピ ン	106（113）	106（111）	65（41）	66（40）	38
インドネシア	118（72）	116（65）	39（12）	34（ 7）	7
タ イ	97（78）	n.a.（74）	30（14）	n.a.（11）	20
マ レ ー シ ア	99（90）	99（84）	53（28）	53（22）	6
シ ン ガ ポ ー ル	115（105）	113（100）	71（45）	73（41）	12
中 国	124（89）	114（n.a.）	39（24）	32（n.a.）	2
韓 国	96（101）	96（99）	94（35）	91（25）	32
香 港	105（103）	104（99）	69（29）	72（25）	n.a.
日 本	102（100）	102（100）	96（82）	97（81）	30

出所および注：World Bank, 1988, 280-81. 初等教育の数字は，就学者数を初等教育年齢人口（6-11歳）で除したもの。留年者など，初等教育年齢を超える就学者を含むため，100％を超える場合がある。中等教育は，12-17歳を対象人口と考えて，同様に計算。高等教育は，中等教育終了後に入学するすべての教育機関の就学者数を20-24歳人口で除したもの。Ibid., 303. ＊Tan and Mingat 1992, 15.

NIESにおける中等教育の急速な普及と，ASEANにおけるある程度の普及を示している。また，従来の住宅，都市の交通事情，衛生などに加えて，医療，子育て支援，高齢者のための福祉などの側面で生活インフラの質を上げることが，国際競争力を決める要因として重要になってきた。実際，NIESでは，賃金がかなり上昇したし，1990年代の初頭になると，マレーシア，タイでも労働力不足が問題となった［Godfrey 1992］。

　この段階での東アジア諸国の製造業は，商品と資本，技術の自由な国際移動を前提すれば，要素賦存上は欧米に似た資本集約型・資源集約型技術へシフトしても不思議ではなかった。実際，技術革新の方向が急速に労働節約的なものに変わったので，それまでのような雇用拡大は見られなくなった。しかし，全体としては，高賃金経済化してからも，労働集約型工業化のなかで培われた労働・生活の質を生かして，人的資源集約型の発展径路を作りだそうとした。そ

の特徴は，高等教育に集中するというよりは，初等，中等教育を重視する，比較的平等主義的な教育システムが実現したことである。企業における熟練形成の場でも，高賃金化した「不熟練労働」の質を向上させようとした。

さらに，「労働集約型」ということの意味も変化した。それまでは，資本集約的な技術との対比で，比較的資本を使わない，しばしば効率的な中小企業がイメージされてきたが，資本─労働比率や企業規模は，もはやそのままでは先進─後進の指標とはならなくなってしまった。高度成長期の日本で，要素賦存上の考慮から選択されたものが，東アジアに広がったときには，むしろ先端的な技術革新の方向に適合的なものに変わっていた。

こうして東アジア諸国は，現在でも開発主義を維持しつつ，新しい問題に対処しようとしているように思われる。「成長から安定へ」という傾向も見られないわけではないが，ヨーロッパとの比較においては，日本も含めて，依然として成長志向が強い。また，アメリカとの比較においては，成長を市場に頼るだけではなく，ある程度まで国家が誘導するという発想は維持されている。東アジアには，その意味での大きなまとまりはなくなっていないように思われる。

4 む す び

東アジアに長期の経済発展径路が存在し，とくにその中核に労働・生活の質の向上への強い関心が見られたとすれば，それは，社会政策の歴史の理解に対してどのような含意をもつのであろうか。

「東アジア型福祉レジーム」をめぐる近年の研究を一瞥して感じられるのは，一方では社会保障から見た狭義の福祉の議論が進んでいるが［Goodman et al. 1998；上村・末廣 2003；社会政策学会 2006］，他方で，開発研究の文脈でも「社会政策」が活発に論じられており，しかもその内容は教育と健康，とくに教育を中心とし，それにいわば住宅政策や社会保障などが加わるという，ほとんど「人間開発政策」とでも呼ぶべきものになりつつあるということである［Ramesh 2003；Holliday and Wilding 2003；Mkandawire 2004］。この立場では，東アジア諸国では，人間開発指数の上昇が経済成長に影響を与えることによる両

I 共通論題

者の好循環が生じたとされ,なかでも教育の役割が強調される [Ranis, et al. 2000]。成長がすべてを解決していったのではなく,教育や健康への強い関心が成長を促したことに注目し,そこから社会政策,あるいは福祉レジームの役割を理解しようとしているように見える。

日本でもこうした傾向に呼応する研究も出ている。これらの「福祉システム」研究を的確に整理した末廣昭氏は,それらは現在のところもっとも総括的なアジア間比較であるが,なお企業や家族の役割が十分検討されておらず,今後の見通しを考えるためにもこの点を補足すべきだとして自論を展開している [末廣 2006]。また,広井良典氏による「健康転換」の解釈は,健康にかかわる政策の広がりを開発との関連で捉えている点で興味深い [広井 2003]。

いずれにせよ,今後,こうした広義の福祉システムの歴史の比較研究のなかに,本来の社会政策史が位置づけられていくことが望ましい。日本の経験も,西洋の思想や制度の導入史として理解するだけでなく,東アジア独自の歴史的文脈のなかでの位置づけがより鮮明になることが期待される [玉井 2006]。

【参考文献】

ADB (Asian Development Bank) 2006. *Key Indicators 2006.*

Becker, Gary S. 1993. *Human Capital: A Theoretical and Empirical Analysis: With Special Reference to Education*, Third edition, Chicago: University of Chicago Press. (第2版の翻訳がある。佐野洋子訳『人的資本―教育を中心とした理論的・経験的分析―』東洋経済新報社,1976年).

Deyo, Frederic 1989. *Beneath the Miracle: Labor Subordination in the New Asian Industrialism.* Berkeley: University of California Press.

Dreze, Jean, and Amartya Sen 1995. *India: Economic Development and Social Opportunity*, Delhi: Oxford University Press.

Esping-Andersen, Gosta, *The Three Worlds of Welfare Capitalism.* Princeton University Press, 1990(岡沢憲芙,宮本太郎監訳『福祉資本主義の三つの世界―比較福祉国家の理論と動態―』ミネルヴァ書房,2001年).

Godfrey, Martin 1992. "Labour Shortage as an Aim of Employment Strategy: An Overview of Trends and Prospects in Developing Asia", in ILO-ARTEP, *Employment and Labour Market Interventions: Papers and Proceedings of the Fourth Meeting of Asian Employment Planners, New Delhi, December 17-19,*

1991, Geneva : ILO.

Goodman, Roger, Gordon White and Huck-ju Kwon 1998. *The East Asian Welfare Model : Welfare Orientalism and the State*, London : Routledge.

広井良典2003.「アジアの社会保障の概観―『アジア型福祉国家』はあるか―」広井良典・駒村康平編『アジアの社会保障』東京大学出版会。

Holliday, Ian and Paul Wilding eds. 2003. *Welfare Capitalism in East Asia : Social Policy in the Tiger Economies*, Basingstoke : Palgrave Macmillan.

IMF (International Monetary Fund) 2006. *International Financial Statistics Yearbook 2006*.

国連開発計画1998.『人間開発報告書1998―経済パターンと人間開発―』国際協力出版会。

上村康裕・末廣昭編2003.『東アジアの福祉システム構築』東京大学社会科学研究所。

Krueger, Anne 1978. "Alternative Trade Strategies and Employment in LDCs", *American Economic Review*, 68-2.

Lee, Eddy 1979. "Egalitarian Peasant Farming and Rural Development : The Case of South Korea", *World Development*, 7-4/5.

Lee, Eddy 1981. "Export-led Industrialisation in Asia : An Overview", in Lee ed., *Export-led Industrialization and Development*, Asian Employment Programme, ARTEP, Geneva : ILO.

Lewis, W. A. 1954. "The Economic Development with Unlimited Supplies of Labour", *Manchester School*, 22-2.

Lewis, W. Arthur 1966. *Development Planning : The Essentials of Economic Policy*, New York : Harper and Row.

Lindert, Peter H. 2003. "Voice and Growth : Was Churchill Right ?", *Journal of Economic History*, 63-2.

Lindert, Peter H. 2004. *Growing Public : Social Spending and Economic Growth, Vol. 1, The Story*, Cambridge : Cambridge University Press.

Maddison, Angus 2003. *The World Economy : Historical Statistics*, Paris : Development Centre, OECD.

Mkandawire, Thandika 2004. "Social Policy in a Development Context : Introduction", in Mkandawire ed., *Social Policy in a Development Context*, Basingstoke : Palgrave Macmillan.

Mok, Ka-ho 2003. "Education", in Holliday and Wilding eds, *Welfare Capitalism in East Asia*.

Ramesh, M. 2003. "Globalisation and Social Security Expansion in East Asia", in

Weiss ed., *States in the Global Economy: Bringing Domestic Institutions Back in*, Cambridge: Cambridge University Press.

Ranis, G., F. Stewart, and A. Ramirez 2000. "Economic Growth and Human Development", *World Development*, 28-2.

社会政策学会編2006.『東アジアにおける社会政策学の展開』法律文化社。

Schultz, Theodore W. 1961. "The Investment in Human Capital", *American Economic Review*, 51-1.

周牧之1997.『メカトロニクス革命と新国際分業』ミネルヴァ書房。

末廣昭1998.「開発途上国の開発主義」、東京大学社会科学研究所編『20世紀システム4　開発主義』東京大学出版会。

末廣昭2000.『キャッチアップ型工業化論―アジア工業化の軌跡と展望―』名古屋大学出版会。

末廣昭2006.「東アジア福祉システムの展望―論点の整理―」『アジア研究』52巻2号。

杉原薫1996.『アジア間貿易の形成と構造』ミネルヴァ書房。

Sugihara, Kaoru 2003. "The East Asian Path of Economic Development: A Long-term Perspective", in Giovanni Arrighi, Takeshi Hamashita and Mark Selden eds., *The Resurgence of East Asia: 500, 150 and 50 Year Perspectives*, London: Routledge.

杉原薫2003.『アジア太平洋経済圏の興隆』大阪大学出版会。

杉原薫2004.「東アジアにおける勤勉革命径路の成立」『大阪大学経済学』54巻3号。

Sugihara, Kaoru 2007. "Labour-intensive Industrialisation in Global History", Kyoto Working Papers on Area Studies 1, Center for Southeast Asian Studies, Kyoto University, Kyoto.

玉井金五2006.「日本における社会政策の展開と特質―東アジアの比較軸―」社会政策学会編『東アジアにおける社会政策学の展開』。

Tan, Jee-Peng, and Alain Mingat 1992. *Education in Asia: A Comparative Study of Cost and Financing*, Washington D. C.: World Bank.

van Liemt, Gijsbert 1992. "Introduction", in van Liemt ed., *Industry on the Move: Causes and Consequences of International Relocation in the Manufacturing Industry*, Geneva: ILO.

World Bank 1988. *World Development Report 1988*, New York: Oxford University Press.

共通論題=東アジアの経済発展と社会政策―― 2

東アジアの社会政策を考える視点

大沢真理　Osawa Mari

1 「東アジアの社会政策」への注目

　2000年代になって，東アジアの社会政策にたいする2つのまなざしが交わり，接合を始めたという感を強くする。2つのまなざしの1つは，欧米発の比較社会政策論や比較政治経済論であり，1990年代から東アジア諸国を比較検討の対象に取り込むようになった。もう1つのまなざしは開発論からのものであり，開発の文脈での社会政策に関心を高めるとともに，東アジア・東南アジアに焦点を当てている。

　2つのまなざしが接合して社会政策研究の新しい地平を拓きつつあることは，国連社会開発研究所（UNRISD）が2000年から2005年にかけて展開した所としての「旗艦」プロジェクト"Social Policy in a Development Context"の成果にも見て取ることができる。2004年から刊行が始まったその成果は，2007年3月までに10冊に及ぶ予定である。2005年7月に刊行された4冊目は，北欧諸国を対象として，執筆者にエスピン・アンデルセンやW・コルピといった比較社会政策の論客を擁している［Kangas and Palme 2005］。

　本稿は第2節で，東アジアの社会政策が注目されるなかで社会政策の諸概念が交錯していることを概観し，社会保険制度やその代替的な措置を備えた国・地域ばかりでなく，また工業化や民主化に先立つ段階を含めて，時系列的あるいは横断的な比較研究が展開するよう期待する。第3節では，「生活保障システム」という枠組みを導入し，20世紀福祉国家が，本来多様で個別的な生活保障ニーズを，所得の不足という一次元的な「貧困」に還元し，貧困原因についても，男性世帯主が就労しているか否かでほぼ割り切っていたことを，浮き彫

Ⅰ　共通論題

りにする。もちろん福祉国家のあり方は一様ではなく，1980年代の実態に照らすと生活保障システムの3つの類型を設定できる。第4節では，20世紀福祉国家のいきづまりが，広い意味での「社会的排除」として現象していると捉え，とくに「男性稼ぎ主」型の生活保障システムでは，若者と女性が労働市場の内外に排除され，社会保険料負担を回避するための排除も顕著であることを見る。とくに日本にそくして，社会保険をめぐる「脱法性」として社会的排除の実相を捉え，韓国および台湾での社会政策改革と対置しようというのが，第5節である。

2　交錯する社会政策概念

　従来の社会政策論では，現金や財・サービスを「給付」する政策，具体的には社会保険・公的扶助・税制といった所得移転をはじめとして，医療保障，社会サービスなどを対象とし，その意味での社会政策が産業化・都市化・民主化の一定の段階以降に開始され展開すると想定されていた（この点で，大河内理論は異色である）。自生的で漸進的な，いいかえると長い工業化と民主化の過程をたどり，農民層の分解の程度が深く人口の大部分が賃労働者（"プロレタリア"）となったような西ヨーロッパ近現代の社会経済史をモデルとして，福祉国家化が規定されたのである。

　高度経済成長を遂げた東アジア諸国のうち，1990年代から台湾がLISに参加し，韓国がOECDに加盟するなどの情勢に伴って，東アジアも比較研究の対象となった。東アジアNICsなどを取りあげ，その福祉国家の特徴について，「家産制」，「儒教主義」，「生産第一主義（productivist）」，「開発主義」，「後発型」などが主張されてきた［Peng 2004；末廣 2006；金 2006］。

　ところでUNRISDは，社会政策を，「社会的事故（contingencies）と貧困から市民を保護することを目指し，ひいては市民が自己の人生の目標を追求できるようにする公共的な政策と制度」，と定義する［http://www.unrisd.org/80256B3C005BB128/(httpProgrammeAreasForResearchHome)/BFA13785EC135F568025718B003C5FA7?OpenDocument］。この社会政策の定義は，「公共的な政策と制

度」を社会保険と同一視していない点を別とすれば，福祉国家の定義に近いといえよう。

　他方で開発論により内在し，開発にかかわる政治経済システムの比較や類型論に学ぶならば，生活保障や社会的保護にかぎらず，低賃金政策や労働組合抑圧政策としての社会政策も，視野に収められてきたことが分かる。工業化・都市化や民主主義の定着と社会政策との関連について，西ヨーロッパの経験を「標準」とするユーロ・セントリズムをとるのでないかぎり，民主化以前に・工業化の開始や過程にかかわる・政策，いいかえれば開発政策を，社会政策ではないと断ずる根拠は薄い。

　実際，F・C・デヨによれば，東アジアのように人的資源集約型の輸出志向工業化という開発戦略がとられる場合には，経済開発政策と国家の福祉役割とはとくに適合的に連携した。デヨの場合に社会政策とは，農民，労働者，中間層といった民衆の経済的福祉と保障に直接影響する国家の政策，慣行および制度をさし，経済開発政策を含む。というのは，経済政策が福祉にたいする帰結を意図していたり（たとえば実質賃金の上昇），明示的または暗黙の社会経済的優先順位を反映したりするからである（たとえば失業を減少させるための労働集約的工業化）［Deyo 1992：290］。

　東アジアの保守的権威主義体制のもとでは（民主化以前），本格的な工業化にも先立って，限定的ではあれ社会保険制度が導入されたことを想起する必要がある。それは権威主義体制が主導する工業化に労働者を馴致させる手段であると同時に，強制貯蓄による資本動員の面をもつという意味でも，開発政策の一環だった［大沢 2004］。

　馴致ばかりでなく自律的な労働団体を弾圧・一掃するような措置も，社会政策ではないだろうか。この面では，大河内理論が示唆するところが大きい。周知のように，大河内は産業革命以前のイギリスの労働者弾圧的な規制を，社会政策の「原型」としてとりあげた［大沢 1996］。貧困の緩和や不平等の是正，労働者保護といったプロ・レイバーで福祉的な政策ばかりが社会政策ではないという洞察を，私たちは大河内理論から継承すべきではあるまいか。

　開発主義にかんして，緻密な概念規定にもとづく比較研究を推進してきた末

廣昭は，開発主義の制度化を検証・比較すべき側面に，労働力の配分と労使関係への介入，および国民各層のあいだで経済成長を共有するための社会的政策を含めている［末廣 1998：5, 19, 28-38］。このうち「社会的政策」としては，農業農民政策・農村開発政策が典型とされるが，雇用創出や住宅供給などに政府が積極的役割を果たそうとする動きも視野に含められている。

ようするに，東アジアの社会政策について，社会保険制度やその代替的な措置を備えた国・地域ばかりでなく，また工業化や民主化に先立つ段階を含めて，時系列的あるいは横断的な比較研究が期待されるのである。とはいえ，プロ・レーバーはもちろん，プロ・マネジメントであれ，政府に政策を立案し執行する能力が備わっていると，アプリオリに前提するべきではあるまい。以下では，生活保障システムという枠組を導入して，政府の社会政策から視野を広げることを試みよう。

3　「生活保障システム」とその型

いささか同義反復的ではあるが，「生活保障（Livelihood Security）」を，「必要（ニーズ）」が充足されることと定義しよう。ニーズとは，必要不可欠な財・サービスのいずれかを欠くことである。個人によって特殊なニーズも当然に存在するが，一般的にどのような財やサービスが必要不可欠であるかは，時代と社会ごとにゆるやかに合意されている。

同時に注意するべきは，人間が多様であって，仮に同じ種類と量の資源を入手しても，実現できる「福祉」の水準は，性別，年齢，障害の有無・種類・程度，エスニシティなどの個人の属性によって異なるという点である。A・センは例として，妊娠している女性が，同等の所得と基本財をもつ同年齢の男性と同様に快適にすごせるためには，種々の障害を克服しなければならないと述べ，この点にくり返し念を押している［セン 1999：34］。同様に快適にすごせるために必要な財・サービスが，個人によって種類も量も異なるともいえよう。福祉が欠損するリスクは，人間の多様性に留意するならば，本来個別的なのである。

そのニーズは，必ずしも購買力に裏うちされず，また本人がニーズを認知し表出するとは限らない。本人が意識しない場合には，第三者が認知を促し，購買力がないか商品化されていない財やサービスについては，公私のルートで贈与してでも，ニーズを充足することで，生活保障がなされる。ニーズは本来個別的でありながら，その認知と充足は社会的な過程であり，当人の社会参加と第三者の自発的・強制的な協同を本質的な契機とする。

ニーズが充足され，生活が持続的に成り立つためには，家族や企業，コミュニティ，非営利協同組織などの制度・慣行が，政府による社会政策と好適に接合する必要がある。その全体を「生活保障システム」と呼びたい。社会政策としては，社会保険と公的扶助等からなる社会保障とともに税制（以上が所得移転），保育や教育，保健・介護といった社会サービス，そして雇用政策や労働市場の規制を視野に入れる。

生活保障システムという枠組で20世紀福祉国家を眺めると，それは，本来個別的で多次元的であるニーズを，所得の不足という一次元に還元し，所得が不足する原因についても，主要には就労しているか否かで割り切っていた，という特徴が浮かび上がる。生活が成り立たない状況とは，典型的に，おもな稼ぎ手である男性の所得が，失業や傷病，老齢退職などのリスクにより，家族の生活費にたいして不足することであると捉えられた。そこで，社会保険給付や公的扶助を通じて所得を移転することにより，生活保障が図られた。「男性稼ぎ主（male breadwinner）」にたいする所得移転中心の福祉国家といえよう。男性が「生産年齢」にあるあいだ，職業活動を通じて十分な所得を獲得できれば，妻子とともに家庭を営んで次世代を教育訓練することもでき，老齢退職後の所得も保障されると想定されたのである。

そうした想定が，第二次世界大戦の直後には，欧米諸国のいずれでも強かったとしても，たとえばスウェーデンの制度では当初から「男性稼ぎ主」規範の刻印が薄く，早くも1970年代にはそれを払拭したとされる [Sainsbury 1996: chap. 3]。そこで1980年前後の実態を念頭に置くと，先進国の生活保障システムについて，「男性稼ぎ主」型，「両立支援（work/life balance）」型，「市場志向（market oriented）」型という3つの類型を設定できる[1]。これらの型では，職

場と家族のあり方に，性別役割や性別分業（「ジェンダー」）の標準や典型が，暗黙のうちにも措定されており，その意味でジェンダーが生活保障システムの基軸をなしている。

4 福祉国家のいきづまりと「男性稼ぎ主」型の困難

近年，所得移転中心の福祉国家を基軸とする生活保障システムは，逆機能といわないまでも機能不全を呈し，多くの人々にとって，生活と社会参加が困難であるという「社会的排除（social exclusion）」が現れてきた。

その背景には，第一に経済グローバル化があり，第二に，「ポスト工業化」に伴って顕在化してきた「新しい社会的リスク（New Social Risks）」に，福祉国家が対処しがたいという問題がある［Bonoli 2003；Taylor-Gooby 2004］。ボノリによれば「新しい社会的リスク」は，とりわけ雇用が第三次産業にシフトし，女性が大量に労働力人口に参入するという社会経済的転換に関連している。リスクの例として，仕事と家族生活が調和しないリスク，ひとり親になるリスク，近親者が高齢や障害により要介護になるリスク，低い熟練しかもたないか，身につけた熟練が時代遅れとなるリスク，そして「非典型的」なキャリア・パターンのために社会保障から部分的にせよ排除されるリスク，などが例示されており，少子高齢化という人口学的転換も関連していることが分かる［Bonoli 2003］。

ここで問うべきは，新しい社会的リスクが，実際にどれほど新しいか，である。歴史をふり返れば，たとえば，熟練の陳腐化は産業革命期に鋭いイシューとなり，女性が工場労働につくことによる家族生活との調和の問題は，1830年代から40年代の工場立法をめぐる議論の焦点の1つだった。にもかかわらず福祉国家は，多様な生活ニーズないしリスクを，所得の不足に還元し，就労貧困や家庭と仕事の両立ニーズを無視していた。社会的排除や「新しい社会的リスク」の認識は，20世紀福祉国家が画一化し一次元に還元した問題を，あらためて当事者にそくして具体的に捉えようとする動きといえよう[2]。

社会的排除の概念は，フランスで1970年代なかばに登場し，1989年にはヨー

ロッパ社会憲章の序文で明示的に言及された。97年のアムステルダム条約では社会的排除にたいする闘いがEUの主要目標の1つに位置づけられる［バラ／ラペール 2005：6, 8］。もちろんそれは，「先進国」に限られない。「貧困ならびに失業という現象は，おそらく1930年代以来初めて先進国と発展途上国とに共通する現象となった」，とも指摘されている。ただ，「失業」問題1つをとっても，先進工業国では社会的排除がとくに長期失業において現れるのにたいして，途上国では労働のインフォーマル化や生計の「脱法性（extra-legality）」が顕著である，という違いがある［バラ／ラペール 2005：iv, 21-29, 55, 202］。

EUの社会的保護委員会の把握にたいして，バラとラペールは"労働市場の内部における排除"を重視する面で，事実上修正を施している。これは，アマルティア・センが「望ましくない包摂（unfavorable inclusion）」と呼んだ事態とも重なりあう［Sen 2000］。非自発的なパートタイム労働者をはじめ労働市場の「不安定な（precarious）部門」がこれに該当する。具体的には，一時的雇用，劣悪な条件の就労，社会保障へのアクセスから部分的あるいは全面的に排除された者などである。同時に，労働市場から退出したために失業者とはみなされない求職意欲喪失者，早期退職を促されるか強制された者も，見逃すべきでない［バラ／ラペール 2005：第3章］。

不安定な労働市場による排除，これと重なるインフォーマル化や脱法性を手がかりとするなら，日本では深く広い社会的排除が現実のものとなっているのではないか。しかも，生活を保障し社会の持続を支えるという意味で，社会的包摂の仕組みであったはずシステムが，機能不全という以上に逆機能し，巨大な排除の装置となっていると考えられる。

エスピン・アンデルセンは，1996年の編著『転換期の福祉国家』で，ポスト工業化への対応に最も明白にいき詰まっているのは「男性稼ぎ主」型であるという旨を指摘した[3]。

いわく，ポスト工業化ないし知識経済化の段階の経済と社会にとっては，労働市場と家族の「柔軟化」が必要になる。しかし，「男性稼ぎ主」型の対応では，壮年男性の雇用を保護するために，若年層と女性の就業機会を狭め，中高年層を労働市場から早期に退出させようとした（労働市場の柔軟化に抵抗）。そ

のため，家族はあいかわらず男性稼ぎ主の収入に依存せざるをえない（家族の柔軟化に抵抗）。結果として，税と社会保険料を負担するベースであるフルタイム雇用者が減少し，彼らの1人あたりの税・社会保険料の負担が高まる。すると社会保険料の事業主負担を回避しようとする雇用主は，フルタイム労働者の追加的な雇い入れをますます渋る，という悪循環になる（「労働削減（labour reduction）」ルート）。このモデルではまた，極度の出生率低下が見られる，という [Esping-Andersen 1996: 68, 78-80, 83]。

5 東北アジアの生活保障システムのいま

若者と女性が労働市場の内外に排除され，雇用主が社会保険料負担を回避するための排除も顕著だというのである[4]。同時に，仕事と家族生活の調和や育児・介護のニーズなど，「新しい社会的リスク」への対処も後手に回りがちであり，それが少子化を促迫してきたと考えられる。東北アジアでは，それはどのように現れているだろうか。

（1）社会的排除の装置と化した「男性稼ぎ主」型——日本

雇用就業面では，日本の中高年男性については，エスピン・アンデルセンが大陸西欧諸国について指摘した「労働削減」の傾向は見られない。すぐれて女性と若年層について，質（賃金をはじめとする処遇）と量（性別年齢階層別の失業率）の両面で雇用が劣化するという形で，大陸西欧諸国以上に「男性稼ぎ主」中心の対応がとられた。しかも，温存された「男性稼ぎ主」が排除されていないともいえない。1998年以来8年連続で年間の自殺者数が3万人を超えており，うち1万人は40代・50代の男性だからである。

雇用者の社会保険の適用はフルタイム従業員を中心とするため，雇用の非正規化は社会保険料を負担するベースを狭める。それを労働費用の側面から見よう。厚生労働省（旧労働省）の就労条件総合調査（旧・賃金労働時間制度等総合調査）が，3ないし4年ごとに，パートタイム労働者のほとんどを含む「常用労働者」について，労働費用を調査している。労働費用の構成は，現金給与，法

定福利費,退職金等費用,そして法定外福利費である。労働費用の10％程度を占める法定福利費の大部分は,健康保険料(約30％)と厚生年金保険料(約55％)である(残りは雇用保険と労災保険からなる労働保険料など)。うち健康保険の保険料は,その4分の1から3分の1が老人保健拠出金をつうじて高齢者の医療費に移転され,厚生年金の保険料も,自営業層も含めた年金受給者の給付にあてられる部分が大きい。つまり,企業はその労働費用を,従業員だけでなく国民一般の生活保障のためにも負担している[5]。

　常用労働者1人1か月平均の労働費用は,1998年まで調査ごとに増加していたのにたいして,2002年調査で対前回増減率がマイナス10.4％と大幅に減少した。なかでも厚生年金保険料は,マイナス11.9％とより強く抑制されている。1998年と2001年のあいだには制度的な厚生年金保険料率は一定だったにもかかわらず,常用労働者1人当たりの厚生年金保険料負担が現金給与以上に減少したのである。さらに2005年調査によれば,2002年調査にたいして労働費用は2.8％増えた。現金給与の1.9％増にたいして法定福利費は10.8％上昇した。2002年調査と2005年調査のあいだに雇用保険,介護保険,厚生年金の各保険料率が引き上げられたため,法定福利費の上昇は当然である。

　注目すべきは,社会保険料率の引き上げにもかかわらず,2005年の常用労働者1人1か月平均の法定福利費が1998年より低いことだろう。他の社会保険料額は増大したが,厚生年金保険料額が1998年よりも2000円以上低いためである。厚生年金の保険料負担は,厳しく抑制され続けているのである。抑制の方法は,厚生年金非適用の従業員の割合を増すこと,つまり非正規化と考えられる。上記のように就労条件総合調査の労働費用における「常用労働者」には,パートタイム従業員のほとんどを含むからである。ようするに企業は,社会保険料負担のなかでも,年金受給者に移転される部分が大きい厚生年金保険料を,強く抑制し続けている。たんに会社が"スリムでクール"になったのではない。厚生年金保険料の負担は,以下に見るように,「脱法性」もまじえて強く回避されているからだ。

　厚生年金では1997年度の被保険者3,347万人,事業所数170万をピークに,2004年度末までに被保険者は98万人減少して3,249万人,事業所数も7万7000

Ⅰ　共通論題

（4.5％）減少して163万となった。じつは，2001年度に農林漁業団体職員共済組合に加入していた46万人が，2002年度から厚生年金に合流したのであり，実際の減少は140万人（4.2％）以上と見なければならない。こうした減少の相当部分が，いわば制度からの違法な逃避，いいかえれば脱法性と見られる。すなわち日本総合研究所の推計によれば，本来は厚生年金に加入しているべき未加入者は最大で926万人で，未加入率は 1 - 2 割程度にも達するという［日本総合研究所調査部 2004］。パート・アルバイトの未加入率については 7 割近くにのぼるという調査結果もある（健康保険で65.9％，厚生年金で68.3％，雇用保険で64.5％）［『朝日新聞』2004年 9 月 3 日付］。この点は『平成18年版労働経済白書』でも確認された［厚生労働省 2006：208-210］。

2006年 9 月15日には総務省による厚生年金の行政評価・監視結果が公表され，2005年 8 月から11月にかけての調査期間に適用漏れの恐れのある事業所の数が63万から70万（本来適用するべき事業所総数の約 3 割），適用漏れの恐れのある被保険者数が267万人（本来適用するべき被保険者総数の約 7 ％）に上ると指摘された（http://www.soumu.go.jp/s-news/2006/060915_1.html）。

適用されていれば万全なのではない。単純なミスだけでなく，事業主側が試用期間中は厚生年金を適用しないケースや，報酬を実際より低く報告するケースがあり，支給額に影響する厚生年金の記録訂正は，年間25万から30万件にのぼる［『朝日新聞』2006年 9 月 3 日付］。他方で事業所による適用逃れや（偽装）脱退については，社会保険事務所は，それが納付率の「分母」（納付するべき月数）を低下させることにつながるため，黙認するという以上に歓迎してきたと見られる。

2004年の年金改革法案の審議中には，閣僚や政務次官経験者を中心に政治家の未加入・未納問題が噴出した。議員年金をあてにして意図的に未加入・未納となったか（特権層が自発的にみずから排除する），複雑な段差をもつ制度の隙間に落ちたと見られる。ともあれ政治家の未加入・未納は，縦割り分立の社会保険制度による排除および脱法性が，閣僚や国会議員というトップエリートに生じたことを意味する。

2004年の年金改革は，排除と脱法性を生む縦割り分立の制度体系を変更する

ものではなかった。年金改革法の成立後，2004年7月には損保ジャパン副社長だった村瀬清司が社会保険庁長官に任命され，保険料納付率の引き上げが至上目標とされた。保険料納付の「不正免除」が，大阪など各地の社会保険事務所でおこなわれていたことが大きく報道されたのは，2006年5月である［『朝日新聞』5月23日付けなど］。不正免除とは，保険料不払い者のうち保険料免除基準に該当する所得の者にたいして，本人の申請なしに免除や納付猶予の手続きがとられていたことをさす。8月初めに出された社会保険庁の最終報告書によれば，不正免除は全国116社会保険事務所により計22万件あり，さらに長期未納者を一方的に住所不明扱いにした「不在者登録」が，2005年度だけで10万件あった。

村瀬長官のもとで社会保険庁は，都道府県ごとに各月の「納付率改善目標」を定め，納付率が改善した都道府県順に「ランキング表」をつくって競わせていたという。これにたいして各地の社会保険事務所は，違法な免除や「不在者登録」によって納付率の「分母」（納付するべき月数）を低下させることで，納付率引き上げを狙ったのである。

違法な「免除」や「不在者登録」とは，まさに制度を管轄する機関が率先した脱法性である。日本の社会保険制度はたんに空洞化しているのではなく，巨大な排除の装置と化したというべきだろう。

（2）知識経済化に対応し包摂的社会政策へ？──韓国，台湾

韓国では，アジア通貨金融危機の直後から，金大中政権によって「生産的福祉」政策が展開された。同時にIMFのコンデショナリティのもとで，韓国政府は労働市場の規制緩和を含む新自由主義的な経済政策を採用することになった。こうした経済政策と「生産的福祉」との関連をめぐって，「韓国福祉国家性格論争」が展開されたことも，すでによく知られている［キム・ヨンミョン2005；野口2006：とくに第9章］。すなわち，李ヘギョン，柳珍錫，金淵明らによる国家責任強化説に対して，チョ永薫，鄭武権らは新自由主義貫徹説を主張し，南チャンソブ，金栄範らは混合説をとるという布置である。

こうした布置は，大方の論者が暗黙のうちにも依然として"大きな政府・小

Ⅰ 共通論題

さな政府"という2分法に立脚していることを物語るのではないだろうか。ジェンダーの次元も十分に配慮されているとは見えない。韓国の生活保障システムの興味深い特徴は，家父長的イデオロギーの強さにもかかわらず，家計構造および雇用就業において「男性稼ぎ主」型が広範に成立していない点にある（家計構造は収入多元型，長期安定雇用・年功制の限定的成立）。こうしたなかで，経済危機による失業者の急増に対して，失業保険制度が拡充され，分立していた健康保険制度と年金制度が普遍化され，最低生活の保障を国民の権利とする国民基礎生活保障法が制定されたのである。

そうした「福祉国家の超高速拡大」（李ヘギョン）が，急激な危機に対処するという範囲を超えていたというクォン・ホックチュの指摘は，示唆に富む。クォン・ホックチュによれば，韓国と台湾の福祉国家化の要因には，経済戦略の転換があった。すなわち両国では，民主化と労組の活性化を背景として1990年代に賃金水準が上昇し，国際競争力が急速に低下していた。1990年代後半には，従来の労働集約的な経済開発戦略から，「ハイテク」（資本ないし熟練集約的）産業へと構造転換することを迫られていたというのである。いいかえれば知識経済への転換であり，それには柔軟な労働市場と包摂的な社会政策が伴わなければならなかった［Kwon H. j 2005］。

セーフティネットの普遍化に踏み出したとはいえ，たとえば韓国では，家族を支援する社会政策は日本よりも薄く［勝又 2005］，世界最速の超少子高齢化に歯止めはかかっていない。形式的に普遍化された社会保険も，非正規労働者を中心に大きな適用漏れがあり（「死角地帯」），加入・給付の両面で大きなジェンダー・バイアスをもつことが指摘されている。とはいえ，社会保険制度自体が排除の装置となる事態を迎えた日本にとって，隣国の戦略転換の意味を真摯に学ぶ必要性は焦眉である。

1) この3類型は，福祉国家ないし福祉レジーム論の旗手であるエスピン・アンデルセンが提唱してきた「保守主義（家族主義）」，「社会民主主義」，「自由主義」という3類型と重なりあう［Esping-Andersen 1990］。本稿でエスピン・アンデルセンの「保守主義（家族主義）」等の命名を踏襲しないのは，家族福祉と企業福祉との相互補強が「男性稼ぎ主」を中心とするものであると捉え，日本を典型とするべく類型を設定し直したた

めである。本稿では省くが,「生活保障システム」の概念は,「社会的経済」ないし「サードセクター」と呼ばれる主体を明示的に組み込む点にも,特徴をもつ。じつは,社会的経済ないしサードセクターを位置づけていないことは,エスピン・アンデルセンの類型論の顕著な盲点の1つとされる [Salamon and Anheier 1998 ; Lewis 2004 : 170]。大沢 [2007] の第2章などを参照されたい。
2) 多産多死から少産少死,長寿化という人口学的転換は不可逆的で,それに伴うリスクは「新しい社会的リスク」といえる。
3) エスピン・アンデルセン自身は「男性稼ぎ主」という用語はせず,「保守主義的 conservative」ないし「家族主義的 familialistic」と形容する。
4) エスピン・アンデルセンはこの96年の編著では社会的排除/包摂の概念を使っていない。
5) 橘木によれば,社会保険料の事業主負担分は,日本では実質的に企業が負担していたとみなせる [橘木 2005 : 99-100]。

【引用文献】

Bonoli, Giuliano (2003) "The Politics of the New Social Policies, Providing Coverage against New Social Risks in Mature Welfare States", paper presented at the conference "The Politics of New Social Risks", Lugano, Switzerland, 25-27 September 2003.

Deyo, Frederic C. (1992) "The Political Economy of Social Policy Formation : East Asia's Newly Industrialized Countries", Appelbaum, R. P. and J. Henderson (eds.) *States and development in the Asian Pacific Rim*, Newbury Park, CA : Sage, 1992, 289-306.

Esping-Andersen, Gosta (1990) *The Three Worlds of Welfare Capitalism*, Cambridge : Polity Press.

Esping-Andersen, Gosta (ed.) (1996) *Welfare States in Transition, National Adaptations in Global Economies*, London : SAGE.

Kangas, O. and J. Palme (ed.) (2005) *Social Policy and Economic Development in the Nordic Countries*, Hampshire and New York : Palgrave Macmillan.

Kwon, Huck-ju (2005) "Transforming the developmental Welfare state in East Asia", Social Policy and Development Programme Paper No. 22, UNRISD.

Lewis, J. (2004) "The State and the Third Sector in Modern Welfare States : Independence, Instrumentality, Partnership", Evers, A. and J.L. Laville, (ed.) (2004) *The Third Sector in Europe*, Cheltenham and Northampton : Edward Elgar, 169-187.

Peng, Ito (2004) "Postindustrial Pressure, Political Regime Shifts, and Social Policy Reform in Japan and South Korea", *Journal of East Asian Studies* 4, 389-425.

Sainsbury, Diane (1996) *Gender, Equality and Welfare State*, Cambridge : Cam-

bridge University Press.
Salamon, L. M. and H. K. Anheier (1998) "Social Origins of Civil Society : Explaining the Nonprofit Sector Cross-nationally", *Voluntas*, 9 (3), 213-248.
Sen, Amartya (2000) Social Exclusion : Concept, Application and Security, Social Development Papers, No. 1, Office of Environment and Social Development. Asian Development Bank, June 2000.
Taylor-Gooby, Peter (2004) "New Social Risks in Postindustrial Society : Some Evidence on Responses to Active Labour Market Policies from Eurobarometer", *International Social Security Review*, 57 (3), 45-64.
大沢真理（1996）「社会政策総論へのジェンダー・アプローチ—企業中心社会は効率的か—」西村豁通・竹中恵美子・中西洋編『個人と共同体の社会科学—近代における社会と人間—』ミネルヴァ書房，123-142頁
大沢真理編（2004）『アジア諸国の福祉戦略』ミネルヴァ書房
大沢真理（2007）『現代日本の生活保障システム—座標とゆくえ—』岩波書店
勝又幸子（2005）「子育て世帯に対する社会保障給付の現状と国際比較」，国立社会保障・人口問題研究所編『子育て世帯の社会保障』東京大学出版会，53-81頁
金成恒（2006）「比較論的視点からみた韓国福祉国家の形成と発展—『遅れた福祉国家化』と『遅れた民主化』の統合局面—」社会政策学会第112回大会報告
キム・ヨンミョン（金淵明）（2005）金成恒訳「韓国福祉国家の性格と類型—新自由主義を超えて—」，武川正吾，キム・ヨンミョン（金淵明）編『韓国の福祉国家・日本の福祉国家』東信堂，5-31頁
厚生労働省（2006）『平成18年版労働経済白書』
末廣昭（1998）「発展途上国の開発主義」，東京大学社会科学研究所編『20世紀システム4　開発主義』東京大学出版会，13-46頁
末廣昭編集（2006）『東アジアの福祉システムの行方—企業内福祉と国家の社会保障制度—論点の整理とデータ集』平成17-19年度科学研究費補助金（基盤（B）研究成果報告）
セン，アマルティア（1999）池本幸生・野上裕生・佐藤仁訳『不平等の再検討—潜在能力と自由—』岩波書店
橘木俊詔（2005）『企業福祉の終焉—格差の時代にどう対応すべきか—』中公新書
日本総合研究所調査部（2004）「04年年金改革の評価と課題」
野口定久編集（2006）『日本・韓国—福祉国家の再編と福祉社会の開発第1巻　福祉国家の形成・再編と社会福祉政策』中央法規
バラ，アジット・S，ラペール，フレデリック（2005）福原宏幸・中村健吾監訳『グローバル化と社会的排除　貧困と社会問題への新しいアプローチ』昭和堂

共通論題＝東アジアの経済発展と社会政策―― 3

労使関係の日韓比較
トヨタ自動車と現代自動車を素材として

禹　宗杭　Woo Jong-Won

1　はじめに

　戦後，日本と韓国はともに産業民主主義のうえでの経済成長と福祉増進を追求してきた。そのコアに労働組合が位置している。日本は，戦後民主化の一環として労働組合が再生され，団体交渉・労使協議を通じて産業民主主義の一翼を担ってきた。ただし，労働組合の役割が衰えているなか，産業民主主義の展望はみえにくくなっている。韓国は，植民地支配から解放され，独自の資本主義社会を作り始めたものの，長い間産業民主主義は抑圧されてきた。1987年の「労働者大闘争」をきっかけとしてようやく労働三権の実質を確保し，労働組合は労働条件の改善だけでなく，政治の場での影響力もある程度獲得するに至った。しかし，「金融危機」に象徴されるグローバリゼーションの波のなかで，労働組合の存在意義が新たに問われ，産業民主主義の将来は予断を許さない状況にある[1]。

　本稿は，このような状況をふまえ[2]，日本と韓国の戦後の労使関係を比較し，両国の労使関係を相対化するための若干の仮説を提起しようとするものである。具体的にはトヨタ自動車と現代自動車を素材として[3]，企業別労使関係の内実を分析する。

　以前，日韓の労使関係を比較した二村一夫は，両者の共通点を「企業内労働組合」と「『社会的地位』に対する労働者の敏感さ」に，両者の違いを「企業体質，企業経営者の性格の相違」「政治的・法的環境」「意思決定方式の違い」に求めた[4]。十分うなずける説明である。ただし，なお一歩進まなければなら

Ⅰ 共通論題

ないとすれば，共通点のなかに内在している相違点を探求することが必要となる。それこそ相対化の動力となるからである。したがって，本稿はまず，作業組織と人事・賃金制度を中心としてトヨタ自動車と現代自動車の労使関係を比較し，「企業内組合」の機能が互いに異なることを示す。次に，その根拠について「社会的地位」の達成論理を中心に仮説的に述べる。最後に，企業別組合の今後を展望するための若干の論点を提起する。なお，本論の事実関係はおおむね各社のホームページと社史，「有価証券報告書」（日本）・「事業報告書」（韓国）のほか，既存の関連文献より借用したものであるが[5]，煩雑を避けるため，引用箇所はいちいち注記しない。

2　トヨタ自動車と現代自動車の労使関係

（1）企業の概況

2005会計年度におけるトヨタ自動車（以下，T社と記す）の実績は生産386万台，国内販売177万台（マーケットシェア約30％），輸出213万台，売上高10兆1918億円，営業利益8479億円である。現代自動車（以下，H社と記す）のそれは生産168万台，国内販売57万台（マーケットシェア約50％），輸出113万台，売上高27兆3837億ウォン，営業利益1兆3841億ウォンである。営業利益率において大分差があるものの，両社ともによい実績を上げていることがわかる。国内市場に占めるシェアが高い一方，輸出の比重が大きいことも両社に共通している。

いまやアメリカ市場をめぐってライバルとなっている両社であるが，その成長プロセスには20年近い間隔があった。T社が独自モデルのクラウンを発売したのは1955年，H社が三菱自動車の協力を得て固有モデルのポニーを生産したのは1976年である。T社が輸出累計100万台を達成したのは1969年，H社のそれは1988年であった。設立に30年以上後れをとり，基盤技術およびサプライヤーが弱かった事実に照らせば，H社がより後発性の利益を享受し，より圧縮的な成長を遂げてきたといえる。それは，一方では外国ですでに確立した量産技術を一挙に導入し，輸出を通じて規模の経済を追求した経営戦略の成果

であり，他方ではいまだ資源の乏しい成長段階で国の資源を集中的に投入した産業政策の産物である。

　両社のよい実績は基本的に勤勉な労働者によって達成されている。Ｔ社は6万6千人弱，Ｈ社は5万4千人程度で，正規従業員数は生産台数に比して少ないほうである[6]。ともに外製率が高く（約70%），多くの非正規雇用を活用していることが，少数の正規従業員による生産体制を可能にしているといえる。Ｔ社の場合は2006年3月現在1万9千人強，Ｈ社の場合は2004年現在1万5千人強の非正規労働者を活用している。一方，正規従業員の平均勤続年数をみるとＴ社が15.0年，Ｈ社が14.2年である。Ｈ社においても「内部化」が著しく進んできたことがわかる。留意すべきは，Ｈ社の平均年間給与が5500万ウォンで，ややウォン安に計算しても（円：ウォン＝1：9），Ｔ社の805万円の76%水準に到達していることである。これはＨ社労働組合の成果を示す一方で，韓国製造業の平均年間給与が2950万ウォンである事実に照らせば，韓国のなかでの賃金格差を語るものでもある。

　両社の労働時間は短くない。Ｔ社の場合，技能職の多数を占める連続2交代制従業員の年間労働時間は2003年現在，所定内1850時間，所定外283時間，計2133時間である。Ｈ社の場合は極端に長く，2004年現在，平日2106時間，休日496時間，計2602時間にもなっている[7]。所定外労働で得られる時間外手当は，労働者の相対的に高い収入を支える柱の一つである。平均賃金月額[8]に占める基準外賃金の比率はＴ社が20.9%で，Ｈ社が38.7%である。Ｈ社労働者の「高賃金」もこの割増賃金[9]があってはじめて可能であったといえよう。

（2）両社の労使関係

　では，このような企業実績と労働者の働きぶりを支えている労使関係はどのようなものであろうか。紙面の制約上詳しい検討は別稿に委ね，作業組織と人事・賃金制度を中心に両社の特徴を整理すると，表1のようになる。両社は作業組織の編成など類似したところも多いが，その内実において相当程度異なっているのがわかる。殊に生産管理の厳しさと労働組合の介入において両社は非常に対照的である。Ｔ社の特徴を簡単にまとめると次のようになる。技能職

I 共通論題

表1 T社とH社の作業組織と人事・賃金制度

	事項	T社	H社
作業組織	組織の編成 基本単位の規模 職長の権限	課-係-組-(班) 1組=10～15人 人事・作業・原価管理	課-ライン-班-組 1班=30人余り 主に作業管理
作業管理	標準化 進捗管理の対象	余裕率を持たせない「基準時間」 定常作業+非定常作業	正味工数×1.2=標準工数 作業指導書は作られておらず,「改善」は機能しない
品質管理	方針 品質のチェック 修理要員	品質の作りこみ サブラインごと 組立ラインの最後に配置	システム化+多重チェック 班ごとにキーパーを配置 別途に「複合」という組織をおく
仕事への労働者の発言	業務量の設定 個人への業務配分 配置転換	工長・組長が意見具申 工長・組長が指示 労使協議事項でない	IEと組合代議員との協議 組合小委員の介入の余地 労使合意事項である
多能工化	ジョブ・ローテーション 多能工化 教育訓練	生産計画と訓練計画による 「改善」能力を有する層が厚く存在 体系的なOJT, 専門技能習得制度	負担の均等化のため, 労働者が自律的に実施 「低位多能工」が主流 職長クラスにも専門教育が不足
人事制度	従業員の位階 昇進の特徴 昇進の実態	「職能資格制度」 「管理監督職」と「専門技能職」の二本柱 多数が「EX級」へ昇格	「職級昇進制度」 ポストは定員制, 昇格は一部自動昇級制 少数の役職昇進が中心
賃金制度	賃金体系 最近の変化 年功カーブの解釈	基本的に総合決定給 職能給比重の増加, 年齢給を習熟給にかえる 生活保障<企業への貢献<能力の向上	基本的にシンプルな年功給 号俸制および月給制の導入を合意 生活保障>企業への貢献>能力の向上
人事考課	適用対象	ほぼすべてに適用	昇進だけに適用

出所:各社の社史などより筆者が作成

労働者のなかから中堅層を育て,そのなかからコアとなる現場管理・監督者を選抜し,彼らの統率の下で厳しい生産管理と絶え間ない改善活動を推し進める。一方,一般労働者をしても能力の向上にコミットさせ,フレキシブルな労働力の運用を可能とする。このコアと一般労働者両者のコミットメントを支えるのが,資格昇進を中心として細かく運用される職能資格制度と右上がりの賃金である。労働組合は,「労働給付」にあまり介入しない代わりに,公平で可能な

限り多数がその適用を受ける昇進と年功賃金の確保に関心を注ぐ。

これに対し，H社の特徴は次のようにまとめられる。技能職労働者には長時間労働に応えられる勤勉性と，生産量の変動に残業・休日労働で応じられる弾力性を期待するが，生産管理と品質改善にコミットすることまでは期待しない。技能職のなかからは人間関係管理にたけ，作業組織をまとめてくれる統率者さえ出てくれれば基本的に足りる。管理と改善は原則的にエンジニアに任す。このように参加が制約される状況のなかで，労働組合は賃上げに全力を尽くす。賃上げのためにはストライキが有力な手段となる。主に輸出に依存し，その生産量を長時間労働でまかなっているH社にとってストは大きなプレッシャーとなるからである。ストを実行するには強い団結力が要求される。よって，団結にひびを入れる可能性のある人事考課は極力阻止される。一方，賃上げに成功しても基本給はまだ高くないので，収入は残業・休日労働で補わなければならない。そのためには可能な限りエネルギーを貯めておく必要がある。きつい労働はできるだけ避けなければならず，労働強度の公平な分担が何よりも求められる。この際，古参の権利は認められない。技能レベルに大差ないのに年功給で比較的高い賃金を受け取っているわけであるから，きつい仕事を輪番でやるくらいは古参が譲歩してくれないとむしろ公平が保たれない。こうして，「自律的」なジョブ・ローテーションが実施される。ただし，非正規労働者は仲間でないゆえ，この負担の均等化より排除される。きつい仕事を非正規に回すと正規の負担すべき労働強度が下がるので，意識的につらい作業を非正規に押し付ける傾向さえある。なお，職場ごとに割のいい残業を確保できるなどの「既得権」が成立するので，それを乱すおそれのある配置転換は極力排除される。

大雑把にいって，これが「協調的」なT社の労使関係と「対決的」なH社の労使関係の内実といえる。では，両社の労働者をしてこのように異なる態度をとらしめる要因は何であろうか。まず指摘できるのは，「終身雇用」に象徴される，労働者の安心感である。T社が世界的なリストラ・ブームのなかでも男性・正規従業員に関する限り「終身雇用」を守ってきた反面，H社は金融危機に際して1万人あまりを人員整理した[10]。このリストラは，一方ではH

社自身の実績改善を意図したものであったが，他方では財界の意を汲んだ「代理戦」の側面を有しており，なお戦闘的労働組合の弱体化をも狙った複雑な性格を有するものであった。H社労働者にとって「機会主義」ととらえられた経営側のこの行動が信頼と安心感に与えたキズは深く，2000年に労使が「完全雇用合意書」を締結したにもかかわらず，現場では「仕事があるときにまず稼いでおこう」という短期主義が広がったという[11]。

次に指摘できるのは，H社のエンジニア優先主義である。H社は現場の技能職労働者にあまり依拠しようとしない。それを象徴的に示すのが，パイロット・ランを行うためのプラントを南陽技術研究所のなかに別途設置したことである。T社であれば，量産準備に当たるパイロット・ランは既存の生産ラインを活用して行われ，現場の「管理監督職」と「専門技能職」の力を借りながら進められる。それをH社では，生産ラインと離れた研究施設のなかにわざわざプラントを設け，エンジニア主導でより専門的に行っているのである[12]。

なお取り上げなければならないのは，H社において「職能資格制度」に類似した制度が導入される基盤が弱いことである。実は，H社の労使は1990年代の初め，ある種の職能資格制度を導入するために労使協議を繰り返した経験を有する。しかし，その試みは挫折した。このプロセスを分析した金鎔基は，その原因を「エリート層の危惧」と「組合側の悩み」に求めている[13]。前者は，大卒との格差縮小を求める現場労働者層の勢いに不安を感じ，「技術」と「技能」間の垣根を守ろうとする勢力が社内に根強く存在していたことを意味する。後者においては「みんな一つの職級にし，賃金さえ年功的に高くまで上がれば，労働者の天国じゃないか」[14]という主張に端的に示されるように，労働者自ら納得できる昇進の論理を用意できなかったことが重要である。要するに，労使ともにブルーカラーとホワイトカラーを一本化し，能力と資格・賃金を結びつけて人事・賃金制度を設けようとする考えには至らなかったのである。ただし，その理由を知るためにはより広い脈絡で歴史を観察する必要がある。

3 類似にみえて異なる二つのシステム

(1) 相違をもたらした要因[15]

(a) 初期条件:「熟練労働者」を重んじるか

T社とH社の事例が明らかにするように,日本と韓国は,現場労働者の技能をどのように活かすかをめぐって著しい対照をなしている。現場労働者の技能を重視する日本と違い,韓国はそれをあまり大事だとは思わず,現場労働者のなかからコアとなる層を意識的に育てようとする考え方も希薄である。このような違いは労働組合にも投影される。日本の組合は,その現場の技能を担う層が組合の組織・運営の中心となる。労使はこの層を媒介として協調的となり,職制の機能と労働組合の機能が区別しづらい場合もある。これに対し韓国の組合は,平の労働者が組合の組織・運営の主体となる。労使を媒介できる層が弱いだけに両者の関係は対決的になりやすい。

このような相違は,基本的に戦後経済成長の初期条件における「熟練労働者」の蓄積程度と彼らの協力を必要とする考え方が日本と韓国で違っていたことに起因すると思われる。すでに戦前において大経営が成立した日本は,大経営が発展する過程において,外国から輸入した近代的技術を消化し,それを生産に具体化するためには熟練労働者が必要であるという考え方を有していた。よって,熟練労働者の「足止め策」の一環として,彼らの定着を意図したさまざまな制度,たとえば期限なしの雇用,身分(資格)の昇進,退職金などが設けられたのである。戦時期において労働力の流動化が進んだとはいえ,戦後の再建に当たり,企業の内部にはこのような熟練労働者層が相当程度蓄積されていた。戦後改革により経営秩序が弛緩されるなかで,彼らは自らを再建の主体と自任し,一方では労働組合運動を通じて生活向上をはかりながら,他方ではホワイトカラーと手を組んで企業の生産に主導的な役割を果たした。以後,経営側が経営権を回復し,再び生産現場を掌握する過程においても,熟練労働者層はその協力が必要とされ,紆余曲折を経ながらも彼らを媒介とした協調的な労使関係,彼らを活かした生産システムが構築されたのである。要するに,熟

Ⅰ 共通論題

練労働者層はすでに蓄積されていたのであり，その参加をビルトインする形で戦後システムが作られたといえる。

反面，韓国は1960・70年代の国家主導による「近代化」の過程で，民間大経営が生まれ，急速な成長を成し遂げた。これらの大経営は外国から設備と技術をターン・キー・ベースで導入した。すでに確立した量産技術に基づき，低賃金で勤勉な労働力をフルに活かしてその量産効果を高め，ここから得られる価格競争力をもって輸出を増やしていくことが大経営の成長戦略であった。労働者には高い技能は必要とされなかった。要求されたのは，設備・技術が外国製であったために，簡単な外国語を理解できるなどの一般的な素養と，量産をこなせるだけの体力・忍耐力・規律であった。外国技術を消化し，その国産化をはかるのは基本的にエンジニアの仕事であった。一方，「統制」を中心とした国の労働政策と経営の階層的管理体系は熟練労働者の参加を制約した。要するに，経営自ら熟練労働者層を意識的に育てる政策をとらなかったし，熟練労働者層が一部存在したとしてもその参加が容易でなかったことが，韓国側の技能へのコミットメントを弱めたといえよう。

(b) 労働者：「能力」へコミットするか

日本と韓国の大きな相違点の一つは，一般労働者が長期的な能力向上にコミットするか否かである。日本は普通のブルーカラーまでもが能力にコミットし，それをもってホワイトカラー並みの社会的地位を追求する。しかし，韓国のブルーカラーはホワイトカラーとの格差縮小を要求するものの，ホワイトカラー並みの能力は主張しない。このような違いは年功賃金によく現れる。

日本の年功賃金のもっとも優れた特徴は，その「右上がり」が生活保障と能力向上のいずれにも結びつけられる弾力性をもっていることである。たとえば2004年，「年齢給」を「習熟給」に取り替えるに当たってＴ社労働組合は次のように説明している。「『年齢給』とは，①生活給部分と，②数字にあらわれないスキルの向上の評価の部分がある。……現場はチームワークの世界であることから，スキルの向上を見ることがひじょうに必要とされる。だから，『年齢給』を廃止して，『習熟給』にしたのである。『習熟給』とは，勤続年数が一年延びるごとにスキルは必ず上がり，したがって習熟給部分の賃金も右上がりに

なる, ということである。……さすがに勤続三〇年あれば, スキルは十分積み上げたという判断である」[16]。年々能力は向上するという考え方が強く賃金思想に投影されているのがわかる。

　これに対し, 韓国の年功賃金は, 少なくともブルーカラーに関する限り, 基本的に生活を保障するためのものである。そもそも経営は「従業員の生活を保障する」という名分がとれたほか, 賃金水準が低く労働者の移動が激しいゆえ,「年功賃金」が必ずしも人件費総額を高めるわけではなかったので, 歴史的な遺物あるいは国・公営機関の定めとしてすでに存在していた年功的な賃金規定を借用した[17]。労働者側にとっても生活が苦しく年々物価が上がる状況のなかでは生活保障的な賃金規定が都合がよかったといえる。しかし, 労働者大闘争以降労働者の経営内定着が著しく進み, その結果として年功賃金が実際の慣行として成立するにつれ, 経営側は右上がりの賃金を負担と感じるようになった。また年功賃金が正規と非正規間, 長期勤続者と短期勤続者間に賃金格差をもたらすに至って, 労働者側にとっても内部の合意形成が容易ならざることとなった。たとえばH社の場合, 非正規労働者はたびたび正規労働者と同じラインに投入され, 同じ仕事を遂行する。しかし, その基準内賃金は同一勤続年数の正規労働者の70％水準に過ぎない。単に生活保障の論理であれば, 両者間にこれほどの格差を設けるのは納得性を欠く。かといって, その格差を「熟練水準および作業能力の差異に起因する」とは主張できないところにH社労働組合の苦悩があるのである[18]。

　では, なぜ日本のブルーカラーは能力にコミットし, 韓国のブルーカラーは能力にコミットしないだろうか。前項で検討したように技能に対するコミットメントにおいて日韓はその出発点においてすでに異なっていた。しかし,「熟練労働者」の範囲を超え, その差異をブルーカラー一般にまで広げたのは「民主化」の影響と考えられる。両国は, ブルーカラーが労働組合および社会の主体として登場した際の民主化の内容およびそれを規定した条件において決定的に異なる。日本の場合は,「戦後民主化」のもとで労働組合運動が開花した。経営は後ろに退き, 労働者が生産を担う主体と考えられた。戦時期を経るなかでともに窮乏化したこともあり, ホワイトカラーとの距離も短かった。このよ

Ⅰ　共通論題

うな状況のなかでブルーカラーは，ホワイトカラー並みの処遇を自らの社会的地位上昇の狙いと定めた。そして，その根拠を，勤続を積むにしたがってホワイトカラー同様能力が向上することに求めたのである[19]。ホワイトカラーもこれを容認し，両社が手を握ることで経営内での発言力を増大しようとした。

これに比べれば，韓国における1986年の「民主化抗争」，1987年の労働者大闘争が作り出した「民主化」局面はより限定的である。政府も経営も力を失ってはいなかった。ブルーカラーは低賃金から逃れ社会的地位を向上することを願望はしたものの，経営と対等に交渉するのが目一杯で，ホワイトカラーとの同等化や社会階層間格差縮小をラジカルに問題提起できる状況ではなかった。なお，重要なのはホワイトカラーの動向であった。この時期ホワイトカラーは，社会経済的により恵まれており，経営内では労働者に対する管理を託される存在であった。彼らは独裁権力に反対し政治的民主化を実現することには賛成したものの，ブルーカラーからの押し上げを容認し，ブルーカラーと手を握って経営にプレッシャーをかけるまでには至らなかったのである。要するに，すでに初期条件において経営体内での技能向上という考え方が薄かった労働者にとって，このように民主化局面が限定された結果，ホワイトカラー並みの能力という主張を展開できる余地は狭まってしまったといえる。よって，韓国の労働者は，世間並みの存在として享受すべき生活と社会的地位という，いわば社会的正義の論理をもって自らの要求を根拠づけたのである。

(c)　経営者：「参加」を許すか

日本の労使関係は協調的である。労働組合も経営に協調的であるが，経営も労働組合の参加を排除しない。参加の範囲と内実をめぐっては異論があり得るものの，日本の経営が労働組合と協議する姿勢を堅持していることは大方事実といえる。これに対し，韓国の労使関係は「労働排除的」である。歴史的にはいうまでもなく，団体交渉が日常化した現在においても，経営のなかには労働組合の参加あるいは労働組合の存在そのものに否定的な態度が強く残っている。このような日韓の相違にはイデオロギーの影響が大きいと思われる。

戦後民主化のなかで日本の労働者は，経営体を相手に交渉するだけでなく，経営体のなかでメンバーシップを獲得することにも成功した。経営体は単に所

有者のものではなく，そのなかで働く全従業員のものであるという考え方が芽生えた。しかし，韓国ではこのような考え方は生じなかった。それは基本的には南北分断のためである。分断はイデオロギーの独占化をもたらした。「労働者」の正義は社会主義を標榜する北が独占し，「経営者」の正義は資本主義の南が独占した。いわゆる政経癒着で巨大な富と権力を手中に収めた資本の「道徳性」に関してはいろいろと問題が提起されたものの，「経営権」自体に対してはほとんど異議申し立てが行われなかった。経営権は南の正統性に関わるイデオロギーであったのである。よって，労働三権が認められ，団体交渉が日常化し，「労使政委員会」という一種のコーポラティズム的な協議機構が設けられ，なお労働者政党を標榜する「民主労働党」が議席を占める今に至っても労働者の経営参加はなかなか進まないのが現実である。

（2）企業別組合の展望
(a) 韓国の労働組合

では，両国の企業別組合はどのような課題を抱えており，今後はどのように展望できるのであろうか。韓国のケースより検討しよう。韓国は，産業民主主義の成立と，グローバリゼーションによるその動揺という二つの出来事が接続している点で非常に特徴的である。いまグローバリゼーションはH社組合に対しても例外なく難題を突きつけている。その一つは，H社経営による弾力性の追求である。具体的には国内生産における多数の非正規労働力の活用と急速な海外生産の展開である。もう一つは，殊に前者とかかわってH社組合自身の正当性が揺れていることである。つまり，同じラインで非正規労働者と混ざって作業を行いながら非正規より相当高い賃金を受け取り，なおきつい仕事を非正規に押し付けることの是非が問われているのである。これらはいずれもストライキを通じた賃上げという，H社組合の従来果たしてきた組合機能では対処しきれない問題である。そこで新しい解決策として浮上したのが産別労組への転換であった。産別化は，労働者の団結力を強めることで個別経営に対するプレッシャーを高められるだけでなく，より広い範囲の労働者に労働条件の改善をもたらすことで非正規問題の一端をも解決できると期待されたからである。

I 共通論題

　しかし，産別化の成功如何は予断を許さない。その理由は次による。現在進められている産別化の基本的な論理は「生活保障」である。生活保障を前面に掲げる限り，組合は同じく賃金を得て生活する人の境遇をも代弁せざるを得ない。依然格差は存在するものの，H社組合が産別化に先立って多少強引な形をとってまで社内下請工のために「代理交渉」を行い，非正規労働者の労働条件改善にそれなりの成果を引き出してきたのはそのためである。生活保障にこだわることが企業を超えた団結を現実化しているのであり，この点は評価しなければならない。しかし，逆説的ではあるが，生活保障以外に代案を出せないことが産別化の前途を険しくする。現に生活保障の主な手段は年功賃金であるが，労働者大闘争以来，内部化の進んだ大企業の年功賃金と，いまだ流動的な側面を有する中小企業の「年功賃金」との間にはむしろ格差が拡大した[20]。この格差が産別化で是正できるかが真剣に問われている。

　なお，難しいのは技能の問題である。グローバリゼーションが問題を増幅させた背景には，労働者の技能あるいは能力へのコミットメントが弱い事実が横たわっている。能力[21]の発揮による機能的柔軟性が確保できないがゆえに，経営側をして数量的柔軟性に依存させざるを得ない側面があり，技能・能力の差を認められないがゆえに，非正規との賃金格差をも正当化できない側面があるのである。技能・能力の問題を解決しない限り，労使間および労労間の安定的な秩序を作り上げることは難しいといえよう。

(b)　日本の労働組合

　韓国とは対照的に，日本の企業別組合は技能・能力に真剣に取り組んできた。まさに「年々向上する能力」をもって企業の正式なメンバーであり得ることを主張し，それを貫徹してきたのであり，その意味で日本の組合機能の基本は，正規従業員に対する長期雇用と右上がりの賃金の確保であったといえる。問題は，この集団取引の機能がだんだん弱まっていることである。その原因としてはまず，能力主義にコミットするあまりに組合自身「少数精鋭化」に手を貸してしまっていることが考えられる。そもそも戦後民主化が意味したのは，可能な限り多数のブルーカラーにホワイトカラー並みの処遇を与えることであった。そして，その処遇との交換として行われたのが，本工（正規）と臨時工（非正

規)との身分上の区別であり,本工(正規)のなかでの弾力的な人事運用であった。よって,この本工・臨時工のバランスを保ち,本工のなかでの柔軟な人事運用に必要な制限を加えながら,多数の本工の長期雇用と年功賃金を守ることが組合の存立条件となる。しかし,「少数精鋭化」にコミットした結果,正規・非正規のバランスは崩れ,正規のなかでの人事運用の弾力性は増すばかりで,長期雇用と年功賃金を享受できる層が必ずしも多数とはいえない状況となっている。

次に指摘できるのは,「生活」の視点が弱いことである。これは日韓の企業別組合に共通する問題である。右上がりの賃金を支える根拠においては異なるが,右上がりの賃金をもって追求する目標において両者はさほど違わない。すなわち,世間並みあるいはホワイトカラー並みの生活である。具体的にはマイホーム,マイカー,子供の大学進学などである。これらのために収入増が必要となり,長時間労働が当然のごとく行われる。労働者自らのアイデンティティーとプライド,そして自らの日常を律する生活の中身が明確でないのである。再三ふれたように,働き場での技能の向上という点では,日本の労働組合は労働者のプライドを高め,能力たるものを労働者のアイデンティティーの一部として付け加えることに成功した。ただし,「三〇年」もかけて磨く技能とは,労働者自らの要求だけではなく経営の要求でもあり,その意味では自分の生活を一部犠牲にしなければならないものである。そのバランスシートを明確にする必要がある。要するに,日韓の組合には自らの技能・能力,自ら享受すべき日常時間,自ら営むべき職業生活・家族生活を具体的に描き,それを共有する姿勢と力が求められているといえよう。

4 おわりに

要約は省き,残された論点を簡単にまとめることで結論に代えよう。本稿は作業組織と賃金・人事制度を中心に企業別労使関係の内実を分析する作業に終始しており,その意味では社会政策の比較的吟味を意図した共通論題全体の主旨にはとうてい及ばない。ただし,日韓の社会政策を相対化するに当たり,考慮する必要のある示唆点は幾つか発見できたと思われる。第一に,産業民主

Ⅰ 共通論題

義の成立と福祉国家化との時間的な距離が韓国のほうが短く，それが韓国の福祉の発展によりダイナミックな性格をもたらしている可能性である。第二に，日韓ともに企業別労使関係が中心であるにもかかわらず，企業への統合の程度は韓国のほうが相対的に弱く，それが福祉の領域においてもいわゆる階層性の程度を弱めている可能性である。第三に，中小企業労働者および非正規労働者が排除される傾向にあるため，制度的には整いつつあるものの，実際に福祉の適用される範囲は韓国においてより狭まる可能性のあることである。第四に，産業民主主義と福祉国家の形成にもかかわらず，韓国においてそれらの個人生活への影響はより小さく，各人は家族単位の個別的な対応に迫られ，それが韓国の進学率を急速に高め，なお出生率を急激に低めている可能性である[22]。

ただし，労使関係論の視点からこれらの問題をより具体的に分析するために必要な国の労働政策について検討がなされていないのは，本稿の重大な欠点といえる。なお，労使関係と社会政策の関連性を分析するためには賃金決定機構をも検討する必要があるが，それについても今後の課題としたい。

1) このような厳しい現実は労働組合の組織率に端的に現れる。日本は1970年の35.4％から2004年の19.2％まで連続的に下がっている。韓国は1970年に12.6％であったのが，労働者大闘争を契機に1988年18.6％まで上がったものの，すぐ減少に転じ，2004年10.3％となっている。
2) 両国それぞれの労使関係の状況と特質に関してはすでに分厚い蓄積がある。代表的なものとして兵藤釗『労働の戦後史 上・下』東京大学出版会，1997年および姜萬吉（Kang, Man-Gil）ほか『韓国労働運動史1～6』（韓国語）高麗大労働問題研究所，2004年を挙げておく。
3) ただし，両社が日本と韓国の労使関係を比較するに当たって有する代表性に関しては相当程度の留保が必要である。トヨタ自動車の「協調的」な労使関係が日本のなかでもやや特殊な部類に属するとすれば，現代自動車の「対決的」な労使関係も韓国のなかではあまり類をみないからである。その意味では，両社の事例は両国の平均よりむしろ両極端を代表するといえるかもしれない。
4) 二村一夫「日韓労使関係の比較史的検討」『大原社会問題研究所雑誌』No. 460, 1997年3月。
5) 事実関係の確認において，上井喜彦，猿田正機，趙性載，周武鉉，呉在烜，Hong-Jae Park，申源澈の諸氏より貴重なご教示と資料の提供をいただいた。深く御礼を申し上げる。ただし，事実の誤認などは，一切が筆者個人の責任である。なお，草稿の作成

に当たり，市原博，小野塚知二，木下順，関口定一の諸氏より国際比較の観点から貴重なコメントをいただいた。あわせて御礼を申し上げたい。

6) T社の場合，その生産台数には委託生産によるものが含まれているので，T社の生産台数と従業員数，H社の生産台数と従業員数を直接的には比較できない。
7) H社の場合，昼夜2交代制の下で「所定内8時間＋残業2時間＋休日深夜労働月平均3回」が「通常の勤務」と認識されているのが現実である。
8) T社，H社ともに「一時金」「賞与金」を除いたものである。
9) H社の場合，割増率は比較的高く，時間帯によって50〜250％である。
10) 1998年，整理解雇277人，無給休職2018人，希望退職7871人の人員整理を行った。
11) Ha, Bu-Yeong「現代自動車労使関係どうすべきか—雇用問題を中心に—」(韓国語)(『蔚山地域労使関係の大転換のための企画討論会』基調報告) 2005年11月。
12) 趙性載（Cho, Seong-Jae）「韓・中・日自動車産業の雇用関係比較—トヨタ，現代，上海フォルクスワーゲンの非正規職実態を中心に—」(韓国語)『労働政策研究』第6巻第2号，2006年。
13) 金鎔基（Kim, Yong-Gi）「韓国の自動車A社における人事制度改革（上）・（下）」『大原社会問題研究所雑誌』No. 450・451，1996年5・6月。
14) 韓国社会科学研究所「現代自動車の労使関係調査」(韓国語) 1991年，上記の金鎔基の論文より再引用。
15) 日韓の相違点を検討するに当たって，両国の経営者の性格を徹底的に掘り下げるべしというコメントを二村一夫先生よりいただいた。感謝を申し上げると同時に，次の課題として残しておきたい。
16) 東正元「トヨタ自動車労働組合の取り組みについて」(特集「自動車産業の企業別組合の機能と課題」の報告②)『賃金と社会保障』No. 1383，2004年12月上旬号。
17) H社の場合も，1967年の設立当時賃金はすでに属人給であり，1977年に設けられた「職級昇進制度」も人を中心とした資格制度であった。
18) 趙性載（Cho, Seong-Jae）「自動車産業社内下請実態と改善方向—H社事例を中心に—」(韓国語)『民主社会と政策研究』通巻10号，2006年。
19) このプロセスに関しては，拙著『「身分の取引」と日本の雇用慣行—国鉄の事例分析—』日本経済評論社，2003年を参照。
20) 労働市場と賃金の変化に関しては，宣在源「韓国における労働市場の変化と経済危機」『大原社会問題研究所雑誌』570号，2006年5月および黄秀慶（友岡有希訳）「韓国の賃金構造」『大原社会問題研究所雑誌』571号，2006年6月を参照。
21) この場合の能力とは，いわゆる問題発見・問題解決の能力だけでなく，経営の要求に応じて配置転換を無難にこなすなど，柔軟に働ける能力を意味する。
22) 以上の点に関しては，武川正吾・李恵炅（Lee, Hye-Kyung）編『福祉レジームの日韓比較—社会保障・ジェンダー・労働市場—』東京大学出版会，2006年および武川正吾・金淵明（Kim, Yeon-Myeong）編『韓国の福祉国家・日本の福祉国家』東信堂，2005年を参照。

共通論題＝東アジアの経済発展と社会政策―― 4

東アジアにおける公的年金制度改革の比較

朴　光駿　Park KwangJoon

1　東アジア社会政策比較研究の特殊性

　社会政策における国際比較研究は，1970年代の先駆的研究から始まり，比較研究の方法や理論を開発するための研究がなされ，1980年代に入ってからは，先進福祉国家中心の比較研究から脱皮し，第3世界の比較社会政策研究［MacPherson and Midgley 1987 など］，社会主義国家の社会政策比較［Deacon 1983 など］へと発展してきた[1]。

　1990年代に入ってからは，東アジア地域の内外から「東アジア国家の比較研究」が活発に行われるようになっているが，その背景の1つは，各国の極めて複雑な福祉現象を簡潔に表す概念的道具――たとえば，脱商品化，福祉レジーム，拒否点，経路依存性，非難回避の政治など――の開発が進み，それが国際比較研究に活用されていることである［朴，2005］。

　この研究は東アジアの公的年金制度の改革目標と内容に関する比較研究であるが，東アジアの比較研究には，西欧福祉国家間の比較研究とは異なる特殊性に関する考慮が必要である。むろん，今まで比較社会政策の主な対象国であった西欧福祉国家においても，社会政策の内容と給付水準に多少の格差が存在しているが，東アジア3国は，国家体制，経済発展，社会保障の水準や歴史，年金制度の成熟度において大きな格差がある。また，年金制度の適用範囲においても同様である。そのような理由から，東アジアにおける社会政策の比較研究は，福祉国家と非福祉国家との比較，経済水準の異なる社会の比較，社会主義体制と資本主義体制の比較という特殊な要素が含まれている。しかし，少子高齢化の傾向や速度など，社会政策に影響を及ぼす多様な環境変化を共通に経験

しているし，社会文化には共通性も少なくない。比較社会政策の観点からみると，東アジアは異なる発展段階にある国家が，共通的政策環境変化にどのように対応するのかを示すよき研究素材になっている。

2　年金改革の目標と国家間学習

（1）年金改革の目標

　年金改革に関するある EU 報告書［Commission of the European Communities 2002］は，年金改革の目標として，① 給付適切性の保障，② 財政的持続可能性，③ 現代化（modernization）の 3 つを挙げている。①には，老後貧困の防止，過去生活の維持，連帯の増進，②には，雇用水準の引き上げ，労働期間の延長，年金の財政的持続可能性，給付と保険料負担のバランス，③には，「年金ニーズの多様化への対応」，つまり，社会・労働市場の変化に対する柔軟な対応，ジェンダー的配慮，年金に対する信頼・理解などが含まれる。しかし，以上の目標は，すでに国民皆年金が達成されている EU 諸国のような国家の比較には適切な基準になりうると思われるが，東アジア，特に韓国と中国の場合は，年金制度が定着過程にあることから，「年金の普遍的適用」が年金改革のもっとも重要な目標の 1 つになっている。本稿においては，以上の事情を考慮し，前記の 3 つの目標に「普遍的適用」という基準を加えて，3 国の年金改革において，それぞれの国は 4 つの年金改革目標の中で，どの目標を優先していたのかについて考察する。

　年金制度は単一項目としては国家の社会予算に占める比重が最も大きいことから，福祉国家改革の第一の対象になっていて，年金改革は「年金縮小と同義語」［Bonoli *et al.*, 2000］として使われている。

　年金改革の背景には高齢化の深化という国内的要因もあるが，グローバリゼーションの影響も大きい。いわゆる「競争国家」（Competition State）の出現による影響である。グローバリゼーションの影響による国家間競争の拡大は，社会政策に，競争の維持に寄与することを要求している。法人税率の競争的引き下げはその例であるが，それによって年金財政の削減が余儀なくされる。

I 共通論題

「次第に競争的になりつつあるグローバルな世界において，国民国家は政策選択の制約のために，競争を誘発する政策を受け入れざるを得なくなっている」[Gough 1996 : 215]。社会政策が競争原理の維持に貢献することを要求する社会を，Cerny [1997 : 251] は競争国家と名づけ，過去20年余りの期間中，年金部門は競争国家の政策目標達成の対象になっていると指摘する。

さらに，「アプローチのグローバリゼーション」[George and Wilding 2002 : 61-64] に関わる影響もある。それは社会政策の内容が新しいグローバルな準拠基準によって行われることを意味するが，社会保障の比較方法によって得られたデータは，給付の引き下げへの圧力になり，底辺への競争を加速している。たとえば，EUのマーストリヒト条約は国家債務に対する統制を強化し，事実上福祉拡大のために他の財源を使うことを禁止した。EU会員国・会員希望国は，この条約の基準をクリアする必要があり，1998・89年までに財政赤字をGDPの3％以下に縮小することを強要された。ピアソンは，この状況が税金の引き上げを不可能にし，公的支出の削減，特に年金給付の削減に大きな影響を与えた [Pierson 1998 : 789] とみている。

(2) 年金改革の国家間学習

ある政策を実施する前に，他国の経験を研究することは過去においても，現在においても一般的現象であるが，その傾向はグローバリゼーションの進展によって，一層強まっている。

ある国家が他国の政策アイディアを導入する現象は「diffusion, policy transfer, policy imitation, policy borrowing, lesson-drawing」などで表現される。このような現象の背後には，国際的レジームの影響があるとされているが，何よりも社会政策の国家間学習つまり国家の自律的政策導入が年金改革パターンの収斂をもたらす重要な要因であると思われる。たとえば，Weyland [2005 : 40] は，「世界銀行やIMFなどの国際財政機関の圧力の結果」とされていた南米の年金改革を検証したが，民営化を主な内容とした1981年のチリの年金改革以来，南米の13カ国がそのモデルを導入することになったのは，チリモデルを支持する世界銀行のような国際機構の圧力の結果ではなく，「チリの年金専門

図表1　政策革新の国際的拡散メカニズムのパターン

類　型	国際的強制 penetration	国際的強要 imposition	国際的歩調 harmonization	自律的導入 diffusion
意思決定の形態	一方的強制	政治・経済条件の一方的強要（反対給付としての利益保障）	多面的協力，協議による条件付与（反対給付は国際地位確保）	模倣（合理的模倣・選択的模倣）と学習
受入の義務水準	至高	高	中―高	低
受入の動機	決定への抵抗不可	メンバーシップの維持，援助の獲得	国際的地位・メンツの確保，国際摩擦の回避	国内問題の解決模索，政権正当性の確保
推進力	権　力	権　力	利　害	知　識
事　例	戦後，日本・ドイツのGHQ福祉政策受け入れ	EU条約による会員国の年金縮小，韓国福祉改革とIMF	女子差別国際条約の批准と日本男女雇用機会均等法の成立	チリ年金改革の南米への拡散，中国の年金個人口座制導入

出所：Jorgens 2004；Stone 2001；Bennett 1991などを参考にし，事例などを追加して作成

家たちからの直接的学習の結果」であると結論づけている。この研究は，政策拡散の説明に極めて重要な示唆を与えている。というのは，南米諸国の中で，チリの年金改革の影響を受けなかったのは，ポルトガル語を使っているブラジルだけであったことであり，政策拡散における「同一言語」という要因の重要性を喚起しているからである。この点については，政策拡散の要因を明らかにした1970年代の研究［Collier and Messick 1975：1313］が，「ある国家が，先に社会保障を導入している国家の制度を模倣することに影響を与えるのは，地理的近隣，共通の言語，植民地の経験という3つの要因であり，中でももっとも強い要因は言語である」としたことと脈をともにしている。

　ある国家の社会政策が他国に導入されていくパターンは次の4つに類型化できる：①　国際的強制［Bennett 1991］，②　国際的強要――その政策の導入によってある種の反射的利益が期待できるという点において国際的強制と異なるもの，③　国際的歩調（hanmonization）――政府政策を，多国家間の基準にコミットするために意図的に修正すること，④　自律的導入――政策の受け入れ側が，政策内容を決定する（図表1）。

Ⅰ　共通論題

3　公的年金制度の改革

（1）中　　国

　中国における社会保険は「中華人民共和国労働保険条例」（1951年）の制定によってはじまった。これは，ソ連の社会保障システムをそのモデルにしていたもので，それによって，年金対象や財政方式に関するソビエト的特徴が中国に移植された。そのため，公的年金は初期段階から国民の大半を占める農村地域住民をその対象から外し，都市労働者のみを適用する形で発展してきた。こうした事情から都市・農村間には高齢者所得保障に大きな格差が生じている。現在においても公的年金は都市地域だけに実施されていて，都市地域間においても統一されていない。

　改革が行われる直前において，旧制度の特徴は次のように要約できる［朴 2004］。第一に，年金制度の対象者は正規の国営企業と事業単位の従業員および国家公務員のみを対象にしていて，国民の70％以上を占める農村住民が適用されないものであったこと，第二に，年金保険料は全額企業主の負担になっていたこと，第三に，管理運営は完全に企業単位に任されていたこと，などである。

　1978年からはじまる中国の「市場化戦略」は年金制度に根本的修正をもたらした。その内容は，① 中央政府から地方政府・基礎自治体への社会責任の委譲，② 国家の直接介入の自制と個人努力の奨励，③ 主な社会サービスの商品化の普及などである［Wong and Flynn 2001：41-42］。こうした改革が必要になった経済的背景には，国有企業の経営不振と財政赤字，国有企業における年金問題［田多編 2004：116-125］があった。図表2に示されているように，退職者1人当たり労働者数は，改革開放政策が始まった1978年に30.3人であったが，1990年には6.1人になり，2004年には2.6人になっている。

　中国の年金改革の第一の目標は，少なくとも都市労働者に対しては普遍的な年金制度をつくること，つまり「制度適用の普遍性」におかれていて，財政的には国家負担を最小限にし，個人と企業の負担で賄われるシステムを目指して

図表2　定年退職者関連指標の推移

年度	総就業者数(万人)*	都市労働者総数(A)(万人)**	年金加入者数(B)(万人)	B/A %	定年退職者数(D)**(万人)	退職者数1人当労働者数**	退職給付支出(億元)*	1人当退職給付(元)*
1978	40,152	9,514	·	·	314.0	30.3	17.3	551
1990	63,909	16,616	5,200.7	31.3	2,301.0	6.1	396.2	1,760
1995	67,947	19,093	8,737.8	45.8	3,094.1	4.8	1,305.6	4,335
1996	68,850	19,815	8,758.4	44.2	3,211.6	4.6	1,552.2	4,923
1997	69,600	20,207	8,671.0	42.9	3,350.7	4.4	1,790.8	5,458
1998	69,957	20,678	8,475.8	41.0	3,593.6	4.0	2,073.7	5,972
1999	70,586	21,014	9,501.8	45.2	3,726.9	3.7	2,420.9	6,614
2000	71,150	21,274	10,447.5	49.1	3,875.9	3.5	2,733.3	7,190
2001	73,025	23,940	10,801.9	45.1	4,017.7	3.2	3,072.0	7,784
2002	73,740	24,780	11,128.8	44.9	4,222.4	3.0	3,659.4	8,881
2003	74,432	25,639	11,646.5	45.4	4,523.4	2.7	4,148.9	9,485
2004	75,200	26,473	12,250.3	46.3	4,675.1	2.6	4,510.9	9,808

出所：『中国統計年鑑1996年版，2001年版，各年度』（*），『中国労働和社会保障年鑑2001年，2005年』（**）に基づいて作成

いた。中国政府は1984年以降数回にわたって年金改革を行い，1997年7月16日に公布された「従業員の統一基本老齢年金保険制度を確立することに関する国務院の決定」によって改革内容がまとめられた。その重要な内容は，① 適用範囲を国有企業の労働者以外に，私企業などの従業員や自営業者にまで拡大したこと，② 個人責任を強化し，保険料負担において全額企業負担から，国家・企業・個人の三者負担になったこと，③ 個人口座制度の導入による年金財政改革，④ 管理方式において企業単位から広域自治体レベルでの統一管理になったことである。

中国は年金改革において，多くの他国の制度や経験を参考にしたとされている。チリの年金改革や世界銀行の三階建て年金案，シンガポールの中央基金（CPF）などはよきモデルになった。西ヨーロッパや北欧の普遍的な社会保険モデルに対しては，西洋まねに対する否定的態度（negative occidentalism）が示されたと思われる。したがって，社会保障改革を行うことにおいて，中国は「他国の経験について慎重に検討し，選択的に改革に取り入れた」［Wong and Flynn ed. 2001：61］といえよう。

現在の年金体制は次の図表3に示されているが，改革の核心的内容をなして

I 共通論題

図表3　新年金体制の財源，管理方法および年金給付の仕方

財源（3者負担）			管　　理		年　金　給　付	
国家	企業	個人	個人口座	社会のプール	個人管理基金	社会の管理基金
管理費など	賃金の20％限度	賃金の8％	11％（個人負担分全額＋企業負担の3％）	3％を除いた企業負担分	60歳から10年間，毎月残高の120分の1	平均給料の20％を支給

注：1997年個人負担8％としてスタートしたが，2000年から企業の負担を減らすために，個人口座分の11％全額を個人負担にするようになった。これに対して，個人負担が重すぎるとの批判が強く，2005年から再び個人負担が8％になっている（制度変化過程に関しては，中国社会科学院社会保障研究センター主任王徳文氏からのヒアリングと確認）。

いるのは，個人口座制の導入である。財源は国家の管理費等の負担，企業と個人の保険料といった三者負担からなり，財政方式は以前の賦課方式から「積立方式と賦課方式の併用」になった。個人口座からは，60歳になってから10年間，残高を120ヶ月に均分し，毎月支給する。社会プールからは平均給与の20％を支給する。したがって，毎月の年金給付額は「平均給与の20％＋残高の120分の1の金額」となる。

しかし，改革の主要目標であった普遍的適用も達成されていないことが図表2によって明らかになっている。2004年現在，年金制度に適用されるはず労働者の中で，実際に年金対象になっているのは46％に過ぎないのである。そのもっとも重要な理由は，年金財政に対する企業の負担が重すぎて，実際にその支払いが不可能になっている企業が続出しているということである。「積立方式と賦課方式の併用」を標榜しているが，実際には積立金がなく，赤字を出していること，管理運用の統一化がされていないことなどは重要な課題である。

（2）韓　　国

韓国の国民年金は1973年に立法化され，1988年から実施された。同年10人以上を雇用する事業所の労働者を対象にして実施され，1992年には5人以上の事業所，1995年からは農漁村地域住民，そして1999年からは都市地域住民にまでに拡大され，形式上は国民皆年金が達成された。基本的には20年の保険料支払いが条件になっているので，2008年から本格的な年金給付が行われるようになる。

最初の国民年金は次のように設計された［権 2005から再引用］：① 国民年金と私的年金との役割分担を通じて三層保障体制，② 所得階層間・世代間再分配を通じての社会階層間連帯，③ 年金財政の長期的安定，④ 積立方式から賦課方式への漸進的転換，⑤ 適用の段階的拡大。

国民年金は，公務員年金・私学年金・軍人年金加入者[2]を除いて，職業や地域を問わず，全国民をカバーする制度になっているが，現実にはその適用範囲は60％ほどである。2005年末現在，1712.4万人（総人口の35.5％）加入していて，事業所加入者が795万人，地域加入者が912.4万人，任意加入者5万人になっているが，地域加入者の50％を上回る463.4万人（全加入者の27％）が納付例外者になっている。しかも，地域加入者の保険料納付率は金額基準で75.7％しかない［保健福祉部 2006 国民年金改革方案］。

年金給付は基礎部分と所得比例部分が統合されている。国民年金受給者（一時金受給者は除く）は，2005年末現在165.2万人で，65歳以上高齢者（2005年438万3156人——全人口の9.1％）の37.7％である。総給付費は3兆2100億ウォンで，1人当たり平均16.2万ウォン（月）を受給している。給付システムは確定給付方式である。最初，40年間加入した平均所得者に70％の所得代替率を約束したものとして出発したが，1998年改正で60％に引き下げられている。

財源運用は部分積立方式であるので，多額の積立金の存在と，将来の基金枯渇を前提としている。財源は，使用者と被用者の保険料，運営管理費の国庫負担および積立方式財政運用から発生する利殖金になる。1988-1992年間は，所得の3％を労使が折半して負担，1993-1997年間は6％，1999年国民年金法改正以降は9％の保険料を労使が同率分担している。自営業者など地域加入者は全額本人負担である（農漁民には保険料補助）。加入者の増加に伴い，保険料収入と運用利益などが増加する反面，給付支出は2008年から本格化されることもあり，年金基金は急増している。年金積立金は2005年末基準156兆2829億ウォンで，GDPの20％弱である。もちろん，この積立金は積立方式による年金導入初期の現象であり，年金財政の長期的健全性を示すものではない。

国民年金改革に関する一連の議論は，「年金財政の安定化」に集中された。「低負担―高給付という構造的アンバランス問題」（40年加入で所得代替率70％）

I　共通論題

を改革するためのものであったのである。1998年第一次改革案の提案理由は適用拡大による全国民の老後生活保障，国民年金の財政安定，加入者の参加を通じての民主性・透明性の確保という3点であった。2032年には年金基金が枯渇されるとされ，国民年金制度改善企画団は40％への引き下げを勧告し，政府（保健福祉部）案も所得代替率55％（年金開始年齢を65歳に）であったが，国会審議過程において，公開的討論も経ず60％になった。非難回避の政治，問題先送りの現象である。この改革は基金枯渇時期を2032年から2047年へと15年間繰り下げるだけのものであった。

　第二次年金改革の論議は，1997年末の経済危機以降，IMFの構造調整借款を受けることの条件として，公的年金の改革を求められたことがその発端になった。しかし，実際の改革案は世界銀行による世界銀行モデルを受け入れなかった。財政安定化のための計数的改革を内容とした改革案が2003年国会に提出されたが，論議されないまま廃棄され，2004年に再び改革案を国会に提出され，所得代替率を60％から50％に引き下げること，保険料率を15.9％までに引き上げるということが提案された。一元的年金構造と部分積立方式を維持しながら，給付・保険料負担を調整する計数的改革案である。年金政策の重要な目標である普遍的適用，つまり，死角地帯の解消に関する論議は完全にはずされていた。

　しかし，同年12月には，保守性の強い野党（ハンナラ党）によって死角地帯の解消を目指した公費財源の「基礎年金制度」を導入する案が提示され，論議が錯綜する傾向を示した。年金政治は韓国の政治文化から決して自由なものではなく，各政党の年金改革案は各自のイデオロギーを反映しているものといえない。2006年8月，政府は代替率の40％への引き下げ，保険料率の段階的引き上げ，基礎老齢年金の新設を骨子とする改革折衝案を出した。2006年9月の時点では，保険料引き上げの見送り，代替率50％，全高齢者の60％の人々に7万―10万ウォンの基礎年金を支給することで，与野党の大まかな合意が得られているという。最初の野党の案だと，9兆6千億ウォンが所要されるもので，それは付加価値税率を26％までに引き上げなければならないほどであるが，全体としての野党の政策基調が減税政策指向であることなどから，一種の政治的攻

勢ともいえるものであった。しかし，より保守的な政党によって公費による基礎年金導入の可能性が高くなってきたのは事実である。こうした政治的現実は，外部から韓国社会を観察する人にとっては理解に苦しむことであろう。

　韓国の年金改革において，注目しなければならないのは，年金制度の理念と現実との隔たりの問題である。これは国民年金の理念的性格をめぐる論議において明らかになっている。国民年金は所得階層間，世代間所得再分配機能が非常に強く設計された進歩的制度であるとされている［たとえば，金・金 2004：256］。確かに，たとえば，加入期間40年の所得代替率をみると，中間所得者は60％であるが，中間所得水準の2分の1以下の者は90％を上回る反面，中間所得の2倍以上の者は45％以下になっているほど所得再分配が強調されている。しかし，問題は農漁民や自営業者の場合，正確な所得把握が不可能な状態で，しかも，所得を低く申告することにインセンティブがあるシステムになっているだけに（つまり，所得を誠実に届け出た人に不利益が与えられること），所得が把握されている賃金所得者が不利益を受け，低賃金所得者から富裕な自営業者への逆進的再分配の可能性も高く，それが賃金所得者の反発をよんでいる状況がある。しかも，政府さえ所得把握が短時間内に改善される可能性が低いことを認めている。実際に，保健福祉部と年金公団の地域加入者所得推計によると，実際の申告所得は推定所得の60％にも満たないもの［文 2005：7］で，極めて深刻な状況である。制度設計は社会保障の理念を指向しているが，理念達成に欠かせない所得把握システムなどインフラの不備によって，さまざまな葛藤を経験している状況である。

（3）日　　本

　1973年の年金拡充によって，公的年金は適用範囲においても給付水準においても充実化した（公的年金受給者数は1970年600万人，1980年1400万，厚生年金の1人当たり老齢年金額も生活保護の93％水準）。しかし，年金拡大期と年金縮減期を分かつエポック・メイキングな改革［新川 2005：307］とよばれる1985年改革が行われるが，それには次のような背景があった。① 経済的背景として，財政危機と産業構造・就業構造の変化，② 社会的・政治的背景として，人口の高齢

化，新保守主義の台頭，③ 制度的背景としては，年金制度の成熟化，国庫負担・後代負担の増大，年金積立金の伸び率の低下と減価［横山・田多編 1991：300-311］。

この年金改革には，年金に対する変化するニーズへの対応と年金の抑制，つまり現代化と財政安定化が同時に指向されていた。具体的な改革内容は，① 基礎年金の導入，② 婦人の年金権の確立，③ 障害年金の充実，④ 給付水準の適正化である。

基礎年金の導入は制度分立型年金制度の限界を克服しようとした試みであった。自営業者の国民年金と厚生年金の定額部分を同一の計算式で算出し，基礎年金にした。年金制度の分立にともなう制度間格差，過剰給付・重複給付などの問題を解決し，就業構造・産業構造の変化にともなう年金財政の不安定化を避けるために行った公的年金制度の統合化の試み［横山・田多編 1991：315］であり，公的年金一元化への第一歩［武川 2004：50］であったが，給付水準は実質的に削減されている。また，当時任意加入とされていた約500万人の被用者の無業の妻は離婚などにより無年金者になる可能性があったが，彼女らを国民年金に強制加入させることによって基礎年金を保障した。これによって女性の年金権が確立された。男性稼ぎ主モデルの修正の始まりといえる。ただ，それに要する費用は厚生年金，共済組合などが負担し，被用者の無業の妻から保険料を徴収することではなかったので，それは，自営業者の妻との関係，共働き世帯や単身世帯との関係からみて不公平の問題をもたらすことになった。障害基礎年金も導入され，20歳以前に障害者になった者・制度加入直後に障害者になった者でも障害基礎年金が支給されるようになった。

以上の内容からみると，年金改革の目標として現代化も考慮されたが，より重視されたのは給付削減をその手段とした財政安定という改革目標であった。

その後，日本には大きな政治変革があった。1993年の政権交代である。しかし，年金開始年齢引き上げに反対していた社会党は政権入りしたが，超党派的合意（共産党除く）が形成され，年金抑制政策は続行された。新川［2004：314］は社会党が連立政権維持のため，年金改革について譲歩したと述べている。ただ，イデオロギーの異なる政権交代があっても，その年金改革への影響は微々

たるものであることは日本独特の現象とはいえない。ヨーロッパの年金政治をみると，保守党と労働党が政権交代するたびに政党のイデオロギーを反映した改革を行ってきたイギリスのようなケースはむしろ例外的なものであり，政権交代は年金改革内容に大きな影響を与えていないというのは一般的な傾向のように思われる。

　2000年改革によっても，その目標は現代化への考慮（保険料の半額免除制度の導入，学生納付特例制度の拡充，育児休業期間中の保険料の事業主負担分の免除など）とともに強力な財政安定化（被用者年金の報酬比例部分の給付水準を5％引き下げることなど）の傾向が確認される。2004年の改革には，夫婦間の年金分割の制度が導入されるなど，現代化を指向する内容も含まれていたものの，第一の目標は給付抑制による財政安定化であった。負担の上昇を積極的に抑制しながら，将来の負担の上限を設定し，その収入の範囲内で給付水準を調整する，というのがその基本的な考え方であった。「収入と支出の両面の改革」[厚生労働省年金局 2004]であったのである。

　給付面をみると，マクロ経済スライドが導入され，年金の被保険者数の減少率や65歳時平均余命の延び率を考慮して，年金額改定幅の抑制を目指している。平均賃金が変わらない場合でも，高齢化その他の要因によって労働人口が減少すれば，年金額は減額されることになるということである。収入面においては，厚生年金の場合，改正前の保険料率13.58％を毎年0.354％ずつ引き上げ，国民年金の場合には，改正前の1万3300円を毎年280円ずつ引き上げ，平成29年に1万6900円（平成16年度価格）とすることとされている。

　結果的には，国民年金も厚生年金も給付が15％ほど削減されるようになったが，これは，国民年金の場合，制度発足時から堅持されてきた基礎的な生活保障という理念が，2004年改革においては明確に示されなくなったことを意味するという指摘がある。鎮目の推計[鎮目 2006：7]によると，2023年に国民年金のモデル年金給付は生活扶助（1級地）の73.1％に過ぎず，これは制度発足当初の1960年代の水準にまで落ち込むということである。

I 共通論題

図表4　年金改革の目標の優先順位比較

		中　国*	韓国（進行中）**	日　本***
公式的提案理由		・普遍性の確保 ・年金制度の統一性 ・負担の公平さ	・世代間公平 ・長期財政安定 ・金融環境変化への対応	・財政安定 ・不安不信解消 ・多様化するニーズに対応
改革目標	普遍適用	○○○	○	
	適正化	×	○	○
	財政安定	○○	○○○	○○○
	現代化	×	×	○

注：＊　「国務院関于建立統一的企業職工基本養老保険制度的決定」（1997.7.16）に言及されている年金改革の背景・目標
　　＊＊　2003年，2004年改正の「提案理由」
　　＊＊＊　2004年改革（厚生労働省，年金改革の骨格に関する方向性と論点，2002）。実際には4点挙げられているが，3点に分類した。

4　公的年金改革の比較

（1）年金改革の目標について

図表4は，3国において，普遍的適用，適正化，財政安定化，現代化という年金改革の目標の優先順位を示している。

年金改革が行われる1980年代以前に国民皆年金が実現されていた日本では，当然改革の目標に「普遍的適用」が含まれていなかったが，制度発展が遅れた韓国，経済社会変革の中で社会保障体制の再構築を迫られていた中国では，年金制度のカバリッジをできる限り拡大しようとすることが，改革の優先順位を占めていた。

中国の改革においては普遍的適用が最優先，次に財政安定も非常に重視された。韓国においては年金適用の初期世代を優遇した制度設計を見直すための財政安定が最優先された。日本の場合は，急激な少子高齢化の進行や経済低迷に対応し，財政的安定を目指した計数的改革を優先しながら，労働市場の変化などに対応し，現代化を目指す改革も並行されてきた。この点は，年金財政赤字と年金未適用という当面の問題に悩まされている中国，財政不安が年金への不

信感を膨らませている韓国が，年金適正化への考慮は相対的に薄く，まして現代化への改革を考慮する余裕はほぼなかったという状況とは対比されるものである。これは，異なる年金発展段階にある3国が，異なる政策目標をもって共通の課題・環境に対応していることを示すものである。

　年金制度の発展をみると，まず初期適用人口をより優遇することによって制度の普遍化を目指す制度設計をし，次にそのような制度設計の必然的な結果としての財政不安定の問題を解決するための改革が行われ，その後，年金ニーズの多様化に対応するための現代化という目標が追求されるという傾向が確認されるが，このような流れは東アジア3国の比較においても確認されている。その意味では，韓国と中国の場合は，現代化という年金改革の目標をどう達成するのかがこれからの課題の1つになると予想される。

（2）年金改革における国家間学習について

　ある革新的政策や制度が国際的に拡散されることは，過去にも現在にも一般的な現象であるが，東アジア地域も例外ではない。中国はソビエト体制をモデルにして社会保障制度を確立したし，年金改革の時にはチリの年金改革，世界銀行のアイディア，シンガポールのCPFなどを参考にしている。中国労働・社会保障部は，発展途上国を含む外国の社会保障を実践的観点から研究する研究所をもっており，実際の制度改革を念頭に多様な政策提言が行われている。また，そのルートとは別に，社会政策の決定機関ともいえる政治局で社会保障改革案が検討されるまでに，多様な意見収斂・提案・提言のルートがあり，それを通じて年金改善に必要な海外年金情報が収集されている。

　韓国の年金発展初期には日本の制度が大いに参考にされた[3]。その後の年金改革の際には，アジェンダのグローバリゼーションの影響もあり，改革案が財政安定化を優先する計数的改革案であっただけに，先進諸国で行われている多様なアイディアが活用されている。出産・育児期間中の年金保険料を免除するアイディアも，すでに2004年に出されている。韓国は金融危機によって，IMFの強い影響下におかれていたが，年金改革に限っては，その影響が大きいものではなかった。

Ⅰ 共通論題

　日本が早くから西洋社会の政策革新を，その導入を前提に検討してきたことは周知のことである。2004年改革にみられるマクロ経済スライド方式も1990年代スウェーデンの年金改革のアイディアである。
　年金改革には，給付水準の引き下げ，保険料の引き上げ，年金開始年齢の繰り下げなどの計数的改革（parametric reform）と構造改革（structural reform）もある。日本が前者の典型というなら，個人口座制度を取り入れた中国の年金改革は後者のケースである。構造改革の可能性の高低の原因は何か。抜本的な改革の挫折は経路依存性によって説明されることもあるが，経路依存性は政治文化以上の意味をもつ。パットナムの指摘のとおり，経路依存性が「歴史が重要であること」[Putnam 1993] を意味するという指摘は極めて重要なものであり，この立場は日本社会政策の発展に対する玉井 [2004] の分析にもみられている。制度の歴史的土着性は制度改革の範囲を決めることに極めて重要な要因である。

（3）残された課題
　年金改革によって追い求められた目標が達成されるとは限らない。普遍的適用と現代化という2つの目標について課題を残していることは3国共通の現象である。
　普遍的適用の問題には失業や非正規雇用の増加にともない，潜在的無年金者が増加する問題が含まれている。それは社会保険料の安定的負担者の減少という，年金制度の基本フレームを脅かす要因でもある。韓国において非正規労働（主に臨時職と日雇い労働）は2002年には51.6％にもなっていて（統計庁，DB資料），こうした人々は社会保障制度の死角地帯におかれている可能性が高い。日本においても非正規労働（主にパートタイム労働とアルバイト）が増加の一途をたどっており，20代前半の基礎年金保険料未納率が50％に及んでいる（国民年金全体の未納率は36.4％，2004年）。中国においても，労働の柔軟化が進み，都市労働者に占める公的年金加入者の割合は低下している。
　年金に対する不信の問題も年金現代化の課題であるが，3国ともに深刻な状況である。日本の場合，政府の度重なる契約内容変更から逃げ水年金といわれるほど年金制度への信頼が損なわれてしまったことは，「非難回避の政治のも

たらした最大の負の効果」[新川 2004：316] であると指摘されている。韓国では，年金基金運用，財政的不安，公平への疑問，政策の合理性の欠如などによって年金不信が高まっている。中央日報の調査（2006年2月，20歳以上1067人対象）によると，「国民年金への加入は不必要である」という回答が45％，「可能なことであれば，国民年金から脱退したい」という回答が69％にもなっている。中国では，保険料が積立てられているはずの個人口座が実際には空になっていることへの不安，都市部の50％もカバーできていない状況に，対象者が安定した職に限られて実施されていることから，非正規労働者や貧困層からの不信感が強い。東アジア3国の年金改革は，以上のような問題の解決策を出せていない状況にある。

1) 社会政策における比較研究の発展については，拙稿 [2007] を参考すること。
2) この3つの特殊職域年金の受給者数は，2004年末現在65歳以上高齢者の約3％である（統計庁『高齢者統計』2005）。ただ，この年金は長い間，退職時一時金を認めていたので，実際の受給者はより多いと予測される。
3) 韓国の年金制度は権威主義政府の下で政治的判断によって短期間で成立したが，それは制度の内容に特別な形で影響を与えていた。短期間で年金制度を成立させるためには，すでに同制度を実施している他国の制度を大いに参考せざるを得なくなる。国民年金成立過程をみると，実施準備不足が明白であり，そのため，1973年に諸外国の年金実施状況を調べるための国際視察が行われたが，その担当者は，「中でも日本の制度が非常に参考になった」[孫 1983：133-134] と述べている。

【参考文献】

Bennett, C. (1991) "What is policy convergence and what causes it?", *British Journal of Political Science*, Vol. 21.

Bonoli et al. (2000) *European Welfare Futures: toward a theory of retrenchment*, Blackwell.

Cerny, P. (1997) Paradoxes of the Competition State, *Government and Opposition*, 32 (2).

Collier, D. & Messick, R. (1975) Prerequisites Versus Diffusion: Testing Alternative Explanations of Social Security Adoption, *American Political Science Review*, Vol. 69.

Commission of the European Communities (2002) *Report on the Adequate and Sus-*

tainable Pensions (draft).

Deacon, B. (1983) *Social Policy and Socialism : The Struggle for Socialist Relations of Welfare*, Pluto Press.

George, V. and Wilding, P. (2002) *Globalization and Human Welfare*, Palgrave.

Gough, Ian (1996) Social Welfare and Competitiveness, *New Political Economy*, Vol. 1(2).

Jorgens, Helge (2004) *Governance by diffusion, Lafferty, William ed., Governance for sustainable development : the challenge of adapting form to function*, Edward Elgar Publishing.

MacPherson, Stewart and Midgley, James (1987) *Comparative Social Policy and the Third World*, Wheatsheaf Books.

Pierson, P. (1998) Contemporary Challenges to Welfare State Development, *Political Studies*, XLVII.

Putnam, Robert (1993) *Making Democracy Work : Civil Tradition in Modern Italy*, Princeton University Press.

Rose, R. (1991)What is Lesson-Drawing ?, *Journal of Public Policy*, 11-1.

Rys, V. (1964) The Sociology of Social Security, *Bulletin of International Social Security Association*, Vol. 17 (1).

Stone, D. (2001) *Learning Lessons, Policy Transfer and the International Diffusion of Policy Ideas*, CSGR Working Paper No. 69/01.

Weyland, K. (2005) *External Pressures and International Norms in Latin American Pension Reform*, Paper for the 101st Annual Meeting, American Political Science Association.

Wong, L. and Flynn, N. ed. (2001) *The Market in Chinese Social Policy*, PALGRAVE.

金　淵明・金　教誠（2004）「韓国の年金改革」新川敏光／ジュリアーノ・ボノーリ編著『年金改革の比較政治学—経路依存性と非難回避—』ミネルヴァ書房。

武川正吾（2004）「日本の2004年年金改革」韓国・日本社会政策学会共同学術シンポジウム（ソウル）資料集。

玉井金五（2004）「日本社会政策の展開とその構造的特質」韓国・日本社会政策学会共同学術シンポジウム（ソウル）資料集（基調講演原稿）。

鎮目真人（2006）「国民年金制度と基礎的生活保障—2004年公的年金改革による生活保障のゆくえ—」『社会福祉学』Vol. 47-1, 日本社会福祉学会。

新川敏光（2004）「日本の年金改革政治」新川敏光／ジュリアーノ・ボノーリ編著『年金改革の比較政治学—経路依存性と非難回避—』ミネルヴァ書房。

田多英範編（2004）『現代中国の社会保障制度』流通経済大学出版会.
朴　光駿（2004）「中国における高齢者年金改革の動向と課題」『社会学部論集』第38号.
朴　光駿（2005）「東アジア社会保障比較研究の意義と課題」第1回国際社会保障フォーラム報告文，中国人民大学.
朴　光駿（2007）「社会政策における比較研究の発展」『社会福祉学部論集』第3号，佛教大学.
横山和彦・田多英範編（1991）『日本社会保障の歴史』学問社.
厚生労働省年金局（2004）「平成16年年金制度改正のポイント」.
権　文一（2005）「国民年金法改正案に対する評価および補完課題」『季刊社会福祉』第166号，韓国社会福祉協議会.（韓）
孫ジュンギュ（1983）「韓国社会保障政策の決定過程に関する研究」ソウル大学博士学位論文.（韓）
保健福祉部（2006）「国民年金改革方案」.（韓）
統計庁『高齢者統計』各年度，人口・労働関連 DB.（韓）
全国老齢工作委員会辺公室編（2001）『老齢工作文献選編』（中央巻・地法巻）華齢出版社.（中）
労働和社会保障部，『中国労働和社会保障年鑑』各年度，中国労働社会保障出版社.（中）
『中国統計年報』各年度.（中）

共通論題＝東アジアの経済発展と社会政策——座長報告

東アジア福祉国家論はいかに論じられるべきか

田多英範　Tada Hidenori

1　テーマの選択

　2006年10月に大分大学で開かれた第113回社会政策学会では共通論題「東アジアの経済発展と社会政策——差異と共通性」をめぐって4人の報告者と1人の討論者を中心に活発な議論がおこなわれた。
　なぜこのテーマが選ばれたかを大会案内によってみておくと概略以下のようである。このところ東アジア諸国は，めざましい経済発展とともに社会保障・社会政策も新たな展開をみせており，多くの分野で世界の注目を浴びるようになった。社会保障・社会政策研究は，いまや欧米だけでなく，東アジアをも視野に入れなければならなくなってきた。そこで日本，中国，韓国を中心に市場経済の歴史的特質や社会保障・社会政策，労使関係等の国際比較をおこないつつその差異や共通性について理解を深めるべくこのテーマを選択した，と。
　東アジアの社会政策が社会政策学会の共通論題に初めて取り上げられたのは1997年のことであった。以後社会政策学会において東アジアの諸問題は，共通論題でこそ取り上げられることはなかったが，国際交流分科会等で盛んに取り上げられるようになった。いまや東アジアの諸問題は当学会でも重要テーマの1つになっている。このようなことを背景に今回再び東アジアの諸問題が共通論題のテーマに選ばれたのである[1]。

2　報告とコメント

　共通論題の各報告は論文として本誌に掲載されているので，下手な要約など

不要であろうが，話の都合上誤解を恐れずあえてこれらを極端に短縮して紹介しておきたい。

①杉原薫報告：東アジア諸国はその初期条件，国際環境，開発主義の3つが絡み合い，20世紀後半にめざましい経済発展をとげ，1970年代以降になると，欧米のような資本・資源集約型技術へのシフトではなく，メカトロニクス革命をいち早く遂行して資源・エネルギー節約型の技術を発展させ，人的資源集約型の発展経路を作り出した。こうした東アジア諸国の経済発展経路は1つのまとまりとして東アジア的とみることができる，という。この観点からすると東アジア福祉国家は，エスピン・アンデルセンの3つの型には収まりきれず，開発主義とでもいうべき第4の型が主張できるのではないか，と論じた。

②大沢真理報告：生活保障システムという新しい枠組で福祉国家を「男性稼ぎ主型」，「両立支援型」，「家族依存・市場指向型」の3つに分け，近年の経済グローバル化やポスト工業化の下でとりわけ「男性稼ぎ主型」福祉国家の行き詰まりが著しいとし，その典型である日本では男性稼ぎ主の雇用を守ろうとするから，女性や若者がその社会システムから排除され，仕事と家庭の調和，育児・介護ニーズへの対応が後手に回り，社会保険制度がいまや排除の装置と化している，という。これに対し，韓国のばあい家父長的イデオロギーが強いにもかかわらず，その生活保障システムは「男性稼ぎ主型」とはなっていないからむしろ知識経済化に対応した柔軟な労働市場と包摂的社会政策を構築しつつある，と論じた。

③禹宗杭報告：これまで企業内労働組合，社会的地位に対する敏感さ等の共通性が指摘されてきた日韓の労使関係について，トヨタ自動車と現代自動車のそれを中心にさらに細かい分析をおこない，日韓の労使関係は外形的には類似性が少なくないがその内実は，雇用への安心感の有無，エンジニア優先主義か否か等の違いを背景に，日本では品質管理を含めた能率管理に一般労働者が参加するが韓国では参加しない，賃金制度には資格昇進等を反映する職能資格制度が日本にはあるが韓国にはない，労働組合は経営との関係において日本では協調的だが韓国では対決的である等，むしろ差異性が目立つ，と論じた。

④朴光駿報告：中国，日本，韓国の公的年金制度の改革目標の類似性と差異

性をみ，合わせて外国の影響はいかなるものであったかを論じた。中国，日本，韓国とも近年かなり大きな公的年金改革がおこなわれているが，中韓はどちらかというと普遍的適用が目標とされ，日本は財政安定が基本目標とされる，といった違いがあった。その近年の改革では中国のばあいチリやシンガポール等の影響が強く，韓国のばあい日本以外の先進諸国，日本のばあいはスウェーデンの影響が強かった，とした。

⑤これらの報告に対して討論者の上村泰裕氏から適切なコメントがあった。まずテーマ全体について，社会政策の「東アジアモデル」はあるかといった疑問が提出されたあと，杉原報告に対して，「東アジア」は一種類か，社会政策に「開発主義」と呼べるような特徴はあったか，大沢報告に対しては，韓国（や台湾）の社会政策はいかなる方向に進みつつあるとみるか，フェミニストの男性稼ぎ主型批判は意図せざる結果として市場志向型への移行を促進する結果になりかねないのではないか，禹報告に対しては，韓国の企業別組合が産別労組に転換した際，社会政策が社民主義型に進むきっかけになりうるか，朴報告に対しては，中国と韓国が普遍性確保を改革目標とし，日本が財政安定を第一としている理由は何か，といった問題が出された。その他フロアからもそれぞれの報告について質疑が出された。これらに対して各報告者からリプライがあった。

このところわれわれは，従来に比べると東アジアの福祉国家や社会保障政策に関する情報を格段に多く手に入れられるようになった。当該諸国から来日している研究者が多くなったこと，日本の研究者の関心が高まったこと，相互の研究交流が盛んになったことなどによるものであろう。今回の共通論題の報告によってまた一段と新しい情報が積み上げられた。しかし，それでもまだまだ事実の発掘は不足している。とりわけそれぞれの国の福祉国家・社会保障政策の形成・展開の歴史的な経緯に関する情報不足は著しいように思われる。本共通論題を機に一層の蓄積が望まれる。

3 東アジア福祉国家論の方法

　われわれは，共通論題の4報告からたんに以上のような新しい情報を得たのみならず，多くの知的刺激をも受けた。なかでも東アジア福祉国家論の方法については改めて考えさせられた。以下ではその研究方法に論点を絞っていくつかふれてみたい。

（1）いかなる国を比較するのか

　そもそも東アジア福祉国家論が対象とするのはどことどこの国または地域（以下国とのみ記す）であろうか。まさか東アジア地域に立地しているということだけでそのすべての国を対象とするのではあるまい。たんに地理的に近接している国々を取り上げるのではなく，一定の理論的基準に照らして対象国を選択するはずである。比較福祉国家論としての東アジア福祉国家論であるならば，まず当該国が福祉国家であるか否かをその国の歴史的文脈のなかで確認し，その上で福祉国家としての当該国を比較の対象とする，ということになろう。

　ある国が福祉国家であるか否かを判断するためには福祉国家概念をきちんと定義しておかなければならない。福祉国家概念が不明確のまま比較福祉国家論を展開すると，そもそも比較できないものを比較するという無理を犯すことになる。たとえば1970，80年代までの韓国は福祉国家だったのであろうか。1962年から実施され（法制定は61年），以後40年近く続いた生活保護制度は，日本のそれと名称は同じだが，実態は戦前日本の救護法とほぼ同じで，18歳未満の子供か65歳以上の高齢者しか救済の対象とせず，国民一般の生存権・社会権を保障する制度とはなっていない。しかも韓国はこの時期権威主義的政治体制をとっており，民主主義的政治体制はとっていなかった。したがってこの時期の韓国は比較福祉国家論の対象とはしにくいといわざるを得ない。韓国で生存権・社会権が承認されるのは，国民基礎生活保障法の制定・施行（1999年・2000年）以降のことであり，韓国の福祉国家はこの時点から始まるとするべきではないか[2]。また，1950年代から70年代までの中国はいわゆる経済計画をお

Ⅰ 共通論題

こなう社会主義国であって資本主義国ではなかった。したがって1970年代までの計画経済期の中国は福祉国家とはいえず,比較福祉国家論の対象とはしえない,と思われる。

〈福祉国家とは何か〉

では福祉国家をどのように規定すればよいのであろうか。筆者はかつて「福祉国家資本主義とは労働権,労働基本権の承認を基軸とし,それとの関連でおこなわれる完全雇用政策,社会保障政策なとを通じて労働者や国民の生存権を国家が保障する民主主義的現代資本主義のことである」[3]と規定した。ここではそれを敷衍するのではなく,それを前提にむしろ東アジア福祉国家論者の多くが依拠しているエスピン・アンデルセンの議論を参考にしながら考えてみたい。エスピン・アンデルセンは『福祉資本主義の3つの世界』で福祉国家の再定義をおこなっていた。まず氏は,福祉国家はかつての夜警国家,軍事国家の後に位置づけられる現代(20世紀)の資本主義のことであるとし,その核心はマーシャルのいう社会的市民権,なかでも社会権にあるとした。しかも「福祉国家の核心」が社会権にあることに反論できる者はいないであろうとさえいっている[4]。ここで氏のいう社会権とは筆者のいう生存権と同義だと考えられるので,筆者も氏の「福祉国家の核心」について反論の必要性を感じていない。このようにエスピン・アンデルセンは,財政支出面から捉える従来の福祉国家論を批判して,福祉国家を捉える際には社会権に注目すべきであることを強調した。比較福祉国家論は,この社会権のあり方の各福祉国家におけるバリエーションが市場原理をこえた脱商品化の程度の違いに現れると捉え,これを軸に国際比較をおこなったものである[5]。

エスピン・アンデルセンに依拠しつつ展開されているこれまでの東アジア福祉国家論は,氏が強調しているこの「福祉国家の核心」を十分に意識し,その対象国が社会権を承認した資本主義であるか否かを検討しているであろうか。残念ながらそのような分析は多くないように思われる。

ところで,福祉国家における社会権・生存権は何によって確認できるのであろうか。福祉国家においてこの生存権は,完全雇用政策,労働基本権の承認や中間層対策,さらに最終的には社会保障制度によって保障される。福祉国家化

とはこれらが制度化されることである。それらの制度のなかで社会保障制度は最後の受け皿として機能するゆえ，福祉国家か否かは生存権保障としての社会保障制度があるか否かによって確認できるといってよかろう。

〈社会保障制度とは何か〉

ところが，この社会保障制度の概念も比較福祉国家論において整理されているとはいえない。かつて筆者は東アジア福祉国家論における社会保障制度概念の曖昧さに異議を申し立てたことがある[6]。社会福祉，社会保障，国家福祉，福祉国家といった言葉が同じような意味で無限定に使われる。とくに従来の制限的・恩恵的な救貧制度や特定の集団のみを対象とした社会保険制度と，生存権保障としての社会保障制度とを区別しないことが多く，議論が混乱しているように思われる。

社会保障制度概念の整理がおこなわれないまま東アジア福祉国家論を展開するならば，救貧制度があれば福祉国家だ，社会保険制度が1つでもあれば，あるいはそれに類似する制度があれば福祉国家だということになり，ほとんどの国を対象にすることとなる。これでは福祉国家の比較ができないだけでなく，福祉国家や社会保障制度自体の理論的発展にも貢献できないのではなかろうか。中国の1950年代から存在する労働保険制度（労災，医療，養老，生育）は，資本主義国にみられるような賃金や利潤（1次分配）から保険料を徴収し，これを原資として2次（再）分配をおこなうような制度ではなかった。あるいは先にふれた韓国の生活保護制度も生存権を保障する制度ではなかった。さらにシンガポールには唯一のセーフティネットである中央積み立て基金（CPF）があるが，これには再分配の機能はないという[7]。東アジア福祉国家論でしばしば取り上げられる以上のような制度を社会保障制度と呼び得るのであろうか。

では，生存権保障としての社会保障制度はいかに捉えるべきか。国民の生存権を保障するということは，何らかの事情によって貧困に陥った国民を等しく普遍的に救済するということを意味する。この貧困に陥った国民を救済するシステムが社会保障制度である。国民一般の生存権を保障しようとすれば，生存権保障の最後の砦として機能する公的扶助制度は従来の制限的・恩恵的なものから普遍的な権利保障の制度とならざるを得ない。なぜなら，そうならなけれ

ばこの制度から漏れる者を生み出し，最後の砦の役割を担いきれなくなるからである。また従来バラバラであった公的扶助制度と社会保険制度は相互に接続され，統合されざるを得ない[8]。なぜなら，そうならなければある種の失業・貧困者が制度の隙間に落ち込んでその生存権が保障されなくなるからである。こうして社会保障制度は，国民を一般的・普遍的に対象とし，受給することを国民の権利として認め，さらに隙間のない制度として体系的な制度となり，普遍性，権利性，体系性の3つの特性を付与されることとなる。この3つの特性は相互に分離できない社会保障制度の3側面であり，従来の救貧制度や社会保険制度にはない社会保障制度の新しさである。このような社会保障制度を整備した国を福祉国家と呼ぶ。

　日本でいえば，戦前の公的扶助制度や社会保険制度はこの3つの特性を備えていなかった。恤救規則や救護法は，生産年齢人口を救済の対象とはしていなかったゆえ，制限的・恩恵的であり，普遍的ではなかった。恤救規則や救護法に基づく被救済者は市民権を奪われることになっており，社会権・生存権が保障されるといったものでもなかった。また，公的扶助制度と社会保険制度とはバラバラに併存しており，統合もされていなかったのである。

　比較福祉国家論あるいは東アジア福祉国家論を展開する際，以上のような意味での社会保障制度が創設されていることを通して当該国が福祉国家であることを確認し，その上で当該国を比較の対象に選ばなければならないと考える。

（2）いかに論ずるのか

　大きな観点から経済発展を論じた杉原報告では東アジアはひとつのかたまりとしてその共通性が捉えられた。エスピン・アンデルセンとは異なる物差しによって福祉国家を3つに類型化した大沢報告では，日韓に関して差異性が指摘され，禹，朴報告になると差異性がむしろ強調された。一般に抽象度を高めて大枠で捉えようとすれば共通性が，具象度を高めて細部に入り込めば差異性が強調される。この共通性と差異性についてどのような折り合いをつけながら研究を進めるべきか。

　この問題を比較福祉国家論に関わらせて考えてみると以下のようになる。大

枠（あるいは少ない指標）で捉えるばあい類型の数は少なく，より詳細に（あるいは新しい指標を導入して）みるばあいには類型の数は増えることになろう。類型論の精緻化を試みてより具体的に検討した研究成果としてのオセアニア型，地中海沿岸諸国型，日本（東アジア）型等の主張はその後者に当たろう。これが極度に進められれば各国分析と異なるところがなくなり，類型化は成り立たなくなる恐れさえあるのではないか。つまり，類型の数が5つや6つあるいはそれ以上にも増えれば類型化の意味は薄れることにならざるを得ない。ということは，福祉国家の類型論は抽象度，具象度いずれにおいてもあまり高すぎては成り立ちにくいということを意味するではなかろうか。研究方法としての比較福祉国家論は，決して便宜的なものではないであろうから，その時々の目的に合わせて抽象度を任意に上下させるわけにはいかない。比較福祉国家論はこの抽象と具象のどの地点で論じるのか，また福祉国家の類型は3つしかないのか，あるいはもっとあるのかないのかを理論的に明確にする必要があるように思われる。

（3）何を明らかにするのか

　福祉国家論でも社会保障政策分析でもそれらの最終目標はそれぞれの国の具体的な現状分析にあるといってよかろう。この各国の現状分析と比較福祉国家論・類型論とは理論的にいかなる関係にあるのであろうか。

　韓国は家父長的イデオロギーが強いにもかかわらず「男性稼ぎ主型」ではない，韓国の労使関係は日本のそれと外形的には似ていてもその内実はかなり異なる，公的年金制度の導入や改革をみるとやはり日中韓で相当程度異なる，といった興味深い諸論点が報告されたのだが，これらがなぜそうなっているのかは，それぞれの国の経済・社会・政治の状況を具体的にみながら歴史的動態的に分析する以外にはなく，比較福祉国家論というよりは各国分析に委ねられるのではないか。歴史的動態的な分析はスナップ写真的な，静態的な比較福祉国家論のよくなしうるところではないと思われるからである。

　また，比較福祉国家論は各国の社会保障制度の制度的特徴を十分に明らかにできるのだろうか。比較福祉国家論では，日本の社会保障制度の最も大きな特

Ⅰ 共通論題

徴である分立型国民皆保険・皆年金体制が消し去られてしまわないか，アメリカとイギリスを自由主義型だと一括するが，アメリカには公的医療保険制度（メディケアとメディケイドを除く）がなくイギリスにはNHSがあるといった制度的特徴がかき消されはしないか。比較福祉国家論では捉えきれないこうした制度的特徴の分析・解明についても各国分析に委ねられなければならないのかもしれない。

　比較福祉国家論が各国の現状分析とは別に存在するとすれば，比較福祉国家論は各国の現状分析との関連で何を明らかにでき，何を明らかにできないのか，その守備範囲はどこまでか，といった理論的性格を明確にする必要があると思われる。

　いずれにせよ，本大会共通論題報告をひとつのきっかけとして今後東アジア福祉国家論が理論的にも一層発展することを強く期待したい。

1) 当学会におけるこの間の経緯について詳しくは，武川正吾「東アジアにおける社会政策学の可能性」（社会政策学会編『東アジアにおける社会政策学の展開』法律文化社，2006年）を参照されたい。
2) 田多英範「日本の福祉国家化と韓国の福祉国家化」（『週刊社会保障』第2423号，2007年）。
3) 田多英範『現代日本社会保障論』（光生館，1994年），24ページ。
4) エスピン・アンデルセン／岡沢憲芙・宮本太郎監訳『福祉資本主義の3つの世界』（ミネルヴァ書房，2001年），22ページ。
5) 福祉国家を脱商品化のみで考えることはできない。むしろ完全雇用政策に代表されるような商品化と現役の労働者に対して付与される労働基本権，さらには社会保障制度に代表される脱商品化を3点セットとして考えるべきであろう。
6) 田多英範「東アジア福祉国家論を考える」（『週刊社会保障』第2298号，2004年）。
7) 広井良典・駒村康平編『アジアの社会保障』（東京大学出版会，2003年），22ページ。
8) 社会保険制度と公的扶助制度との接続・統合において重要な役割を果たすのが失業保険制度である。失業保険制度がなければこの統合は実現しないのではなかろうか。したがってあえていえば，失業保険制度のない国に社会保障制度はないといってもよいのではないか，とさえ思っている。このように制度の体系化の背景に失業問題への対応がある。また，この失業問題への対応（生産年齢人口を対象とすること）が社会保障制度の普遍性や権利性の背後にあることをみなければならないであろう。

II 【テーマ別分科会】報告論文と座長報告

日本労使関係の特質と可能性　　　　　富田　義典
米国自動車産業の労使協調がもたらす
　労使関係の集権化と分権化　　　　　山崎　憲
Provident Fund Centered Social
　Security System　　　　　Ghan Shyam Gautam

〈座長報告〉
兵頭　淳史　　岡部　卓　　石田　光男　　所　道彦
上井　喜彦　　相澤　與一　　上村　泰裕

テーマ別分科会3＝日本労使関係のいま
日本労使関係の特質と可能性

富田義典　Tomita Yoshinori

　本論文は今日の労使関係の位置を見定め，日本の労使関係・労働組合の課題と可能性を探ることを狙いとしている。

1　労使関係の転換

（1）1970年代まで
　戦後の経済と労使関係の展開の素描から始めたい。
　戦後の成長が続いた1970年代までは，労働市場はおおむねタイトな状態が持続し，労働組合による賃上げ圧力は強力であった。同時に内外の市場が拡大していたため，売上げの伸びる余地が大きく，そのぶんだけ企業は賃上げに関しては寛容であった。他方で，労働力をめぐる企業間の競争が激しいため，企業・産業・規模間に賃率のバラツキが出やすかった。バラツキが顕著になれば全体として賃金は上向きとなり，インフレ昂進の懸念が大きくなる。
　それゆえ経済政策の立案や転換の目安としてはインフレ率が重視され，賃金政策としては，諸部門間でのバラツキを小さくする工夫がなされた。ヨーロッパでは産業別全国交渉，日本では春闘といわれる産別交渉がそれにあたる。それらは労働組合の形態が産業別であったからという労働側の要因による（ヨーロッパの場合）よりも，労働市場での過度の競争を抑制したいという資本側の意思により支えられた面が大きかった。60年代末には賃上げ圧力がより強力になったことがあり，集権的交渉は国家の慫慂によっても支えられて所得政策，あるいは社会的パートナーシップ（ドイツの「協調行動」，イギリスの「社会契約」など）へと姿を変え，日本では熊谷委員会などの論議へとつながった。

（2）1980年代の転換

1980年代に入り，先進国では市場が飽和し，資本間競争はグローバル化し激烈となった。労働市場は徐々に緩み始め，ヨーロッパでは失業率が4～7％に達し，賃上げ圧力は低下した。しかも市場の飽和により，経営がシェア拡大志向から利益率重視型に転換したため，賃上げには非寛容となった。

他方で，相対的にインフレ懸念が低下したため，70年代までのような賃金交渉における資本間の結束の必要性が低下し，集権的交渉は急速に衰微していった。ヨーロッパでは「協調行動」や「社会契約」の挫折，日本では春闘による産別相場の維持が難しくなったことにその現われをみることができる。

この時期から賃率は企業の実情に，端的には各企業の生産性の伸びに合わせたものへと枠をはめられてゆく。賃金交渉のあり方も分散化（企業化）の度合いを強めることになる。

（3）1990年代

1990年代も基本的には80年代の枠組みが持続する。ただし，市場は飽和が進み，より細分化した。そのため供給側は多品種生産への態勢を整えることになる。また市場での製品構成の組み替えも速度を増した。量産型から多品種型に転換し，市場の変化に即応するためには等質で大きな組織では耐えられなくなった。それゆえ企業は既存の組織の内に複数の unit をおき，unit それぞれに一定の自律性を与える体制をしくことが多くなった。

それらにともなって，組合の賃金交渉にもさらなる変化が生じた。まず産別全国交渉から企業別交渉を規定する力が決定的に弱体化した（春闘の終焉）。各企業の実情に応じて払う方式が当然とされることになった。また賃率を決める基礎として想念されるものが，分配論的賃金観（パイの分配，有効需要の源泉としての賃金）から生産論的賃金観（コストとしての賃金）へと転換したのもこの時期である。

上記の unit が生産の重要な単位となってくると，管理の単位もそのレベルにおかれることになる。利益計算の単位もそこまではおりないにしても，それ以前に比べて格段に小さく現場に近いものとなってくる。それを profit-center

日本労使関係の特質と可能性

図表1　生産組織の変化

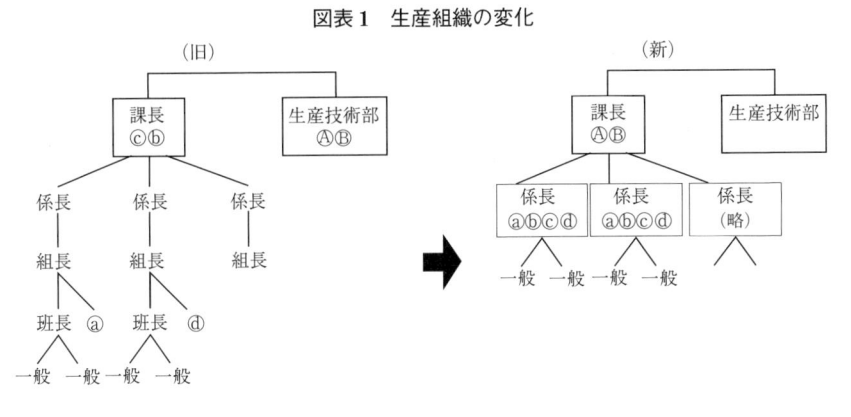

（旧）　　　　　　　　　　　　　　　　　　（新）

ⓐ：日程計画，生産管理スタッフ　　ⓑ：生産技術スタッフ
ⓐ：工程管理スタッフ　　ⓑ：要員管理スタッフ
ⓒ：保全スタッフ　　ⓓ：欠員補充，訓練担当

として，自律性と責任を与え，力量を増す手立てを企業としては整えることになる。そうした unit や center のレベルでのリーダーの力量，労働者の力量（教育訓練），仕事上の参加意識やインセンティブ，管理のノウハウなどの向上が欠かせないものとなった。**図表1**には，そのような変化を組織の変化として示す一例を掲げた。これは日本企業の実例をやや図式化したものだが，「新」とした図の係長以下の部分が unit にあたり，各種の権限がそこにおろされていることがわかる。このようなものがチーム方式と呼ばれる。外国ではチーム方式は日本の生産方式の移出とされることがあるが，上述したように各国にそれを受け入れる素地ができていたことを忘れてはならない。

さらに，同時期に浸透しつつあった利益率重視の経営（コーポレイトガヴァナンスの変化）は，中期経営計画の実現のため，それをブレークダウンした利益率の目標値を各課・職場・unit に割り振り，unit では割り振られた目標値の実現を前提に労働者の配置や賃金コストが構想されることが多くなった。賃金は unit のレベルでさらなる枠をはめられるわけである。また**図表1**のように，労働者の訓練，労働者管理（能率管理，労務管理），生産技術や設備技術の運営，利益計算もそのレベルの責任とされる。これほどまでに職場や unit に管理の

79

体系が整えられ，自律性が与えられてくると，労務管理・経営管理は無論のこと，労使関係の多くの重要な問題が unit のレベルで発生することになる。労使関係の主要な舞台は職場や unit のあたりに移行することになる。

他方，労働組合もそのようなレベルに合わせた体制や組織，命令系統を整備して臨むことになる。その結果，労使関係研究も，労使関係の変化や重要な争点が経営管理や職場管理のなかに埋め込まれてあらわてくる以上，一見すると経営管理の研究と見まがうようなものになってくるのである。

2 労使関係をとらえる図式

筆者は労使関係をとらえるさいに2つの軸をおいて考えている。それは労使関係の「あらわれ方」と「決め方」と呼んでよい。「決め方」とは，労使の紛争の決着のさせ方であって，専制 - 温情 - 懇談 - 協議 - 交渉に分類でき，それぞれに企業内と企業外（市場）のレベルの違いがある。ここでは「決め方」については議論せず[1]，「あらわれ方」を取り上げたい。「あらわれ方」とは，労使の争点があらわれたり，労使関係の制度ができる空間やそれらがあらわれる形態を指す。空間とはとりあえず，職場 - 企業 - 産業 - 全国に分かれる。形態とは，個人 - 集団であり，むろんその中間が多段階に分かれる。「あらわれ方」を図示すると図表2のようになる。縦の軸が空間のレベルをあらわしている。横の軸が形態である。横軸を右に行くほど集団的労使関係 collectivism，左に行けば個別的労使関係 individualism であることをあらわしている。

前節でみた労使関係の転換を図表2の図式にそって整理してみよう。1980年代以降の変化は，職場方向への労使関係の重心のシフトであるから，図の縦軸の上方から下方に矢印が引かれる。これは80年代の資本主義の世界的スケールでの変化（ポスト・フォーディズムへ）の結果であってほどの工業国でもみられた。注意すべきは下方に向かう矢印が第3象限と第4象限のいずれに向かうかである。その点で各国の帰趨は分かれる。

1980年代以降の転換がもっとも厳しかったのは英・米である。とくに集団的労使関係の母国と目されてきたイギリスの労使関係の変化が顕著であり，同国

図表 2　先進国労使関係の変化の構図

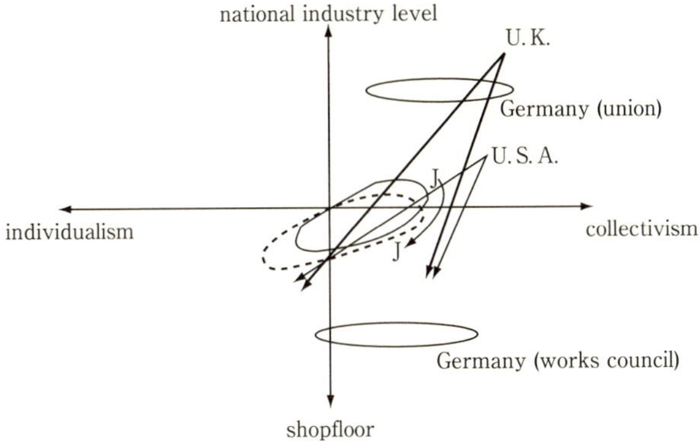
national industry level
U.K.
Germany (union)
U.S.A.
J
individualism
collectivism
J
Germany (works council)
shopfloor

の労使関係は第 1 象限から第 3 象限へと不可逆的にシフトしたとする論者もいる[2)]。具体的背景としては，80年代から Human Resources Management HRM が導入された。HRM とは組合を通さない労働者との直の懇談，労働者との個人的雇用契約，業績査定と業績給の導入などが基本コンセプトであり，その影響によりノン・ユニオンセクターの拡大，労働協約のカヴァー率の激落（30%台へ）が生じた。ただしその一方で，HRM は組合の理解と協力がなければ進展しなかったとして，第 1 象限から第 4 象限へのシフトも同時に生じているとする論者もいる。図表の矢印が第 3 ・第 4 の両象限に延びているのが如上のことを示している。

ドイツについては，英・米ほどの変化はないとされる。産業別の団体交渉と職場レベルの労使協議制が大きな変化をこうむることなく持続しているとみられる。その背景には，産別の団体交渉と職場の経営協議会 betriebs räte の役割が法的・制度的に区分けされており双方の相互浸透が起こりづらかったこと，職場の経営協議会が図表 2 の左方（つまり個別化）にシフトしなかったことがあげられる。その結果，団体交渉も大きく威信を落とすことなく，また協約カヴァー率や組織率の低下も小幅に留まった。北欧諸国の労使関係もそれと近似した構図でとらえられる。

日本はどうか。図表 2 の J とした部分（実線から破線へ）が日本の特徴をあら

わしている。従来から個人別業績査定が一般化しており，集団的職務規制 job regulation が弱いわけであるから，もともと第3象限にかなり入り込んだ図柄でとらえられる。近年の変化は第3象限の部分をより大きくする方向に作用したということができる。総じて日本の労使関係・労働組合は，先にみた英・米の労働組合が1980年以降に遭遇した労使関係の個別化という難問に常に悩んできたと評することができる。大切なのは，そうした苦闘のなかでこそ日本の労使関係がつかみ得たものもあることである。その点は後に3-(2)でふれる。

今一度，図表2に則して，組合のあり方からみた各国の経緯を整理しておこう。1980年代の変化をさかいに各国とも労使関係の主要な舞台が図の下方である企業や職場に移った。このことは組合にとって新たな事態であったといえ，その変化に即応するにはかなりの労苦をともなった。しかし，そうした組合運動の重心の下方への移動は組合の機能に重大な問題をもたらすものではなかった。きわめて大きく影響したのは，図表2の横軸の移動としてあらわされる変化であった。労使関係が職場化しつつ個別化するか，職場化しつつも集団的であるかが肝心であった。

経営はといえば，その点に関しては，国・時代・状況によって異なるが，個別化の方向へもってゆこうとする性格を帯びている。組合は，個別化は組合の原理に背反する面をともなうから，集団的決定のほうに引き戻そうとする。このように近年の労使関係は個別化をめぐる経営と労働組合との一種の綱引きの結果によってその行方が決する構図となっている。結果は，経営による個別化の波のほうが優勢であるといえるが，国によって差がある。なかでも変化が大きかった（組合の退潮が著しかった）のは英・米であり，労使関係が図表2の第4・第3象限にシフトしようとするなかでも組合は一貫して団体交渉制度の実施にこだわった。

日本の組合は，もともと同図の下方の領域では団体交渉にこだわるところは少なく，労使協議を採用するのが一般的であった。ドイツでは，全国・産業レベルは団体交渉，職場レベルは労使協議を採用するという制度があらかじめ存在し，そうした切り分けを大きくは崩そうとしなかった。

以上のようにみてくると，個別化による労働組合への影響を考える場合，労

使関係の重心が職場へと下降しつつあるなかにおいては，団体交渉制度にこだわった国とそうでない国との間には労使関係の帰趨に小さくない差が出ているように思われる。前者においては，前節で示したように職場に種々の責任と権限をもたせられた unit がおかれ，そのレベルで労使問題をはじめ種々の紛争が発生する舞台装置のなかで団体交渉という制度がもちうる機能の限界がみて取れるのではないか。このあたりの議論は先に示した労使関係の「決め方」の議論を介して今後さらに深めてゆかねばならないだろう。

3　日本の労働組合の課題──労使関係の個別化と労働組合

　ここまで述べてきたことから，おしなべてどの国の労働組合でも個別化にどのように対応するかが今後の最大の課題となることが明らかであろう。ここからは日本に限定してその問題を考えたい。

（1）個別化とは何か
　これまでは「個別化」に具体的なイメージを与えないで論じてきたが，あらためて日本の労使関係にそくして個別化とはなにかを摘記しておきたい。
　①雇用の個別化。管理職層の増加やパートタイマー，派遣や請負労働の増加により集団的（組合の）ルール・メイキングの外におかれる恐れの大きい労働者群が増えたことを指す。個別的に雇用条件を契約する労働者が多くなることを指す。
　②労働組織の個別化。いわゆる職務編成と人的配置の柔軟化を指す。現場管理者による職務編成と配置の決定や，年功や先任権による配置の決定であるならば一定のルールに基づくか，労使の話し合いのテーブルに乗ることもある。ところがチーム方式のように労働者同士の間で決める要素が濃くなると，かえって集団的ルール・メイキングからは遠くなりやすい。
　③もう一点，職場組織の個別化としてホワイトカラー化の問題をあげておきたい。近年企画提案型職種や研究開発職の増加が著しい。そのようなホワイトカラーは職務遂行面で自律性が強い。これも集団的職務規制になじみづらい部

門の拡大ということができる。

④時間管理の個別化。上のようなホワイトカラーは，各自の仕事に自律性が強いがゆえにその時間管理も集団的なものになじみづらくなる。

⑤人事管理の個別化。個人に対する業績査定と成果主義の拡大を想起すればよい。それはベースアップのような集団としての賃金の変動幅よりも個人査定による賃金の変動幅のほうが大きくなりやすいことを指す。すなわちベースアップによるよりも個人査定をよくするほうが手っ取り早く賃金を上げることができる状態を指す。

⑥交渉・協議の個別化。労使交渉や協議の争点・論点が集団にかかわるものよりも個人的なものが多くなることを指す。そのために交渉・協議の内容が非常に多様化し，開催の単位や範囲も小さくかつ変動含みとなり，突発開催も増え，開催頻度も高まる。

そこで以下では，筆者が収集した個別化とそれに対する労働組合のかかわり方の実例を参考にしながら，今日の労使関係・労働組合の問題点と課題を探ってみたい（以下，図表3参照）。

（２）個別化と労働組合[3]

前項で6点に分けて摘記した問題に組合はどのように対応しようとしているのか。

⑥の交渉・協議のあり方の変化に関しては，企業の事業単位の組み替えが頻繁で，組合としてはそれにどのように追いついてゆくかがひとつのポイントとなっている。世にドメインとか社内カンパニーと呼ばれる profit-center ができ，それが既存の事業所や組織をまたがって編成され，組み替えもなされる。組合としては社内カンパニーに対応する常設的組織をおくのではなく，社内カンパニーにかかわりのある組合支部（事業所組織）の役員が寄り集まり委員会組織をつくって，カンパニー側代表者と協議する体制をしく場合が多い。カンパニーの組み替えにも比較的迅速に対応しているとされてよい。ただし組合本部と既存の支部とカンパニー対応組織との間の権限の配分に難しい面がある。

⑥以外の問題に組合がどのように対応しているかに移りたい。けだし，元来

が集団的ルール・メイキングを本領とする組合がそれら個別化した労使問題のすべてに対応すれば自家撞着を起こす恐れがあることは否定できないであろう。すべてに対応することは難しいだろうから，対応する領域にメリハリを付けることも必要だろう。必ずしもそうしたことからではないが，組合の取り組みには多少のでこぼこがあるように思われる。上掲①の個別契約の労働者の問題にはあまり力を入れているようには思えない。②の組織や配置の柔軟化に関しても受け入れているといってよい。⑤の人事管理の個別化，とくに個人別業績給化については，慎重な対応を心がけているというべきだろう。③④への対応には比較的力を入れているとみることができる。

以下では，賃金管理と時間管理に焦点をあてて組合の対応をみることにしたい。この2点に絞るのは個別化への組合の対応にとってそれらがもっとも重要な問題をなすと思われるからである。

(a) 賃金管理について

ここ十数年来，社内同一職種・同一年齢の労働者間の賃金格差はかなり拡大した。それは賃金の成果給化とおそらくかかわりがある。またそれは先述のとおり賃金管理の個別化と呼ぶことができる。組合は成果給化を個別化というよりも格差の拡大という点でとらえ，格差の拡大にどう対処するかという問題の立て方をしている。

具体的な対応は，当該の企業の賃金体系のあり方によって変わってくるようである。すなわち当該の企業の賃金にしめる年功的部分と非年功的部分の割合のいかんによって組合の対応は変わる。年功的部分がそれなりの割合をしめる場合は，組合は年功的部分の維持，言い換えると賃金体系の改編に神経を尖らせることが多い。

賃金体系の年功的部分が小さくなっている企業の場合はどうか。今日の大企業にはこのタイプが多い。その場合，かりに能力や実績が標準レベルに達しない者がいたならそのレベルの賃金水準がどの程度であるかが深刻な問題になる。そこである年齢で賃金額の最低線（生活水準に足る）をフィックスすることを求めることが考えられるが，それはこのタイプの賃金体系の企業の場合，すでに同一年齢者間での賃金格差の幅がかなり大きくなっているため実際面で難しい。

また年齢で楔を打つことにはそもそも労働者の賛同も得がたいという問題がある。そこで電機系の組合では，ある能力レベルを目安として，そのレベルにある労働者の賃金の上下幅を一定以内に抑えることにより格差を抑える方式を模索しつつある。それが実効を得るためには，一定の年齢までは能力やスキル，今日的用語でいえばコンピテンシーの伸びに差がつきづらいキャリア展開や教育訓練が施される体制の整備が求められなくてはならないだろう。また内容がイメージしづらいコンピテンシーについても会社がそれでどのような能力・力量を求めており，どのようにグレードづけするつもりであるかがわかりやすく示されるよう組合としては求めてゆくべきだろう。

次に，成果給の実際の運用面で組合側が留意している点，留意すべき点にふれておきたい。多くの場合なされているのは，実績評価の仕組みを細大もらさず従業員に開示するよう経営に求めることである。

ついでよくみられるのは，評価に関する不満を受け付ける組合による苦情処理制度の整備である。実際には苦情として持ち込まれる件数は多くない。そのかわりに使われるのが，評価実施後に組合が行う組合員アンケートである。アンケートには組合員の率直な意見が記されることが多く，それらを組合本部が集約して，評価制度の運用上の問題点の解消を求めるなどがなされている。これは地道な努力であり評価できる。

さらに，期ごとの評価の結果を本人へ伝達する段階での上司と本人との面談が，制度どおり行われていないことも少なからずあるようである。これに関しては丁寧な面談をするよう経営に求めるべきである。

(b) 労働時間管理について

今回調査対象としたのは，開発や生産技術が中心で，元来労働時間が長く，人によって労働時間の差が出やすい部門である。集団管理から個別管理に傾きやすい部門であるともいえる。観察した限りでは，以下に述べるように労働組合の労働時間問題に対する姿勢には比較的明瞭なものをみることができた。

組合が労働時間を規制しようとする場合，企業の事業計画・生産計画の情報を早めにつかもうとするものである。そうした情報は，製造業の場合，最初の段階としては本社の経営と組合本部との間の労使協議によって収集されるのが

図表 3　労働時間管理と労使協議

	企業特性	調査した主要職種	三六協定（特別協定）	残業時間のチェックの目安	実際の残業時間	時間をめぐる協議・懇談制度	裁量労働
A	自動車大手	研究開発 生産技術	年360時間（年540時間, 600時間, 720時間, 職種により異なる）	3ヶ月180時間, 120時間, 75時間, 職種により時間が異なる	特別協定越えはない	開発部門：支部協議, 月単位, 事後チェック 生産技術部門：支部協議, 事前協議	開発部門のみ採用
B	自動車大手	研究開発 生産技術	年360時間 特別協定締結せず	月30時間以上で組合に「通知」, 40時間以上で組合と「協議」	月40時間を越える者少し	開発部門：課レベルの協議, 月単位, 事前協議。生産技術部門：課レベル協議, 週単位, 事前協議	採用せず
C	電機大手	開発 スタッフ事務 生産（前二者中心）	月45時間, 年360時間（3ヶ月180時間, 年900時間）	月40時間で組合に「申請」, 60時間以上で個人に関して組合と個人に関して組合と協議	特別協定越えはない	開発部門：支部協議, 週単位, 事前協議。社内カンパニー協議もあり。現場部門：課レベル協議, 月単位, 事前協議	採用（随時適用を見直す）
D	電機大手	同上	年360時間（3ヶ月360時間, 年960時間）	3ヶ月210時間, 年800時間でチェック	特別協定越えはない。目安越え数％	支部協議（社内カンパニーの人事含む）, 月単位, 事前協議。本部協議（月単位）でのチェックに力を入れる	調査せず
E	電機大手子会社	同上	月40時間, 年360時間（開発, 生技：年600時間）	3ヶ月連続40時間越えないように	特別協定越えが1割弱	課レベル協議（組合執行委員, 社内カンパニーマネジャー入る）, 月単位, 事前協議	調査せず
F	電機中堅	同上	年360時間（3ヶ月180時間, 年720時間）	月40時間が目安。3ヶ月連続40時間越えなら有給1日を付与（協定）	月40時間越えがかなりある	課レベル協議。週単位, 事前協議。支部協議でもチェック	開発部門に採用

一般的である。今回調査した6社とも，半期に一度労使協議会で次期の生産計画や人員計画を会社が説明し，組合が意見を述べる場が設けられていた。ただしその計画は全社レベルのものであって大雑把なものでしかない。

そうした全社の計画は，事業所や工場レベルにブレークダウンされ，事業所での経営と組合支部との労使協議にかけられる。近年では社内カンパニー・レベルでの協議にもかけられる。協議の頻度は月に一度（D社を除く）で，頻繁である。経営が事業所やカンパニーの次月の生産計画やそのための人員計画を組合に示し組合は意見を述べる。協議の内容は想像されるよりも細かい。人員計画は人月で示されることが多く，人月は予定人員数×予定労働時間数の形で提示される。予定労働時間数から次月の予定残業時間がわかるので，組合は予定人員数をもふくめて残業時間に関する質疑を行い，時間や人員の変更を求めることもある。会社によっては，以上の協議を事業所よりも小さい単位に切り分け，経営側の計画値を示し，組合と意見を交わす例もみられる。

こうした生産計画と人員計画・残業計画はさらに細分化され職場へとおろされる。そして計画が実施に移される前に労使協議にかけられる（D社を除く）。職場協議で，実施に移される前の生産計画・人員計画・残業計画が話し合われているところに注目したい。開催間隔は短く，A・E社は月単位，B・C・F社は週単位である。組合は予定残業時間が長い者については，一人ひとりを取り上げ，その理由を聞き，協約で定めた残業時間のチェックの目安とされる時間（**図表3参照**）を越えそうであれば工夫を求めることになる。

自動車企業の開発部門であれば，事業所レベルの協議で一つひとつの車種の開発の進捗状況が説明され，遅れている車種のプロジェクトにどれくらいの人月を投入して追い上げる予定であるかを組合に説明し理解を求める。それが職場協議におろされ，課員の誰をどのプロジェクトからどのプロジェクトに移し，週当たり何時間の残業を行使しプロジェクトの遅れを追い込んでゆくか。そのためには休出半日が3人は必要であるなどのように，労働者一人ひとりを取り上げ残業時間や休出を提案し，組合の合意を求め，仕事に移る（B社開発・生産技術部門，A社生産技術部門では支部協議で職場レベルの協議をする）。それが週単位でなされている。またB社では，本社での協議で得た情報をもとに数ヵ

月後の開発量を予測し，その時期が繁忙を極めそうであるならその前に年休の消化を進めるべく年休消化カレンダーに似たものを職場協議で組合から提案することもある。

　以上のような協議システムのもと，実際の残業時間はどのようになっているか。協議をもっとも丁寧に行っている B 社は三六協定の行政基準（月45時間，年360時間）内に収めることに成功している。電機で丁寧な協議をしている C 社と F 社が三六協定の「特別協定」[4]を 3 ヶ月180時間に短くすることに成功している。E 社も協議の頻度は月一度であるが，それらに近いチェックの仕方が行われている。

　ここでは詳しくはふれられないが，こうした仕事量と労働時間をめぐる協議は，今回調査した 6 社とも生産部門に近くなるほど丁寧になり，より腹蔵のない話し合いが行われる傾向がある。

　ところで，以上に説明してきた協議について，高く評価しすぎているのではないかという批判がなされるであろうことは承知している。おそらくその論拠としては，ここまで明記してこなかったが，そうした職場協議を担うのが他ならぬ職場の課長と係長ないしその下のクラス（＝組合の職場委員）であり，つまり職場の上司と部下が使・労として協議しているのであるから，そこにはまっとうな労使関係などありえないというものであろう。筆者はそれを否定するものではない。そうした話し合いをすることにより，計画の完遂を約束させられ，組合員である部下に無理を押し付ける職場委員もいるであろう。「特別協定」年960時間という部署すら存在するのである。ただし，その使と労とはすべてがすべてものごとを押し付けられる関係ではないことは上記の協議の丁寧さと残業時間実績との相関の説明で述べたとおりである。なにより大切なのは，経営が生産計画と人員計画・労働時間計画までを詳細に示しそれに関して組合が意見を言う場が，職場にまで張り巡らされていること，そうした慣行が存在していることである。たしかにその場に「敵対的」関係はない。相互の信頼関係がある。ただし信頼関係といってもそこには非常な緊張感がはらまれていることを忘れてはならない。

　日本の製造業の労働組合には，そうした慣行のはらむ組合にとっての難しさ

は承知しつつも，それに背を向ける気配はない。無論その必要はない。そして労使関係研究者はその慣行を日本労使関係の核心中の核心であると自覚し，目をそらしてはならないと思う。そこを徹底的に観察すべきである。

　最後に労働組合にとっての先をみるための課題を示したい。

　出発点は，やはりこれまでみてきた協議の中身にある。労使協議では，全社レベルでは，生産量計画，売上げ計画，人員計画，コスト計画，利益計画までが示されることがめずらしくない。経営ルートでは，それが職場や第1節で説明した unit にまで細分化され，必達目標としておろされてくる。他方，労使関係ルートとしては，事業所・組合支部レベルの協議では生産量計画・人員計画の提示にとどまることが多く，職場以下の協議となると，人員配置や時間に関する協議は詰めたものとなるが，計画のうち開示される項目は狭まり，組合がコスト計画や利益計画を知る可能性は小さくなる。

　そのようななかで組合はなにができるか。労働時間への規制にそくして考えてみよう。経営ルートでは，unit レベルまで利益目標が示されているから，それを実現するための生産に必要な工数にも人件費率にも計画値があるはずである。unit の陣容（人数と賃率）がわかっているなら人件費が許容する労働時間数・残業時間数も決まっているはずである。だから生産が始まって計画工数以上に実際の工数を費やす事態になれば，計画された人件費を越える（つまり当初の予算では払えない）時間＝サービス残業が発生する可能性が高くなる。また計画工数の見積もりが粗い（厳しすぎる）にもかかわらず，利益目標が変えられないままであるなら，当初の目標値が設定された時点ですでにサービス残業の発生する火種が組み込まれていたということもありうる。今日労働時間問題を深刻にしている背景の一端はそのようなところにもあるのであろう。

　上のような体質を帯びている場合，組合としてとるべき手は2つかと思われる。1つは，人間の能力を上げて乗り切ることである。しかしそれには時間がかかる。日常的に訓練の充実は求めていなければならないが，労働時間問題への対応としては迂遠である。

　労使協議の場で経営の計画値の微調整を追求するほうが先決であろう。諸計画値をつかむことが大切である。経営の利益計画とコスト計画を聞くことが第

一歩である。それは職場協議では難しいかもしれないが，支部レベルの協議では可能かもしれない。先にふれたように全社レベルの協議では，事業部ないしカンパニー単位の利益計画が聞ける可能性はあった。支部レベルでの利益計画が推定できれば，経営の人員計画（賃金コスト）の策定の数字上の根拠が推定できる。経営の考えている許容労働時間数（許容残業時間数）の根拠を推定すると言い換えてもよい。そしてその数字と生産量計画の実施から引き出してきた計画工数の見積もりとを照らし合わせ，さらにできれば組合としても生産量と必要工数との相関の実績データを蓄積しておき，それとも突き合わせ，結果によっては工数の設定や場合によっては利益計画にも発言をする。

　一般には利益計画に発言するなど，論外な所業に映る。しかし再三述べてきたように協議の場で生産計画と人員計画が示されることがめずらしくなく，全社レベルの協議では利益計画も示される可能性があるのである。だから製造業の労使協議は上記の発言の階段の手前まではきているのである。労使が築き上げてきた協議の慣行は貴重な財産である。

　諸計画値を取り上げた話し合いの段階にまできたなら，組合はデータを基礎に冷静に議論すべきである。むろん経営の計画値が合理的であるならば協力を惜しまないことを前提にしてである。

　最後に，組合運動にとっての人材の問題にふれたい。以上に述べてきたような営みを構想しようとするなら，組合は人材育成の大切さを自覚しなければならない。個別化の時代の組合はこれまでにもまして多くの，しかも多種のケースへの対応が求められるから活動家の数が問題になる。しかしより肝心なのは人材の質である。上記のような協議を地道に追求してゆくためには，旧来型活動家のほかに労働法に強い人材，生産管理に強い人材，管理会計に強い人材をつくることが大切である。

　そして，本稿での議論の基礎としてきた製造業の労働組合は，筆者が展開してきた協議をもととする運動を一歩でも進めてほしい。それは他産業の組合にも運動の雛型として呈示できる。なぜなら本稿のもととなった事例は製造業のそれであるが，開発部門や生産技術部門の事例であるので，他産業や製造職種以外の労働者の運動にも示唆するところ小さくないと思うのである。

Ⅱ　テーマ別分科会

1)　「決め方」については，富田［2007］で詳論した。
2)　以下の労使関係の変化の実態と理解に関しては，Katz and Darbishire［2000］, Bacon and Storey［1996］に拠っている。
3)　以下でふれる事例の企業特性等については図表3を参照されたい。本稿の叙述の基礎となった聞き取り調査は主に組合側から行った。期間は2003年10月～2006年9月である。
4)　特定の部門（たとえば研究開発など）に限定して，行政基準時間を越える時間が三六協定に準ずるものとして認められることがある。それを「特別協定」時間とよぶ。「特別協定」時間を越える残業は原則として認められない。

【参考文献】

Katz, Harry C. and Darbishire, Owen, *Converging Divergences : Worldwide Changes in Employment System*, Cornell University Press, 2000.

Bacon, Nick and Storey, John, Individualism and Collectivism and the Changing Role of Trade Unions, in, Ackers, P., Smith, Chris and Smith, Paul ed., *The New Workplace and Trade Unionism*, Routledge, 1996.

富田義典「ポスト成長期型労使関係の展開と労働組合」坂脇昭吉・阿部誠編『現代日本の社会政策』ミネルヴァ書房，2007年

テーマ別分科会5＝米韓自動車産業の労使関係

米国自動車産業の労使協調がもたらす労使関係の集権化と分権化

山崎　憲　Yamazaki Ken

1　はじめに

　本稿の目的は，米国自動車産業の労使関係の枠組みにみられた変化を考察することにある。産業別，企業別，事業所別という三つの段階で労使の役割が分担される，米国自動車産業の労使関係の枠組みは1950年代に一応の完成をみた。労働組合組織率の低下，人的資源管理的手法を駆使して労働組合による組織化を阻む企業の増加，国際競争の激化等の影響により，1980年代から徐々に枠組みは変化してきている。労使協調によって労働組合が企業競争力に貢献することにより，労使関係が産業別から企業別に分権化する一方で，労使協調を調整する機能が事業所別から企業別に集権化してきている。事業所別の労働組合は日本の一般的な支部組合と異なり，中央に対して大きな自主性と独立性を保持していた[1]。この事業所別の自主性と独立性を弱める変更が行われている。2では従来型の労使関係の枠組み，3で枠組みを変化させた背景と事業所別の労働組合の自主性と独立性を弱める調整過程，4ではGMとダイムラー・クライスラー（以下DCX）を事例として，企業別に集権化する二つの方向を，5では労使関係枠組みの変化によって生じる問題についてそれぞれ考察する。

2　米国自動車産業における従来の労使関係枠組み

　1920年代にGM，フォード，クライスラーの3社（ビッグ3）が市場をほぼ独占し，産業別労使トップによって構成される「戦略レベル」が成立可能と

なった。ついで，ニューディール政策で労働者と使用者が対等に賃金交渉を行う団体交渉を政府が保障したことで「団体交渉レベル」が成立した。全米自動車労組（UAW）は，1945年にGM経営側に経理情報を開示させることで賃上げ原資の獲得を目指したように，経営権関与を試みた。これに対して，経営側は労働組合側の賃上げ要求にほとんど応じることで干渉を退けたため，「団体交渉レベル」は労働条件のみを取り扱うことになっていった。

　「職場レベル」はベルトコンベアを活用し，分割した職務を再構築するフォード・システムを運用する現場であり，労働者は肉体的，精神的ストレスを強いられていた[2]。このフォード・システム導入の前提になったのは，「戦略レベル」の労使の合意と「団体交渉レベル」における肉体的・精神的ストレスの見返りとなる労働条件の向上であった。一方，「職場レベル」の労使はベルトコンベア速度や生産ラインの労働者数，異動や昇進の方法などの運用規則について交渉し，これによりローカル・ユニオンの自主性や独立性が育くまれた。

　この枠組みは1955年に開始されたパターン交渉によって完成を遂げた[3]。GM，フォード，クライスラーの3社による市場寡占を前提に，ストライキ権を武器とするUAWは，3社のうちから1社を選択して交渉を開始する。ストライキは他の2社の市場競争力を高めることに直結するため，ターゲットとされた企業はUAWの要求を受け入れざるを得ない。UAWは2社目，3社目と同様の方法で交渉を続け，結果として3社全ての条件が揃い，人件費コストが平準化された[4]。このパターン交渉により，「戦略レベル」，「団体交渉レベル」，「職場レベル」の相互に補完しあう均衡した力関係が完成した[5]。

　「戦略レベル」はUAWの産業別トップ（会長）と各企業別トップ（副会長）等，「団体交渉レベル」はUAWの各企業別トップ（副会長）等，「職場レベル」が支部組合（ローカル・ユニオン）によって担当される。ローカル・ユニオンはひとつまたは複数の事業所の時間給労働者，事務職（クラリカル）等によって組織され，上部組織とのつなぎ役となる支部委員長と，組合内部をとりまとめる職場委員長がおかれている。このローカル・ユニオンと上部組織の中間に位置するのが地方本部である[6]。

3 労使協調と労使関係枠組み基盤の変化

(1) 日本企業の北米現地生産の成功が招いた基盤の変化

　Kochan, Katz, Mckersie（以下 KKM）[1986] は、「戦略レベル」における労働組合の経営参画と「職場レベル」における労働者参加[7]によって、労使関係の枠組みが変化することを予測した。米国自動車産業の労使関係枠組みの変化は、日本をはじめとする外国自動車企業の北米進出を直接のきっかけとする。第一次および第二次石油危機によるガソリン価格高騰が低燃費の日本製小型車の市場シェアを急上昇させ、ビッグ3は市場シェア低下による経営不振に陥った。円高誘導による輸入価格の上昇と日本企業の米国国内現地生産を促す日米自動車摩擦のなか、日本側は対米輸出台数自主規制と北米現地生産を選択し、現地生産を早期に成功させて北米市場シェアの拡大を続け、合わせてUAWによる組織化を阻んだ。これにより、パターン交渉を続けても、ビッグ3側に一方的な不利益をもたらすことになり、「団体交渉レベル」の基盤が不安定になった。UAW にとっての選択肢は、企業経営を助けることで市場シェアの復活を目指すか、組織化を進めて「団体交渉レベル」の基盤を回復するかのどちらかになったのである。

　もう一つの変化のきっかけは、労働組合組織率の著しい低下と、労働組合未組織企業が行う人的資源管理的手法による労働者参加の進展、および国境を超えて安い人件費を活用する企業の増加である。人的資源管理的手法では、高技能の労働者を職場で経営に参画させ、経営側が労働者の能力を最大限に活用する一方、労働者は高賃金で報いられる。ニューディール期に労働組合保護の観点からつくられた全国労働関係法（NLRA）は、労働組合以外の組織が労働条件に関する事項を取り扱うことを禁じており、労働組合員となる要件も管理的業務を行う労働者を除くなど、厳格に取り扱っている。労働組合未組織企業は従業員代表を基盤とした人的資源管理的手法を NLRA に依拠せずに活用し、管理的業務を行う労働者も含め、全従業員を対象に行っているため、このような企業に労働組合が対抗する意味からも、労働組合による労働者参加が必要と

された。

これらを背景として，UAWは企業経営に協力することを選択した。品質や生産性，顧客満足度の向上を目的とした労働者参加の実施が「戦略レベル」の労使で合意されたのである。労働者参加には職務設計や作業組織の変更が必要である。しかし，これにはワークルールの運用に規制をかける「職場レベル」の役割と矛盾する。自主性，独立性を有するローカル・ユニオンの存在を脅かしかねず，反発が予想される。このため，労働組合が自主的に労働者参加に取り組むためには，ローカル・ユニオンの自主性，独立性を弱める，もしくは上部組織の権限の強化が必要となってきたのである。

（2）「職場レベル」における変化の受容

ローカル・ユニオンの労働者参加への取り組みにおける反応を先行研究から整理すると，労働者参加そのものに反発する場合と，新たなワークルールをつくることで労働者参加を受け入れるという二つの場合に分けられる。

GMランシング工場の1993年労働協約は[8]，労使がチーム作業方式導入に合意し，職種数削減の見返りとして，それまで職長の権限で行われていた同一職種内の持ち場変更が先任権によって行われることが明文化されるなど，労働者参加受け入れの見返りとして新たなワークルールが設定されている。

パーカーとスローター［1995］[9]は，ローカル・ユニオンがチーム方式導入を受け入れる場合と反発する場合のそれぞれで上位組織がどのように反応したかを報告している。1981年にチーム方式を受け入れたGMシュリーブポート工場は，1984年のローカル労働協約でチーム会議への出席を義務から任意へと変更した。1986年にチーム方式を受け入れたマツダは1991年のローカル労働協約で，労働組合員によるチーム・リーダーの公選制，チーム運営の自主性の拡大，チーム・リーダーが監督者ではないことの確認，自由に取得できる私事有給休暇，組合側による作業標準チェック機能の確立，先任権による優先的な異動を確認し，1993年のローカル労働協約で，ジョブローテーションのスケジュールがチームの自主性にまかされることになった。これらの事例では，新たなワークルール設定に上部組織であるUAW地方本部が支持を表明してい

た。

一方，1987年にチーム方式をいったんは受け入れたGMヴァンナイズ工場は，ローカル労働協約上の規定はないものの，労働組合員が任命される職場執行委員がチーム会議を抜き打ちで検査すること，チーム・リーダーを先任順位で選ぶこと，人事異動の際の専任権の確認を行うなど，労働者参加の運用に関する新たなワークルールを設定した後，チーム方式そのものに労働組合側が反対を表明した。この結果，組合代表は解雇され，1992年に工場そのものが閉鎖されたが，UAW中央執行委員会は経営側の決定を支持している。

Babson [1998][10]は1990年から1997年にGMで発生した，中央の支持を受けていないものを含む「職場レベル」のストライキについて調査しており，全23件のストライキのうち12件はライン労働者の増員要求に関するもので，4件がアウトソーシング反対を訴えるといったように，チーム方式導入に伴う労働者数削減の可能性に対する懸念が原因であるとしている。

4　労使関係枠組み——集権化の二つの方向

（1）労使関係枠組みの変化の過渡期（1990年代）——工場閉鎖の危機感

ローカル・ユニオンが生産現場で経営に協力するきっかけのひとつが，ローカル・ユニオンの存立基盤である工場閉鎖に対する危機感にあることを，Adler, Kochan, MacDuffie, Pil, and Rubinstein [1997][11]がGMウィルミントン工場，クライスラー，ジェファーソン・ノース工場の事例によって報告している。

GMウィルミントン工場は1980年代に過度の自動化を行ったため，生産性と品質を落としたとされる。労使協調による品質改善努力が1991年から導入されたものの，1996年には閉鎖が予定されていた。ローカル・ユニオンは経営側に積極的に協力し，工場レイアウトの見直しとラインスピードの上昇のみで生産性が大幅に回復して工場閉鎖が撤回された。

クライスラー，ジェファーソン・ノース工場は，クライスラーに吸収されたダッジ社系列の旧ジェファーソン工場が1992年に建て直されたものである。旧

ジェファーソン工場を組織する Local 7 は工場の建て直しを行わないことを条件に，生産現場へのチームコンセプトの導入，職務区分の削減，知識・能力給の導入，労使の区別ない駐車場および社員食堂の設置を内容とするMOAs（Modern Operating Agreements）を受け入れた。経営側が労組側の同意を得ずに MOAs の運用に変更を行ったことで，労使関係が悪化して工場が閉鎖された。新工場が設立されるまでの間，労働者は MOAs 運用に関するトレーニングを受けたが，平均年齢の高さ，学歴の低さなどから新しい働き方に対する適応力が低く，満額の退職年金と医療保険を手にすることができる勤続30年以上の労働組合員のほとんどが退いた。工場側は欠員補充に厳格な採用を行い，1990年代半ばまでに労働者のほとんどが短大卒以上に入れ替わった。

（2）トップダウン（DCX）

工場閉鎖の危機感に加え，ダイムラーとクライスラーが合併したことによる危機感のため，雇用安定を第一とするという方向に労働者の意識がシフトした[12]。このようななかで，DCX は18名編成のチーム・メンバー数を6名に削減するという改革（「スマート」）を行った[13]。「スマート」がもっとも成功しているイリノイ州ベルベディア工場とオハイオ州トレド工場では，ローカル労働協約の策定が「戦略レベル」と「団体交渉レベル」の指導の下で行われており，ジェファーソン・ノース工場でもローカル労働協約策定に関する決定権が失われつつある。「スマート」の導入後，チーム・リーダーは，チーム内や他チーム間との調整，チーム・メンバーの穴埋め要員など，広範にわたる職務への対応が求められるようになった。チーム・リーダーは，年功や職務の習熟度合い等の項目を満たした者が自薦により登録され，労使同数の選考委員会によって選抜される。チーム・リーダーの上にはグループ・リーダー，エリア・マネジャーがおり，チーム・リーダーまでが労働組合員である[14]。チーム・メンバー，チーム・リーダー，グループ・リーダーに対して行われる研修は労使協同で運営する UAW-DCX 全国訓練センターが作成する[15]。

DCX では，雇用安定に関する危機感を背景として，ローカル・ユニオンに労働者参加を受け入れる素地がつくられていた。「戦略レベル」では DCX と

DCX-UAW 部門が労使協調的経営を行うという合意がなされ,「団体交渉レベル」では企業統一的な労働者参加のためのワークルールづくりが行われ,「職場レベル」では上部組織が設定したワークルールを受け入れるというトップダウン型の変更が労使関係の枠組みに行われたが,「職場レベル」のローカル・ユニオンに労働者参加を受け入れる素地ができていたために,ローカル・ユニオンの自主性, 独立性を弱めることに大きな反発がなかったと推測される。

(3) 複線的な仕組み (GM)

　工場閉鎖やレイオフ等の危機を急激に経験した DCX と異なり, GM はビッグ3の中でもっとも好調を維持していたこともあり, ローカル・ユニオンの雇用不安に対する危機感は大きくなかった。そのため, GM と UAW-GM 部門という企業単位では市場競争力低下に対する危機感が共通しており, 労使協調や生産現場における労働者参加の必要性を感じていたものの, ローカル・ユニオンの自主性, 独立性を弱めることに納得を得やすい状況ではなかった。既存の労使関係の枠組みの中で,「戦略レベル」で労使協調に合意したとしても,「職場レベル」のローカル・ユニオンに労働者参加を受け入れさせることは難しい状況にあったのである。そのため, 既存の労使関係の枠組みと並立する枠組みを新たにつくり, その枠組みの中でローカル・ユニオンを自主的に参加させることで, 労働者参加受け入れの素地をつくるという形をとったのである。

　GM と GM-UAW 部門との企業を単位とする労使協調の歩みは1980年代に始まった。GM は品質の重要さを明示した「General Motors Quality Ethic」を1983年に公表し, 1986年に品質向上のための研究会 (The UAW-GM Joint Quality Study) を労使合同で立ち上げて, 生産現場における従業員参画が不可欠であるとする General Motors Production System (GMPS) を発表した。1987年には品質向上に関する労使協調について合意したトリド協定が結ばれ, その成果が The UAW-GM Quality Network's として同年の全国労働協約で正式に承認された[16]。これは,「戦略レベル」による合意である[17]とともに, 全国労働協約の承認を経ているため,「団体交渉レベル」の合意事項でもある。

1990年の全国労働協約で，Quality Network's が UAW と GM 経営陣のパートナーシップで行われることが確認された[18]ことを受けて，UAW と GM 双方の幹部（leadership QC）を頂点に，地域レベル（Group/Divisional/Staff QC），工場レベル（Plant /Staff QC）の品質評議会が1992年につくられ，労使関係の枠組みと複線的に並存するようになった。品質評議会の中心には，GM-UAW-CHR（Center for Human Resources）がおかれ[19]，GM 会長と UAW 会長，UAW-GM 部門長（兼 UAW 副会長）によるトップダウンで，チーム方式，職務区分の削減，柔軟な配置転換などが「職場レベル」に導入されていくことになった[20]。

　この Quality Network's と品質評議会の行った労使協調努力の中でもっとも成功した事例のひとつが GM グランドリバー工場である。この工場は近隣のランシング工場の閉鎖と引き換えに2001年に新設された。工場の立ち上げにあたって，NUMMI，オペルのアイゼナハ工場の見学や労働者に対する研修が労使合同で行われた。操業開始後には，過度のジョブローテーションのために，塗装と部品組み付けラインにおける生産性と品質が落ちるという労働組合の意見により，ローテーションや従業員の配置に制限が加えられた。2004年には，JD パワー初期品質調査で南米・北米地域で最高位を獲得したとともに，操業開始時に1時間19.9台だった生産性を2004年には1時間38台までライン速度を変えずに向上させている[21]。チーム方式の導入，ムダを省く作業方式が生産性と品質の向上に影響を与え[22]，フレキシブル生産を行うためのライン設計や工具取替えの仕組みにより生産性が向上した[23]。2006年に生産性で北米第7位となった GM ランシング工場では，生産ライン周りの整理整頓と，作業をさぼっている労働者がラインに戻っただけで生産性が大きく改善したという言葉[24]もあり，職場における労働者参加以前の問題の解決も生産性向上に大きく影響したと思われる。

　GM グランドリバー工場ではランシング工場閉鎖に伴って約半数のラインワーカーがレイオフされ，2006年以降でも現在の時間給労働者の約3分の1がレイオフされる予定になっている。これに関して，同工場のローカル・ユニオン LOCAL 652 の役員は，GM の市場競争力向上のためにはさらなるレイオ

フや新規従業員の賃金水準低下，ジョブバンク解体もやむをえないとの見解を示している[25]。

2006年6月にGMが実施した時間給労働者の早期退職プログラムには3万5,000人が応募した。このプログラムには組合役員も募集に応じるなど[26]，「職場レベル」の変化についていけない労働者が退出していくことを，労使双方が容認している。従来の労使関係の枠組みと並立させた品質協議会によって，企業別幹部から事業所別につながる中央集権的な労使協調が進んでいる。

5 労使協調による労使関係枠組みの変化と限界

DCXは，産業別から企業別への分権化，および事業所別から企業別への集権化を従来の労使関係の枠組みの中で直接に行っている。フォード・システム維持を合意する「戦略レベル」の役割は，企業を単位とする労使協調を合意する役割に変化してきている。その合意の下，「団体交渉レベル」は資本分配を行う役割に加え，労働者参加のためのワークルールを設計する役割へ変化している。「職場レベル」はそのワークルールを実行に移す場へと変化しつつある。一方，GMは従来の労使関係の枠組みを形の上で維持しつつ，労使関係の枠組みと複線的に品質評議会を設置して，企業を単位とする労使関係に向けた，分権化を実施してきた。事業所別の品質評議会に，ある程度の自主性を尊重することで過度のトップダウンを意識させないようにしつつ，しかしながら，UAW-GM部門，GM会長双方の強力なリーダーシップの下で企業を単位とする集権化が進められたのである。

自動車企業の競争力は生産現場，研究開発，財務，営業，ディーラーなどさまざまな部門とそこに属する労働者が密接に連携しあった総合力に左右される。競争が激しくなっている現在では，生産現場における品質，生産性向上努力だけが競争力の源泉ではない。労働組合の経営参画は生産現場に留まり，経営全体に影響力を与えることができないという限界がある。米国車の品質は飛躍的上昇を続けており，日本車に肉薄しているが，「故障しないこと」だけでは消費者満足に結びつかない。UAWゲッテルフィンガー会長は，「品質，生産性

は我々が達成した。売れる車を開発するのは経営者の責任だ」と発言している[27]が，品質と生産性の能力が各社間で平準化されたと仮定した場合，競争力の源泉が生産現場から離れていくことにもなりかねない。

GMでは，品質評議会を通じて事業所別の自主的な活動の余地が残されているものの，基本的な労使の指針はトップダウンである。DCXでは，ローカル労働協約の内容やワークルールの内容を設定する権限が「職場レベル」から奪われつつある一方で，労働組合が経営の立場に近くなりすぎるという危険性を含んでいる。労働者相互が密接に連携しあうチームワーク方式のような新しい働き方によって，肉体的，精神的負担が問題となってきているが，このような問題に際して労働組合が経営の立場に立つか，もしくは労働者を守る役割を維持するかというような選択が難しくなってきている。

6 おわりに

従来の労使関係の枠組みはフォード・システムとニューディール型労使関係を内面的な統制力として，「戦略レベル」，「団体交渉レベル」，「職場レベル」の三つのレベルの力関係の均衡を保つことで成立していた。この内面的な統制力のうち，フォード・システムが労働組合の経営参画，労働者参加といった労使協調的経営へと向かう変化が余儀なくされている。この変化を米国自動車産業にもたらしたのは，外国自動車企業の北米進出の成功やグローバルな市場競争の激化の進展だけではない。企業の資金調達が銀行を中心とした間接金融から，機関投資家を中心とした株式投資による直接金融へと急速にシフトしたことにより，短期的な成果が強く求められるようになったことも一因である。労働組合の組織化を認めず，人的資源管理的手法を駆使して労働者参加を促し，従業員コミットメントを高める企業が急増していることも原因である。

労使協調的経営と労働者参加により生産現場における生産性を高め，品質向上が達成されたとしても，それだけが競争力の源泉であるわけではない。生産現場以外にも存在する競争力の源泉に関しては労働組合が関与することは難しい。短期的な成果が強く求められる状況下では，労働組合未組織企業による人

図表1　労使関係の枠組み

	ニューディール型	新しい枠組み
産業別労使トップ	○フォード・システム維持で合意	○労使協調
企業別労使トップ	○パターン交渉	○労使協調を明文化してワークルールを規定
ローカル労使	○職場規制	○上位レベルで規定されたワークルールを実践 ○自立性が弱まる

的資源管理的手法も，労働組合による労使協調的経営のどちらも，企業経営における競争力という観点からは従属変数にすぎないだろう。

そもそも，ニューディール型労使関係は，労働者と使用者に対等な交渉力をもたせて労働分配率を高めることを政府が保証することで生まれたものである。産業別に労使関係が集権化され，事業所別には自主性と独立性があった。この枠組みが，企業を単位として分権化され，「職場レベル」の自主性，独立性を弱めることで企業経営の従属変数となり，労使関係が社会政策的な意味を失いかねない状況にあると言えるだろう。労使関係の枠組みそのものが不必要となるほど，労働組合がない生産現場での労働者保護や，団体交渉を用いずに公正な労働分配が保障されるという状況が担保されているとは現状でも言い難い。労使関係の枠組みに期待したニューディール期の社会政策的な役割を再評価することが必要であろう。

1) 小池（1976：31-42）
2) 栗木（1999：62）
3) Ibid.: p. 25
4) 海道，森川（1999：124）
5) 今村（2002：12-13）
6) UAW (2006: http://www.uaw.org/about/uawmembership.html)
7) Kochan, Katz and Mckersie. (1994：3-20)
8) 篠原健二（2003年）『転換期のアメリカ労使関係』ミネルヴァ書房
9) パーカー／スローター（1995：31-38，49．51-52，207-385）
10) Steve Babson (1998) *Confronting Change Detroit*, Wayne State University
11) Adler, Kochan, MacDuffie, Pil and Rubinstein (1997：74-78)
12) ジェファーソン・ノース工場 Local 7 委員長に対して2006年2月に行ったヒアリング

II　テーマ別分科会

13) ジェファーソン・ノース工場 Local 7 委員長に対して2006年2月に行ったヒアリング
14) Daimler Chrysler 内部資料（2005）*Team Based Manufacturing Core Training*
15) Ibid.
16) Weekley and Wilber (1996 : 330-331)
17) UAW-GM-CHR，UAW 側部門長 Thomas L. Weekley に対する2005年〜2006年のヒアリング
18) Weekley and Wilber (1996 : 330-331)
19) UAW-GM Center for Human Resources (2005)
20) UAW-GM-CHR　UAW側部門長 Thomas L. Weekley，GM 側部門長 Jay C. Wilber 両氏に対する2005年〜2006年のヒアリング
21) Detroit News（2004）*Flexible and profitable, GM Lansig shoots to top*（2月22日）
22) Block (2003)
23) Detroit News (2004) *Flexible and profitable, GM Lansig shoots to top*（2月22日）
24) GM ランシング工場 LOCAL 602 役員マーク・シュトロール氏への2005年7月のヒアリング
25) ジェファーソン・ノース工場 Local 7 委員長への2006年2月に行ったヒアリング
26) Detroit Free Press (2006) *Buyouts to alter to alter the face of, UAW*（5月26日）
27) 2005年10月に行ったゲッテルフィンガー会長へのインタビュー

【参考文献】

今村寛治（2002年）『労働の人間化への視座』ミネルヴァ書房
海道進，森川譯雄（1999年）『労使関係の経営学』税務経理協会
栗木安延（1999年）『アメリカ自動車産業の労使関係』社会評論社
小池和男（1976年）『職場の労働組合と参加』東洋経済新報社
坂牧史朗（2006年）「北米市場の変化に対応できない GM とフォード」『大和総研レポート』（3月31日）
延岡健太郎，藤本隆宏（2004年）「製品開発の組織能力」『MMRC』
藤本隆宏（2003年）『能力構築競争』中公新書
森川譯雄（2002年）『労使関係の経営経済学』同文館出版
Adler, Paul. S, Kochan, Thomas. A, McDuffie, John Paul, Pil, Frits K and Rubinstein, Saul (1997) *United States : Variations on Theme*, Ithaca, NY : Cornell University/ILR Press
Block, Richard N. (2003) Global Manufacturing and Collective Bargaining : A Case Study of GM's United States Lansing Grand River Assembly, *Bargaining for Competitiveness Law, Research, and Case Studies* Kalamazoo, Mich, W. E. Upjohn Institute for Employment Research

Daimler Chrysler 内部資料 (2005) *Team Based Manufacturing Core Training*
Detroit Free Press (2006) Buyouts to alter to alter the face of UAW（5月26日）
Detroit News (2004) Flexible and profitable, GM Lansing shoots to top（2月22日）
Detroit News (2006) J. D. Power overhauls car quality survey with changes, owner complaints in annual rating could increase by 40% on some models.（5月11日）
Detroit News (2006) Chrysler contract changes save Jobs（6月9日）
General Motors Corp. 内部資料 (1999) *Action Strategy Summary*
GM University 内部資料 (2004) *Providing Candid Constructive Performance Feedback Leader Guide*
GM-UAW Quality Network 内部資料 (2006) *Quality Network VPAC Awareness Training*
Kochan, Thomas A, Katz, Harry C. and Mckersie, Robert B. (1994) *THE TRANSFORMATION OF AMERICAN INDUSTRIAL RELATIONS*, Ithaca, NY: Cornell University/ILR CORNELL
Liker, Jeffrey K. Liker, Fruin, W. Mark and Adler, Paul S. (1999) *Remade in America: Transplanting and Transforming Japanese Management Systems (Japan Business and Economics Series)*, Oxford University Press USA
McDuffie, John Paul and Pil, Frits K. (1997) Changes in Auto Industry Employment Practices: An International Overview Practices: in Thomas A. Kochan, Russell D. Lansbury and John Paul McDuffie, *After Lean Production*. Ithaca, NY: Cornell University/ILR Press, 1995, 9-44
Parker, Mike and Slaughter, Jane (1992) *Working Smart: A Union Guide to Participation Programs and Reengineering/With Union Strategy Guide*, Detroit, Labor Notes（マイク・パーカー，ジェイン・スローター，戸塚秀夫監訳[1995]『米国自動車工場の変貌』緑風出版）
Rubenstein, Saul A. and Kochan, Thomas A. (2001) *Learning from SATURN: Possibilities for Corporate Governance and Employee Relations* Ithaca, NY: Cornell University/ILR Press
UAW (2006) *Who We are* 〈http://www.uaw.org/about/uawmembership.html〉（2006年8月31日）
UAW-GM Center for Human Resources 内部資料 (2005) Partnering for Quality
Weekley, Thomas L. and Wilber, Jay K. (1996) *United We Stand* NY McGraw Hill
Womack, James P, Jones, Daniel T. and Roos, Daniel (1990) *THE MACHINE THAT CHANGES THE WORLD-THE STORY OF LEAN PRODUCTION* NY Rawson Associates.

Ⅱ　テーマ別分科会

Womack, James P. and Jones, Daniel T. (1996). *LEAN THINKING : Banish Waste and Create Wealth in Your Corporation, Revised and Updated* NY Free Press

テーマ別分科会7＝アジア発展途上国の社会保障——カンボジアとネパール

Provident Fund Centered Social Security System
Comparative Examination of Three Countries and Policy Implication to Nepal

Ghan Shyam Gautam[1]

1 Introduction

High rate of population growth coupled by poor economic performance has made the per capita GDP hardly been scaled up over the decades in Nepal. Geographical and gender disparity remain high and poverty is widely prevalent. Socio-economic infrastructure is very poor and rural residents, constituting around 85 percent population, remain far behind than their urban counterparts in many grounds. Because of existing social values and traditions and cast-based composition, social discrimination and injustice is widespread all over the country. Adult literacy varies from 76 percent among Brahmin in Hill to only 21 percent among Dalits in Tarai, whereas, in aggregate, the figure varies from 66 percent for male to 34 percent for female. Similarly, income inequality is widening, the richest quintile consuming 53 percent, leaving only 6 percent to the poorest quintile.

Though it is slightly increasing recently, government expenditure on social sector is still low in Nepal, 31 percent in 2004. Agriculture, as a dominating sector in labor market, provides 71 percent employment while its share in wage employment is only 37 percent. Female participation in civil service and teaching is respectively 9 and 26 percent while their percentage contribution to agricultural output is 61. Large work force involves in unorganized and informal sector. Other daunting features are high level of budget deficit, rapid population growth, poor infrastructure and lack of effective decentralization.

Other two countries, Singapore and Malaysia, selected for comparative examination here are however much developed. Malaysia is enjoying speedy pace of economic growth while the city-state Singapore is already industrialized. Both spend much on social sector and socio-economic indicators are far better than Nepal (see **Table 1**). Supported by provident fund, Singapore is maintaining one of the highest saving ratio (44% of GDP for the year 2002) in the world, has well-developed infrastructure, enjoys large amount of market

Ⅱ　テーマ別分科会

Table 1　Socio-economic Picture : Comparative Scenario

Description	Nepal	Malaysia	Singapore
Per capita GDP (ppp US$), 2004	1,372	9,032	25,240
Government expenditure on social sector (%), 2004	31.2	35.5	47.9
Informal economy (% of GNP), 2000	38.4	31.1	13.1
Gini Coefficient, 2004	0.414	0.492	0.425
Life expectancy at birth, 2004	62.2	73.5	79.3
Human poverty index	38.7	8.9	6.3
Human development index, 2003	0.526	0.796	0.907

Sources : World Bank, 2005 ; ADB, 2005 ; UNDP, 2005 ; Schneider 2002 ; WHO, 2006

openness and has highly developed financial market. With falling proportion of young population and not too long life expectancy, dependency rate is relatively low (59 percent in 2005) in Malaysia and, like Singapore, is highly dependent on provident fund for providing social security services.

The modernization and globalization process has stimulated social mobility and disintegration of family and community networks, widening the risks in every society. Consequently, there is demand of wider cushioning through the schemes of social security. In social security realm, developing world is struggling for expanding the coverage and Nepal is not an exception. Nevertheless, unlike the government's overarching goal of reducing poverty and policy emphasis on social development in latest years, social security is still with least priority. For the country like Nepal, social security policy seems to have high prospects for minimizing social predicaments and streamlining country's development path.

However, as the social security services are appearing costly, discussions are centering on their sustainability and growth impact. Particularly in low-income countries, expenses that do not have a direct effect on growth are regarded as luxury undertakings (ADB, Webpage). Effective and efficient social protection system supports both social stability and social justice as well as economic development and provides a level playing field for international competition [Low and Choon, 2004 ; 264]. Therefore, despite the broadening coverage of social security, it demands much careful concern in designing its working mechanism. In this paper, we mainly examine provident funds in three countries and try to identify existing issues and prospects from Nepalese perspective. Firstly reviewing social security framework in three countries, we make comparative examination and finally identify issues, prospects and policy implications in Nepalese context.

2 Brief Outline of Existing Social Security Schemes

Formal attempts made by government started in 1930s, by the establishment of provident fund (PF) and pension scheme for military personnel which later got legal support and gradually expanded. In mid 1990s, allowance scheme for elderly, disabled and widows was introduced that pays monthly cash benefits on flat rate basis. Benefit amount, as such, is not so high in the scheme but remains attractive because of its flat coverage and is affordable to the government because of high edibility age. Similarly, although not with the vision of social security, Citizen Investment Fund, a voluntary saving scheme, is in operation aiming to contribute capital market development since 1990.

Besides aforementioned schemes, government allocates budget for social assistance that mostly provides in kind benefits. However, because of political instability, centrally managed service delivery system and lack of proper integration, such assistance could not effectively support the poor. Consequently, there are additional targeted schemes like Senior Citizen Treatment Program (2001) and Poverty Alleviation Fund (2004) however with limited coverage. In the legal arena, establishment of social welfare council (1992), legislation of new labor Act (1992) and implementation of social security program directives (2004) are notable progress made recently.

Malaysia, having relatively long history on social security among the contemporary economies, administers number of schemes, which however concentrate on working force and lack managerial integration. Established in 1951, Malaysian Employees Provident Fund is the oldest scheme of its kind in the world and even voluntarily covers foreign workers recently. Employees' Social Security Organization (SOCOS) is also an important component of social security in Malaysia (established in 1969) which works on social insurance and provides medical and cash benefits against invalidity and employment injury to low-income domestic workers. Malaysia also pays pension benefits to employees in legislative bodies and selected government employees. Moreover, country spends considerable amount on social assistance (five 5 percent of total expenditure in 2004).

Central Provident Fund (CPF) and social assistance are twin pillars of social security in Singapore [Ku, 2003; 136]. From original objective of retirement support, Singaporean provident fund has progressed to facilitate the increasing number of services. However, following the financial crisis, it does not permit foreign workers to join the scheme from 1998. Instead, encourages individuals to voluntarily save through the recently introduced supplementary retirement scheme on tax-exemption basis. Singapore also has pension scheme covering selected high-level officials.

Comparatively, social security system has gotten less concern in Nepal and remains a relatively new phenomenon. Despite of some progress in regulatory framework, it is yet to develop a comprehensive set of policy and give focused priority in national level. In the first ever calculation of social protection index, Nepal unfavorably ranks among the six Asian countries in terms of expenditure, coverage, poverty targeting and social protection impact [HCL, 2005].

3 Basic Provisions and Macro Economic Linkage

Unlike the mandatory coverage extended to all employees and voluntary coverage to self-employed in Singapore and Malaysia, Nepalese Provident Fund (NPF) covers only government (mandatory) and organized[2] private sector (voluntary) employees. Due to the high proportion of informal economy and dominance of subsistence agriculture, only a small percentage of the labor force is under the ambit of NPF. Quite opposite, in both Singapore provident fund (SPF) and Malaysian Provident Fund (MPF), number of total members[3] is even higher than the labor force in the country. Even the active members are around 64 and 51 percent of the employed population in Singapore and Malaysia respectively. Moreover, some special arrangements within the provident funds secure family members as well against certain risks. This has meant almost universal coverage in both the countries. Nevertheless, because of the self-funded nature, the lowest income group cannot benefit unless there is some government assistance or significant income redistribution. Besides the various withdrawal options during working life, there are multiple options to consume accumulated sum in Singapore. Among the pre-retirement targeted schemes, housing, education, family support and medical are most common in Singapore and members have actively participated in these schemes. Malaysia also allows pre-retirement withdrawal for housing, education and medial services but members' participation is not so high. Nepal does not permit any pre-retirement withdrawal.

Mandatory rate of contribution is very high in Singapore, which was even 50 percent during peak period, jointly contributed by employer and employees. It is currently 33 percent, out of which 20 percent is payable by employees and rest 10 percent by employers. CPF has managed three separate personal accounts for each member and contribution is accumulated in each account simultaneously. In Malaysia, employers (12) pay more than employees (11) and accumulation is made in three accounts like in Singapore.

Nepal has the lowest rate (20 percent) equally shared by employer and employees. There is no revision in contribution rate when the employer's contribution was raised to ten percent to equal that of employees in 1972.

Unlike the case in Nepal, Singapore and Malaysia regulate macro economic situation via PF as apparently seen in frequent changes in contribution rate[4]. Particularly, Singapore has emphasized supply side whereas demand side has gotten priority in Malaysia as reflected in their frequent and higher adjustment on employers and employees' side respectively. Nepal remains neutral in utilizing PF as a policy instrument of macro economy. SPF overly utilizes it for macro economic benefits and state interests. While considering benefits of the stakeholders (employees and employers), it is better for NPF too to adjust contribution rate to a certain range based on economic changes that significantly alters capacity of concerned stakeholders.

4 Participants' Choices and Service Adequacy

SPF, MPF and NPF respectively rank top to down in terms of coverage, contribution rate, and participants' choices provided through various schemes. There are multiple options for utilizing the accumulated sum in old age in Singapore and Malaysia (see **Table 2**).

Provident Fund in Singapore has facilitated health services by encouraging members to participate in the schemes like Medishield (national catastrophic illness insurance), Eldershield (insurance against disability) and even private insurance plans. These schemes jointly make the Singaporean health system to receive an esteemed recognition. Despite the voluntary coverage, total participation in CPF facilitated insurance schemes was around half of the total residents in 2004, (123 percent of total active members of CPF). Singapore has managed cost effective health care system [Gautam 2005], considerably financed by provident fund-facilitated insurance. MPF has not any special health service promoted except withdrawal permitted to meet health expenditure. Lying far behind, NPF has no mechanism for meeting health care costs in PF and even there does not exist any significant package outside the PF to bring health service into the purview of social security. All PFs are weak in income redistribution, thus necessitating supplementary scheme for low-income people or requiring such feature by pooling certain fund among the participants.

Schemes like home protection and disability insurance not only pool risks among the participants in Singapore but also guarantees benefits to dependents in some cases. For the consumption of accumulated sum in old age, there are different options in SPF and MPF. Under the SPF, members cannot withdraw their total sum at once even at the time of job termination,

Table 2 Differing Provisions and Schemes in Three Provident Funds

Description	Provident Funds		
	SPF	MPF	NPF
Coverage provision	●Employees (mandatory) ●Self-employed (mandatory/voluntary)	●Government & private sector employees (mandatory) ●Others (voluntary)	●Government sector employees (mandatory) ●Private sector employees (voluntary)
PF members (% of labor force)	●Active: 61 (employees) ●Total: 138	●Active: 49 ●Total: 103	●Active: 3 ●Total: 3
Contribution rate/amount	●20+13=33 (employees) ● 6 (self-employed)	●11+12=23 (employees) ●RM50~5,000 (others)	●10+10=20 (employees)
Pre-retirement schemes	●Housing withdrawal ●Investment withdrawal ●Education withdrawal ●Dependent's protection ●Health withdrawal ●Disability insurance	●Housing withdrawal ●Investment withdrawal ●Health withdrawal ●Education withdrawal	●Special loan ●Housing loan ●Education loan
Retirement schemes	●Retirement withdrawal & ●Annuitized benefit, or ●Periodical bank payout, or ●Periodical CPF payout	●Age 50 withdrawal & ●Age 55 withdrawal, or ●Dividend withdrawal, or ●Periodical withdrawal	●Lump sum withdrawal, or ●Keep with EPF
Additional social security schemes		●Funeral benefit ●Incapacitation benefit	●Funeral benefit ●Incapacitation benefit ●Retirement benefit
Guaranteed rate of return	2.5 (plus 1.5 for certain portion)	2.5	3.0
Non-PF social security schemes	●Old age pension ●Social assistance ● Supplementary retirement scheme (voluntary saving)	●Old age pension ●Employees social security ●Social assistance ●Employment injury compensation	●Old age pension ● Allowance (for elderly, widows and disabled) ●Social assistance ● Citizen investment trust (voluntary saving)

Source: Annual publications and official webpage, respective provident funds.

rather they should plan the sum to have regular support in the old age. Thus, in terms of service providence, SPF, followed by MPF, is much sophisticated.

Adequacy of services also includes adequacy of accumulated saving to support members during old age and it is more important in the face of rising life expectancy. Generally, total volume of accumulated fund and its management reflect how well the participants can secure themselves against various risks.

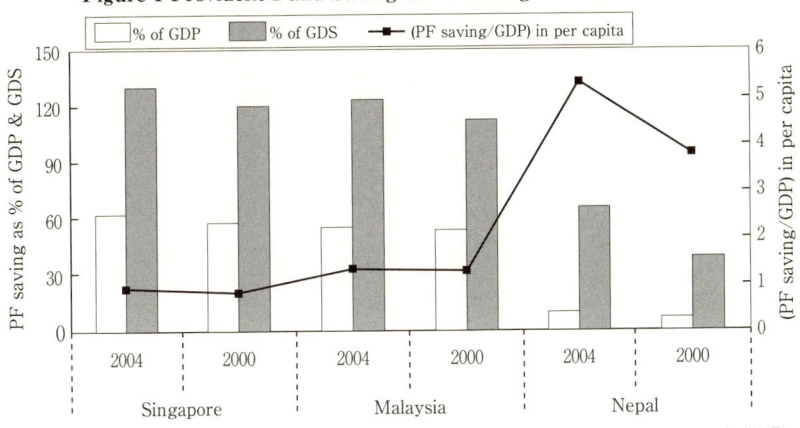

Figure 1 Provident Fund Saving as Percentage of GDP and GDS

Source: Annual publications of respective Provident Funds, various years and ADB (2005a).

However, contribution provisions, withdrawal options, returns realized, risk sharing, income redistribution and assistance features make considerable meaning. Presently, no concrete data is available to compare retirement benefit in terms of replacement rate[5]. Total volume of the fund is substantially large and even increasing. In proportion to both GDP and GDS, Singapore has the largest accumulation of the fund (see **Figure 1**). Low contribution rate and narrow coverage has yielded comparatively small fund size in Nepal. However, within the country context, NPF is the largest saving mobilizing institution and holds substaintial share of government bonds and bank deposit. Further, ratio of accumulated saving to GDP, in per capita terms, is much higher in Nepal than other twos. No pre-retirement withdrawal, high returns have contributed for higher saving ratio in Nepal. Thus, NPF is much solvent to finance old age and can provide higher retirement benefit as measured in terms of per capita GDP.

Because of liberal dealing on pre-retirement withdrawal, SPF and MPF are lacking adequate saving for old age despite of high contribution rate. In summary, NPF is far behind in terms of members' options and service coverage, but seems financially more solvent for financing old age. Risk pooling feature is stronger in SPF but all three PFs are weak in terms of income redistribution. By and large, to cope with the ageing society, Singapore and Malaysia need to prioritize retirement financing while, in Nepal, allowing pre-retirement withdrawal and incorporating health services are important.

5 Fund Management and Returns

Since the government has managerial influence in provident funds, government bonds and securities usually dominate the investment portfolio. Despite the advancement of SPF in many regards, it has been widely criticized for being non-transparent, particularly in saving mobilization. Without policymaking and investment responsibilities to the Board [Asher 2002; Ku 2003], government mobilizes the saving in Singapore. As the result, nearly entire saving is invested in government bonds, which have no quoted returns. EPF Act in Malaysia stipulates at least seventy percent of total investment in government bonds and securities (GBS). Comparatively, current investment policy in NPF is liberal. Policy stipulates a maximum of thirty percent investment on government bonds and can also invest in projects (consortium financing) and real estate.

In 2004, almost 100 percent of SPF's investment was on government bonds[6]. In Malaysia, large part of saving is mobilized in institutional loan followed by government securities. SPF and MPF allow partial withdrawal to make investment in members' own discretion. However, since the general people are conservative in their investment choices, this will usually result low returns and lower retirement benefit [Gillion et al. 2001: 167]. As a result, investment option granted to members is not practically attractive. Uniquely, in Nepal, mobilizing saving through service-oriented loan to members is dominant that still provides competitive return to the Board. Nevertheless, investment allocation is not competitive in Nepal; large part of the fund remains deposited with commercial banks.

Positively, returns realized on GBS in Malaysia and Nepal are usually attractive than other alternative options. Diversification from GBS in Malaysia and Nepal is, indeed, much because of the shortage of GBS than the quest for high returns[7]. After all, MPF and NPF are much self-dependent and transparent than SPF in fund management. However, in all three PFs, no permission is granted to invest abroad[8] which might be on two important considerations. Firstly, it is to minimize the risk factor and secondly to control outflow of the fund. As the financial market is becoming more competitive, rate of return realized by NPF is falling in recent years and MPF is facing the similar trend, in general. Albeit marginally, SPF is showing positive changes as the economy is healing after the financial crisis and the government has risen guaranteed return to the members. Returns realized on investment and average rate granted to the members is shown in the figure above. Despite the falling investment performance in Nepal, rate of returns realized

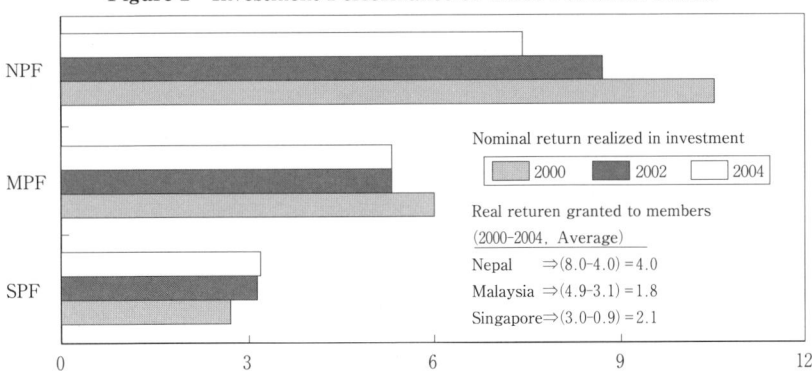

Figure 2 Investment Performance of Three Provident Funds

Nominal return realized in investment
- 2000
- 2002
- 2004

Real returen granted to members
(2000-2004. Average)
Nepal ⇒(8.0-4.0)=4.0
Malaysia ⇒(4.9-3.1)=1.8
Singapore⇒(3.0-0.9)=2.1

Source: Annual publications of respective Provident Funds, various years.

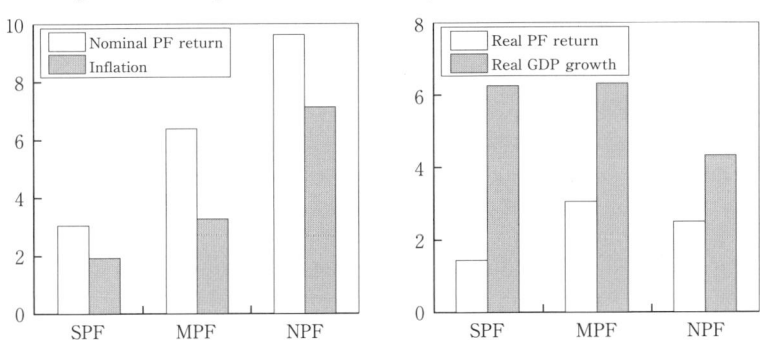

Figure 3 Average Returns Realized by PF Participants, 1990-2004

Source: Annual publications of Provident Funds; ADB, 2005; Gautam, 2005.

by members is nearly three times higher than that of Singapore and considerably higher than Malaysia too. Even the inflation-adjusted return for the period 2000-2004, was higher in Nepal. However, high return in Nepal comes from incompetent financial market rather than from competent investment strategy.

6 Existing Issues and Prospects of Provident Fund in Nepal

(1) Existing Issues in Nepalese Provident Fund

No Room for Non-employees: In Nepal, under the current provision, non-employees either they are self-employed, domestic workers, part time or tem-

Figure 4   Employment Structure and the EPF Coverage in Nepal

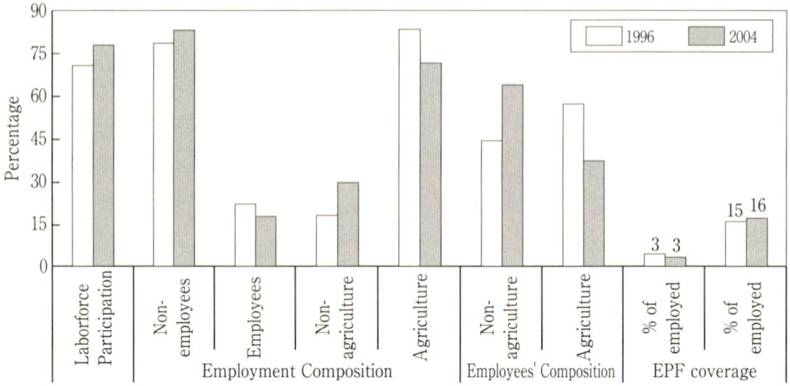

Sources: Living Standard Survey 1995/96 & 2003/04, and EPF.

porary workers are not permitted to take part in the scheme. This implies stringent coverage in existing labor market structure. Because of high dominance of agriculture sector and informal economy, employment in organized sector is very low and most of the employed population are non-employees (self-employed) (see **Figure 4** below). Thus, legal provision itself keeps substantial population beyond the coverage. In 2004, only seventeen percent of employed populations were employees out of which nearly half can be estimated involved in unorganized or informal sector.

Figures show that growth rate of the employed population (4.23) is significantly higher than that of entire population (2.27) for 1991-2004 and hence increased proportion of employed population in the economy. Inversely, despite the expansion in theoretical coverage, there is no significant progress in EPF coverage as percentage of total employed population. Starting from a small number of government employees, NPF has significantly progressed but still remains with very limited coverage in both theoretical & practical sense.

Limited Service Coverage: ILO considers basic health services and food, shelter and educational rights as the minimum set of social security requirements in the poorest countries [ILO 2001a: 9]. Contrarily, there is no health service arrangement in NPF. Further, without any option for pre-retirement withdrawal, members' choices are very limited questioning whether members have best utilized their accumulated sum. Even no alternative option is available for planning the retirement sum.

Arranging unemployment benefit is impractical in Nepal right now, but policy intervention in labor market is important for its smooth operation. Improvement in labor market operation can promote social security by contributing capacity development, eliminating gender discrimination, and enhancing productivity and employment opportunities. Nepalese government is always weak in regulating labor market efficiently. In private enterprises, employees' privileges depend much on their bargaining capacity and less on legal provisions. EPF, which works for employees' benefit in cooperation with employers, has prospects to regulate labor market to some extent by coordinating with the government. Lack of effective policy and the poor implementation are prominent problems to create smooth labor market and make the labor force competent in global market. In short, although possibility remains to make the EPF a comprehensive scheme of social security for selected working class, its service coverage is severely limited until the date.

Lacking Income Redistribution and Risk Pooling Feature : In the absence of comprehensive social security policy, there is no specific set of social security objectives and functions defined in Nepal. Supporting old age people and incapables, and assisting poor through in-kind assistance are important features of existing arrangement. For the fulfillment of basic social security objectives like alleviating poverty, redistributing income and guaranteeing minimum living standard, mechanism of risk pooling and income redistribution are the most desirable measures in any economy. Redistribution across the life span and among the individuals is important for risk pooling, which in turn is necessary to achieve an effective system [Ku 2003 : 129]. NPF has run a separate fund called the reserve fund (constituting six percent of total fund), generated out of its income for financing selected services to members, which has prospects for enhancing redistribution and risk pooling.

Such collective fund can be considered redistributive fund because that is paid back through the welfare schemes. Out of the total reserve fund, pension/additional facility scheme, deserves the highest proportion (57 percent) and next 22 percent is reserved for contingency purpose and rest is to finance other schemes. Benefit granted under pension/additional facility scheme is proportional to the saving accumulated in personal account of the member. Such mechanism has encouraged members save more until their retirement. However, at the same time, this method provides larger benefit to the people having higher propensity to save that means richer groups. To make the poor group benefit more in the system, benefit amount should not only be based on accumulated amount in personal account. Rather it should also consider the income level of member while fixing benefit. Such changes in the system will keep on encouraging members to save more until retirement and enhance redistribution mechanism in favor of low-income group. While talking on risk pooling, only the risk of accident-caused disability and death are pooled together with the provision of granting benefit when risk occurs. In summary, both income redistribution and risk pooling mechanism are not duly effective.

Weak Corporate Planning and Service Integration: Nepalese Provident Fund, without any priority on corporate planning, has no long-term vision and seems less responsible for members' benefit. The objective taken by NPF is to manage accumulated fund and help members financially on separation from the job. However, there are no specific set of policies, strategies and programs for the long run. Members are usually unknown about forthcoming plans. Branch offices of the EPF are also very limited, causing difficulty in accessing the services. The government also does not seem much concerned for expanding social security services through the EPF. Sometimes people suspect that provident fund is going to be bankrupt because there is no strong regulatory body. Such confusion arises because there is no long-term planning and disclosure practice is very weak. Corporate planning is necessary to promote accountability, responsibility and transparency and develop the EPF towards a comprehensive scheme of social security.

(2) **Prospects of Provident Fund in Nepal**

Comparatively, NPF is far behind with limited scope for arranging social security services. However, within the country context, it has significantly progressed in recent years. Over last one decade, total accumulated fund increased by more than five times and exactly same rate of growth can be seen in per capita EPF saving. Investment allocation on mostly risk-free and administratively easy instruments has substantially declined over the decade. Until 1990, EPF was nothing more than mandatory saving plan for government sector employees, which is recently upgrading its functions towards competitive mobilization of the saving and arranges additional services. For the poverty-stricken unequal society, provident fund cannot be an impeccable social security scheme however some prospects remain as discussed in the following paragraphs.

Firstly, there are some prospects to widen its coverage in the following ways. A. Making the coverage compulsory for organized sector, B. Extending voluntary coverage for unorganized sector with relatively low rate of contribution, and C. Allowing voluntary participation to others by provisioning flexible tax-exempted contribution. However, rather than only theoretical expansion of coverage, by introducing special incentives and redistributive elements, EPF can enlarge its social security services and attract greater people. Employees and high-income earners might be eager to join the system because of potential benefit they can expect respectively from employers contribution and tax-exemption. Others, who are neither employees nor having taxable income, may not participate until some incentives are there. Hence, it is necessary to introduce some measures that attract larger number of people to join the EPF. Low-income people favored government assistance through specific schemes in EPF seem suitable means. Further, it is also necessary to design effective risk pooling and redistributive elements so that low-income people can expect to benefit.

Secondly, originally provident funds covered only those having regular source of significant income, especially workers in government service. Thus, participants were generally able to keep themselves protected against basic needs during their working life. Consequently, PFs, as their inherent feature, prioritized retirement support. Further, the graying society has made old age support more important than ever. In particular, inadequacy of saving in old age has gotten concern in Singapore and Malaysia. Nevertheless, life expectancy in Nepal is still short and joint family system is more common implying that post-retirement period is not so long and family members are expected to support. Similarly, having a job does not imply that they can protect themselves during working years. Therefore, NPF should enlarge members' options through alternative schemes even during the working age. Such provision can also attract larger people in the PF and makes the plan more need-oriented. Surely, certain part of the saving should be preserved for post-retirement life. For promoting better planning of the retirement sum, EPF can introduce alternative schemes that pay periodical benefit. Like in MPF, NPF can grant certain part of the retirement fund as lump sum benefit at job termination and encourage members to mobilize next part of the sum in annuity market that pays benefit in future. Although, presently there is no annuity market in Nepal, private sector can be encouraged for the same.

Thirdly, EPF as an organized institution, which is congregating large number of population, seems the most capable institution for promoting people's access in health services. For better managing the accumulated fund and incorporating health services, EPF Board can accumulate members' saving in three different accounts simultaneously like in Singapore and Malaysia. Separate accounts can foster members' needs respectively in pre-retirement life, retirement life and meet health services. In the beginning, NPF can allow to withdraw certain percent saving to meet the health services. Later, it can facilitate insurance scheme where participation can be voluntary in the beginning. Considering the interest of the people in the program, government can introduce incentives to attract greater people in the program.

7 Conclusions and Policy Implications

Nepalese Provident Fund covers organized sector employees and provides social security benefits against incapacitation and death, and cheaper loan is granted to members, in addition to lump sum benefit at retirement. While comparing the NPF with that in Singapore and Malaysia, Nepalese practice remains far behind despite of the similar history it has passed. Comparatively, coverage is drastically low, health service is completely neglected and schemes are lacking to enhance members' choices in Nepal. Nonetheless, investment return to members is attractive which mainly comes from incompetent financial market. With relatively high contribution rate, frequent revision therein and multiple provisions for pre-retirement withdrawal in Singapore and Malaysia means that they highly regulate consumption pattern of the public and utilize provident fund as a tool of macro economic stability. Along with the increasing life span, prioritizing old age support has become more important in Singapore and Malaysia but in Nepal need is still on expanding members' choices during pre-retirement phase.

Within the country context, there is on overwhelming growth in members' per capita PF saving, liberal investment policy, considerably high rate of real returns (though falling in latest years), and administrative efficiency and transparency in recent years in Nepal. However, due to the provision of covering only organized sector employees, its coverage is stringently limited both in theoretical and practical sense. Furthermore, it lacks any effective mechanism for risk pooling and income redistribution and hence has no contribution towards reducing poverty and creating an equitable society. Future scope of the NPF lies on its capacity to expand coverage, incorporate health services, expand members' choices through multiple schemes at different cycle of life and incorporate income redistributive means.

Expansion of coverage and services will enrich EPF to gain efficiency in management and facilitates in promoting income redistribution. With the prospects to provide multiple benefits through a single institution, EPF deserves potentiality to become a wholesome program of social security for the organized sector workers and upper-income people. Nevertheless, having the labor market highly dominated by agriculture and informal sector, Nepalese provident fund cannot cope with substantial portion of the population in its near future, requiring alternative fundamental scheme to guarantee universal coverage.

Besides EPF, other noticeable schemes existing in Nepal are Pension plan, Allowance to elderly and incapables, and social assistance. Integration is lacking among different schemes and existing arrangement, in general, targets old age support without due consideration on present needs of the working population. For most of the low-income people, meeting the immediate needs is a major social security concern and they are unwilling to contribute for the risks that may happen in future. In the case of cash paying means-tested schemes, success depends on sufficient capacity to collect, process, and verify information on the needy people. Further, effective administrative and institutional arrangement is necessary to reach the neediest because they are less probable to grab the benefit on their own efforts. Therefore, social security system in Nepal should prioritize the immediate needs of the public such as enhancing easy access to health services and food, shelter and educational rights. In other words, priority strategies should be on ⓐ provisioning supports towards those who are already poor or vulnerable, and ⓑ strengthening risk-reducing mechanisms that prevent households from falling into the poverty (see **Diagram 1**).

Perceptions on designing social security system are changing over time. If we review the recent development, multi-tier concept has increasingly attracted discussion as it plans different schemes for different groups and purposes. Practically, for a country with high inequality and widespread poverty, assistive type of noncontributory scheme deserves importance while in many high-income countries privately managed or voluntary saving has also significant potentiality. None of the system can be an ideal model that compatibly fits for the countries with diverse background. Variation lies in regards to financing, management, coverage provision and pooling of risks. Consequently, multi-tier version of social security, with relevant modification, can serve well in most of the countries.

In Nepalese context, providing adequate social security services for the whole population at once is not possible in many regards. Therefore, it is important to initiate with such a system that has potentiality for universalizing coverage, preferably providing security against basic need, and is administratively feasible to handle. Ginneken has noted that in low income countries, health insurance is often felt to be the most urgent social security priority, by informal economy workers [Ginneken 2003 : 26]. Twenty-seven countries have established the principle of universal coverage via the method of social health insurance [Carrin and James 2004 : 3] and the practice of social insurance, particularly community based, are rapidly emerging in many developing countries. In such background, social health insurance with assistance provided by the government sounds compatible in the existing labor market structure for fighting against social predicament. Specifically, regionally defined, low-income people favoring and government supported insurance-based scheme

II テーマ別分科会

Diagram 1 Possibility of Restructuring Social Security System for Nepal

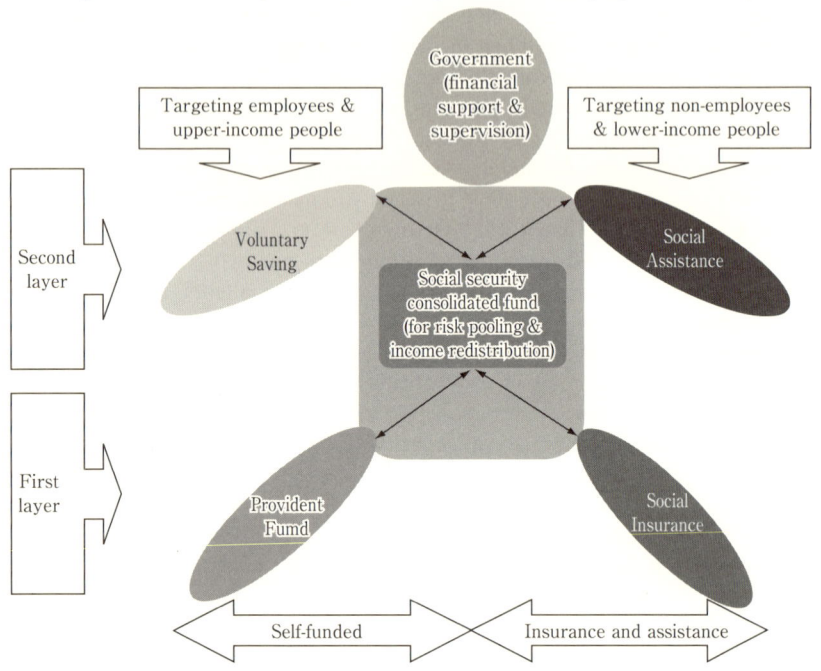

[Diagram: Two layers of social security framework for Nepal. Government (financial support & supervision) at top. Targeting employees & upper-income people on the left; Targeting non-employees & lower-income people on the right. Second layer: Voluntary Saving and Social Assistance. First layer: Provident Fund and Social Insurance. Central: Social security consolidated fund (for risk pooling & income redistribution). Self-funded arrow on left; Insurance and assistance arrow on right.]

sounds compatible to guarantee social security for poor, agricultural dependents and other underprivileged groups. Obviously, area-based or community based services and employment enhancing schemes can be more effective to benefit the poor in the countries with low financing and administrative capacity. There is also possibility of promoting security services in rural areas through multi-sector collaboration including communities, non-profit organizations and the private sector in Nepal. Considering these aspects, following diagrams summarizes a new framework for restructuring social security system in Nepal.

Because of the wide variation in service system and regional disparity, rather than centrally managed single scheme, Nepal requires varying provisions for different localities depending on people's financing capacity, service accessibility and administrative structure in a particular area to make the system fair. In this respect, community or area based health insurance scheme is compatible in the existing situation. However, regarding the details on functioning of the social insurance, a comprehensive further study is necessary. By integrating the existing schemes and introducing social insurance, Nepal can build sustainable shape of social security while fostering universal coverage of the most essential service. In the proposed structure, two fundamental schemes, namely provident fund and social insurance, constitute basic layer whereas voluntary saving (open coverage) and social assistance (means-tested) are the components of secondary layer. Creation of consolidated fund is for risk pooling and redistribution while integrating all four components.

【References】

Asher, Mukul G. (2002), The Role of Global Economy in Financing Old Age : The Case of Singapore, Research Paper 37, Asian Development Bank, Manila.

Asher, Mukul G. and Nandy, A. (2006), Social Security Policy in an Era of Globalization and Competition : Challenges for Southeast Asia, in http : //www. spp. nus. edu. sg.

Asian Development Bank (2005), Key Indicators 2005 : Labor Markets in Asia : Promoting Full, Productive, and Decent Employment, ADB, Manila.

Carrin, Guy and James, Chris (2004), Reaching Universal Coverage via Social Health Insurance : Key Design Features in the Transition Period, WHO, Geneva.

Central Bureau of Statistics (1996), Nepal Living Standard Survey 2003/04, Nepal.

Central Bureau of Statistics (1999), Report on the Labour Force Survey 1998/99, Nepal.

Central Bureau of Statistics (2002), Population Census 2001, Nepal.

Central Bureau of Statistics (2004), Nepal Living Standard Survey 1995/96, Nepal.

Central Provident Fund Board, Singapore, Annual Reports, Various Years, Singpaore.

Employees Provident Fund, Kosh Samachar (Fund News), Various Years, Kathmandu, Nepal.

Employees Provident Fund, Malaysia, Annual Reports, Various Years, EPF Malaysia.

Gautam, G. S. (2005), Singaporean Model of Social Security in the context of Ageing, Journal of Economics, Osaka Sangyo University.

Ginneken, W. (2003), Extending Social Security : Policies for Developing Countries, International Labour Office.

Halcrow China Limited (2005), Social Protection Index for Committed Poverty Reduction, Multi-Country Report, TA No. 6120-REG, ADB, Manila.

Holzmann R., and Hinz, R. (2005), Old Age Income Support in the 21st Century, The World Bank.

Holzmann, R. and Jorgensen, S. (2000), Social Risk Management : A new Conceptual Framework for Social Protection and Beyond, Social Protection Discussion Paper No. 0006, The World Bank.

International Labour Organization (2001a), Social Security : Issues, Challenges and Prospects, ILO, Geneva.

International Labour Organization (2001b), Social Security : A New Consensus, ILO, Geneva.

Ku, Yeun-wen (2003), Social Security, in Ian Holliday and Paul Wilding (eds), Welfare Capitalism in East Asia : Social Policy in Tiger Economies, Palgrave Macmillan, New York.

Low, Linda and Choon, Aw Tar (2004), Social Insecurity in the New Millennium : The Central Provident Fund in Singapore, Marshall Cavendish Academic, Singapore.

Ministry of Finance, Economic Survey, Various Years, Government of Nepal, Nepal.

Schneider, Friedrich (2002), Size and Measurement of the Informal Economy in 110 Countries around the World, Workshop paper, Australian National Tax Centre, ANU, Australia, 2002.
Thillainathan, R. (2003), The Employees Provident Fund of Malaysia: Asset Allocation, Investment Strategy and Governance Issues Revisited, prepared for The World Bank Conference on Public Pension Fund Management, Washington, D. C.
United Nations (2003), Report on the World Social Situation- Social Vulnerability: Sources and Challenges, New York.
United Nations Development Programme (2004), Nepal Human Development Report: Empowerment and Poverty Reduction, Country Office, Kathmandu, Nepal.
United Nations Development Programme (UNDP) (2005), Human Development Report 2005, New York.
World Bank (1994), Averting the Old Age Crisis: Policies to Protect the Old and Promote Growth, Oxford University Press, New York.
World Bank (2005), Online Database, World Bank Official Website.
World Health Organization (2006), World Health Statistics 2006, WHO, Geneva.

1) I am very much thankful to Prof. Takafumi Uzuhashi for his insightful guidelines, suggestions and comments while drafting this paper.
2) Organized sector is to mean the working places where ten or more workers are employed.
3) An individual once registered with the PF is counted as member until the entire saving is withdrawn. Therefore, even retired people can remain members and hence causing higher number of total members.
4) Further, in Singapore, there is differing rate for different category of workers. CPF Board's report (2001) itself says that cut in contribution was a part of a cost-reduction package adopted by the government to lower the cost of doing business in Singapore.
5) Replacement rate in Malaysia is expected to be somewhat higher than Singapore where it is unlikely to exceed 25-30 percent for the middle-income workers (Asher and Nandy, 2005; 17). For Nepal, replacement rate sounds much higher as the life expectancy is shorter and per capita saving is higher in proportion to per capita GDP.
6) If government fully consumes the accumulated fund public debt gradually swells up, which eventually is burden to future generation. This makes the system working on pay as you go basis causing intergenerational transfer of income.
7) With the shortage of government securities, Malaysia has been prepared to waive the existing requirement of investing 70% funds in MGS (Thillainathan, 2003; 26). In Nepal too, there is limited opportunities for investing in government bonds. Investing in GBS is at first and second priority in the investment policy of MPF and NPF respectively.
8) The Malaysian government has permitted EPF to invest up to RM 1 billion abroad (Asher and Nandy, 2005; 15).

●第1分科会(労働組合部会)
「規制緩和」のなかの労働組合

コーディネーター　兵頭淳史　Hyodo Atsushi

1　分科会の趣旨

　90年代以降の経済社会のあらゆる部面における「規制緩和」の流れは，産業活動のあり方に多大な影響をおよぼし，当然ながらそこに雇用され働く労働者の労働条件や雇用の安定性などにも大きなインパクトを与えている。そうしたなか，労働組合もかかる状況への対応を迫られ，「規制緩和」への対抗・受容を含めさまざまな動きが展開されつつあるのが，ここ十数年における労働組合運動の顕著な特徴のひとつとなっている。労働組合部会主催の第1分科会では，そうした「規制緩和」と労働組合との切り結びをとりあげ，いわゆる「新自由主義」的な潮流が経済社会において支配的になるなか激変する労働環境と労使関係に，労働組合がいかに対応しつつあるのかを検討した。

　具体的には，第1報告として「規制緩和」以前の「無規制」ともいいうる状況を克服せんとする取り組みが労働組合によって展開されつつある建設産業について浅見和彦会員が，第2報告として，「規制緩和」と「プライヴァタイゼーション」とがあいまって進行するなか，「新自由主義」的な政策の影響が労働組合や労使関係のうえに最も集中的に現れている公務公共部門における労働組合の政策活動をめぐって武居秀樹会員が，それぞれ報告を行った。

2　報告の概要

　まず「建設産業における『規制緩和(アノミー)』と労働組合——団体交渉機能形成運動を中心に」と題する浅見報告は大要次のようなものであった。建設産業においても，建築基準の緩和，公共工事の入札改革などの規制緩和が行われ，労働市場政策としても建設労働への派遣労働解禁の動きが現れている。しかしこと労働問題に焦点をあてたときにみえてくるものはむしろ，建設産業における下請制度の特質や「労働組合排除型の労使関係」による労働のルール形成の弱さ，そこからくる「アノミー(未規制／無規制)」状況である。そうした状況の下で，建設産業における労働組合，とくに一般的な労働者イメージに該当する雇用労働者のみならず小零

細の親方層・一人親方も含めたアライアンスとして歴史的に発展してきた全建総連（全国建設労働組合総連合）傘下の諸労組は，古典的な「相互保険」による規制を軸としながら他産業における企業別労組とは対照的な組織成長を示し，今日では，労使交渉機構の確立と労働協約による賃金・労働条件規制を展望する「団体交渉」運動と，公共工事に関わる労働条項を公契約条例・法に規定させることをめざす「法律制定」運動を拡大しつつあることが明らかにされた。

そしてこうした運動とその成果がもつ意義は，これまでの日本の労働組合運動が経験したことのない規模での産業別交渉を軸とした協約体制の確立につながるという点，そのことから，民間大企業正規労働者の企業別組合を主流とした戦後日本労働組合の「旧モデル」に大きなインパクトを与えるという点で，全国的・全産業的な意義をもつ可能性が示唆されるのである。

続く武居報告は，「行政サービスの民間開放と公務員労組の対応──東京・H労組を事例に」と題する，次のような内容のものであった。PFI・構造改革特区・指定管理者制度・市場化テスト，さらにはNPM理論の登場と浸透などにより，90年代末から2000年代にかけての行政サービスの民間開放の流れは加速化しつつある。こうした動きは，公共性とは何か，それを誰が担うのか，などといった問題を鋭く問いかけるものであるが，当該報告は，こうした行政サービスの民間開放を積極的に推進している自治体の具体例として東京H区をとりあげ，それに対して同区正規職員を組織するH労組がどのような方針を掲げ，どのような交渉・運動を構築し対抗したのか，また，どのような点で困難に直面し，どのような点で妥協・協調を余儀なくされたのかを明らかにすることを目的としている。さらに同報告では，H区に存在する非正規職員を組織する労組の存在にも着目し，正規職員労組であるH労組との共同の側面や，微妙な利害の相違にも目配りを行っている。そして，詳細なヒアリング調査などをもふまえた実証的分析の結果明らかになったのは，H労組が学校給食や保育の民営化政策に直面したとき，それへの対抗として「食の安全」や「保育の質」といった住民要求を巻き込む形での運動を展開しようとしたこと，そして前者に関しては結果として民間委託阻止という目標を達することはできなかったが，民間委託の実態調査に基づく労使交渉の結果として「民間委託をしてもコスト面で直営と変わらない」という実質的目標をかちえたこと，また後者に関しては，「保育の質」を重視する保護者が前面に出た運動を組織することによって民営化を阻止しえたことなどが報告された。

こうした事例から明らかになったのは，行政サービスの民営化・市場化が，住民も合意しうる公共目的を提示できていないこと，このことから，こうした課題に積

極的な取り組みをみせる公共部門労組の存在する自治体においては，労 vs 使関係を軸とした対抗関係から，労働組合＋住民の理解 vs 使用者という関係に実質的転換をはかりつつ運動を発展させていっていること，このことは，労働組合主導の住民運動から労働組合と住民運動の対等な関係が運動発展の基盤を形成するという構造変化が生じていることである。しかし同時に，行政サービスの民営化・市場化の流れにおいて最も重要な当事者性をもつといえる非常勤職員を組織する労働組合の運動は，一時期正規労組の協力をも得つつ組織化や労働条件改善に一定の成果をあげたものの，現在は停滞状況にあり，正規労組たるH労組も非常勤職員に対する働きかけは鈍い，といったところに問題性ないしは今日における限界が見出せる，ということもまた明らかにされた。

3 コメントと総括

これら両報告を受けて若干の質疑応答が行われたが，浅見報告に関しては，全建総連が個人事業主をも組織対象としていることからくる「労働組合」としての性格の特殊性についての議論がなされ，今後重要課題として検討に値する注目すべき問題提起となったと思われる。また，とくに武居報告は調査対象と問題関心が重厚で多岐にわたったこともあり，十分な質疑応答の時間が確保できなかったことは残念であったが，住民運動と自治体正規労働組合とのコラボレーションという面で新たな動きが始まっていることを示唆する事例報告は貴重なものであったと同時に，近年注目度の高い非正規雇用労働組合の直面している限界にも言及していたという点でも貴重な事例報告であったというべきであろう。惜しむべきは，分科会の枠からすれば対象となるケースを若干絞り込んだ方が，質疑も含めより問題が深められたのではないかと思われる点である。

また分科会全体の趣旨に関する質問として，両報告の内容では，とくに民間部門における「規制緩和」への労働組合の対応という問題というテーマからみて不十分なのではないかとの発言がフロアから出された。この件については，本来，規制緩和が最も典型的に現れている民間産業である交通運輸産業に関する研究報告を盛り込むことで，規制緩和の波に直面する民間部門，公共部門，および規制強化へと積極的展開をみせている部門という三本立ての報告によって，「規制緩和」と労働組合とのかかわりを多面的に検討するという構想を当初有していたにもかかわらず，交通運輸産業に関する報告者を準備することができなかったコーディネーターおよび部会世話人の力不足の結果といわねばならず，部会としての反省点を残すことと

なった。この反省点を受けて，今後，労働組合部会では交通運輸部門の労働組合運動当事者の報告を受ける分科会などを企画し，あらためて「規制緩和」への労働組合の対応というテーマについて掘り下げてゆく予定である。

●第2分科会
貧困・低所得層の自立支援

座長　岡部　卓　Okabe Taku

1　分科会設定の趣旨

　近年，貧困・低所得者層に対する政策が大きく変化している。これまで，日本における事後的な救貧政策を代表してきた生活保護制度は，実施責任のある福祉事務所の職員個人の努力や経験にゆだねられてきたきらいがあり，組織的な取り組みが十分行われてこなかった。また，対人援助業務が重要視されてきたにもかかわらず，人材不足などの理由から経済給付のみに偏重していた。そのような状況を打破するために，「自立支援」をキーワードにして，新たな事業を導入することになった。それが「自立支援プログラム」である。2005（平成17）年度より実施された自立支援プログラムは，地方自治体における福祉事務所が「個別支援プログラム」を策定し，被保護世帯の自立支援を組織的に行うことを企図している。
　しかし，実際に始まった自立支援は，旧態依然として就労自立が先行し，日常生活や社会生活での自立を支援する総合的な取り組みになり得ていないと批判もある。また，事業の開始に当たって，福祉事務所の機関レベルならびに担当職員の個人レベルでの諸課題も浮かび上がってきた。
　そこで，本分科会では，貧困・低所得者層に対する自立支援策の検証を行うとともに，それを実施する機関および職員が抱える課題を議論し，貧困・低所得者層の総合的な自立に向けた方策のあり方を検討する。

2　報告の要旨

　最初の報告は，森川美絵会員（国立保健医療科学院）による「生活保護における相談援助の質の標準化：現状および質評価の課題」である。森川は，生活保護における相談援助は，自立支援プログラム導入等の法制度の展開とあいまってソーシャルワークとしての機能を拡大しつつある，とする。そこで，「自立支援」が相談援助の現場のなかでどの程度定着しているのか，また定着を困難にしている問題・要因があるとするならばそれは何か，さらに定着に向けてどのような方策が考えられるかという問題関心のもと，次の三つの課題を設定する。第一は，生活保護の担当職員は自立助長の援助をどの程度実施しており，そこでいう「自立助長の援助」はど

のような指向性を持っているのか，第二は，援助の程度や指向性は，職員のおかれている構造的な行動環境の問題とどのようにかかわっているのか，第三は，自立支援と権利とするならばその定着に向けて，どのようなことが必要とされるのか，である。森川は，これらの課題について本人がかかわった調査（ワーカーを対象とするアンケート調査や各自治体策定の生活保護マニュアル調査等）を素材に次のように分析・考察している。第一に，過重なケースロードや専門性の不足により，自立助長のための援助が十分行われておらず，その内容においても「権利としての自立」よりも「義務としての自立」の方向に働いている実態を明らかにしている。第二に，このような状況が生み出される背景には，相談援助を支える業務量や人的配置等といった実施体制の整備もさることながら，「義務としての自立を目指す指導的なかかわり」についての活動の流れ・枠組みがある程度体系化されているのに比し，「権利としての自立を目指す支援的なかかわり」については裁量的拘束性がなく，それは法令レベル，国・自治体の業務指針レベルが整備されていないことに依っていると指摘している。そこで，第三では，援助方法に着目して「権利としての自立」を保障するための方策として，支援の実質を担保する援助内容の体系的な言語化，参照すべき指針の作成が必要としている。どの実施機関・援助者にも共通する行為指針の活用，具体的には，法令・実施要領のなかで支援の定義や枠組みを明示し，支援という要素を含めた相談援助のプロセスを体系的かつ具体的に言語化する，さらにはそうしたプロセスを評価するための項目や仕組みを定着させること（含利用者参加・利用者評価）など，の推進などを提示している。

第二の報告は，丹波史紀会員（福島大学）による「母子世帯と自立支援」である。丹波は，まず，母子家庭への就労支援策が，福祉国家の文脈でどのような位置づけを行ったらよいかについてワークフェア政策とその対極にあるベーシック・インカムを理論的に検討しアメリカのシングルマザー政策であるAFDCとTANFを日本の政策展開と対比させながら，日本は児童扶養手当の抑制と就労支援策への「自主的な」参加を誘導する日本型ワークフェア政策であると位置づける。そして，わが国の母子家庭は就労率の高さと不安定性が特徴であると指摘した。次いで，わが国における近年の母子世帯の政策動向（児童扶養手当法・母子及び寡婦福祉法改正）を通観し，就労を中心とした自立支援策へと展開してきている，とする。とりわけ，児童扶養手当の見直しでは，就労支援策の充実が盛り込まれ，そのために国や地方公共団体による「総合的な自立支援体制の整備」が求められており，その一環として，この間，母子家庭等就業・自立支援センターの設置，母子自立支援プログラム策定員の配置など，母子世帯の母親に対する就労支援策が進められてきていると指

摘している。また，近年の制度改革の特徴は，経済保障の見直し，養育費の確保，ひとり親世帯への「きめ細かな福祉サービスの展開」とする子育てなどの生活支援と三つ挙げられるが，母子世帯の母に対する各種施策の実施状況は現在のところ成果を上げていないとしている。さらに，丹波ら研究班が独自に実施した母子家庭等就業・自立支援センター利用者追跡調査を通して，就労支援を受けた多くの母子家庭の母親は依然として低賃金・不安定雇用の環境下におかれ，その多くは短期契約の非正規雇用であり，現在の就労支援策が必ずしも母子家庭の経済生活を安定させるものでなく，「自立」に十分結びついていないとしている。また，所得保障と子育て支援などを含む生活支援が非常に不十分であるため，くらしや母親自身のゆとりさえも十分時間を確保することが困難な状況におかれていることを明らかにしている。そして，現在の母子家庭に対する社会政策は，「総合的な自立支援」をかかえながらも，その実態は経済給付を抑制し，就労による「経済的自立」を促そうとしている。その一方で，生活支援などの社会サービスは従前のまま低水準な状態におかれているために，その「社会的自立」に向けた効果を十分果たしているとはいえないと結論づけている。

　第三の報告は，布川日佐史会員（静岡大学）による「生活保護における自立支援の検証―可能性と課題―」である。布川は，全国的に展開されている自立支援プログラムが支援対象者の自立につながる内容になっているのか，また雇用政策との関連でどのように考えたらよいかについて検討・提言をしている。布川は，自立を就労自立，ないし経済的自立に狭く限定しないというのが「生活保護の在り方に関する専門委員会」の提起であったが，2005年度は就労支援プログラムを優先するという形で全国実施が始まったことに着目している。そして，その就労プログラムには大きく分けて厚労省が用意したハローワーク連携型の就労支援プログラムと自治体独自の就労支援策の二つがあるとしている。それは，一方では，就労支援優先と就労指導の一環としての就労「支援」が，就労支援プログラムを利用し，従来どおりの就労指導，すなわち就労自立（＝保護廃止）を促進し，「怠け者」の管理を一層強化している傾向がある。他方，就労支援に取り組む中で，受給者の生活実態に目が届くようになり，「就労を支えるためには，まずは広い意味の生活支援をしなければならない」という「働くための福祉」の流れを生み出した。さらには，日常生活・社会生活自立は，「就労への橋渡し」という位置づけではなく，三つの自立は並列して追及するものだとして広義の対人援助サービスに取り組む自治体も現れてきた。そして，就労支援を優先するのではなく，三つの自立支援を並行して進めていくためには，稼働能力活用要件の縛りをなくす，指導・指示や保護の不利益変更

処分の見直し，生活保護法における対人（自立支援）サービスの積極的位置づけと財源的保障などを課題として挙げている。雇用政策との関連では，非正規化・不安定化が進む雇用の現況への対応策としてスムーズに就労につながるための早期の支援や長期的支援を要する人たちへの恒常的な補足給付（住宅費，養育・教育），貧困の予防策（多重債務の早期解決のための法的サービス，資格取得の機会や小口の創業資金の提供），断続的にやってくる失業時の生活保障，よりよい仕事につくための就労支援，雇用政策上の失業の定義の見直し，自立支援サービスにかかる事務の国庫負担原則の確定等，今後の在り方を提言している。

3 まとめにかえて

本分科会では，貧困・低所得層の対応策として位置づけられている生活保護法および児童扶養手当法を中心とする公的扶助政策において出されてきている自立支援方策が，どのような政策的文脈で打ち出されてきているのか，またその自立支援策の範囲・内容・水準を検討することにより，貧困低所層にとって真に有効な対応策となりえているのかを検証することにある。いうまでもなく自立は，社会福祉法をはじめ社会福祉各法において規定されており，また自立支援の在り方をめぐり政策・運営・実践レベルにおいてさまざまな試みがされてきている。それは，他人の力を借りずに生活するという考え方を目標とする「身辺的（身体的）自立」「社会的自立」「経済的自立」から地域のなかで経済給付や対人サービスを受けながら自己決定・自己選択に基づき生活を営む「精神的自立」「支援付自立」までの視座にたって自立をとらえ返す必要がある。3会員の報告においては，わが国の貧困・低所得層をめぐる自立支援策は，就労支援を基軸に据えており，それは就労を強制・活動する方向で行われている施策の実態とそれを生み出す法・行政構造があることが指摘された。しかし，もう一方で，それを転換させる援助方法や制度改正の方向も示され，貧困・低所得層にとって意味のある自立支援の新たな取組みを通して日本型ワークフェア政策展望が拓かれる可能性も示唆されている。

フロアーより援助の体系的言語化や評価基準の研究の重要性，女性政策・家族政策・労働政策と福祉政策を連関させる必要性，労働市場の変容に対応する就労支援の在り方等について多くの意見が出され活発な議論がされた。

●第3分科会（秋季大会企画委員会）
日本労使関係のいま

座長　石田光男　Ishida Mitsuo

1　課題設定の意味

　「今日，労働組合の姿がみえにくくなっている。」今に始まったことではない。環境変化の中で労働組合の社会的影響力の低下は，すでに四半世紀以上も前から始まっている。労使関係はどのように経過してきたのかを振り返り，研究方法の方向を探る，これが課題設定の意味である。
　労働政治（五十嵐仁報告），労働法（田端博邦報告），労働経済（富田義典報告）の3分野からの報告がなされた。

2　報告要旨

(1)五十嵐報告「労働政治の構造変化と政策・制度要求運動——政治的側面からみた労使関係の変容」
　報告の骨子は，久米郁男『労働政治』（中公新書，2005年）の批判を通じて，1990年以降の労働政治に関わる主体，構造，成果の評価を行い，「政治過程に労働を組み込むネオ・コーポラティズム」から「労働の排除を特徴とするネオ・リベラリズム（デュアリズム）」へと変化した，という点にある。
　特に注目すべきは，90年代中葉から生じた次のような4つの変化の指摘である。① 政策形成プロセスの変化。「アメリカからの要請が強まり，『横からの入力』が，それまでの個別的で間歇的なものから包括的で恒常的なシステムへと変化した。」1994年からの「年次改革要望書」，2001年から追加された「日米規制改革イニシアティブと日米投資イニシアティブ」がその象徴的手段である。② ネオ・リベラリズムの本格化。政府の「戦略的政策形成の場の設置」，例えば，2001年設置の「経済財政諮問会議」，「総合規制改革会議」，これを引き継いだ2004年設置の「規制改革・民間開放推進会議」における労働代表の排除がそれである。③ ネオ・リベラリズムの労働政策分野での本格化。99年「改正労働者派遣法（原則自由化）」，「改正職業安定法（民間職業紹介所の自由化）」，03年の「職業安定法，労働者派遣法，労働基準法の改正」，04年の「労働契約法の提案」等。④ 連合の戦略と行動の変化。実質的な政策形成の場からの連合の排除が，連合に一定の「大衆運動的手法の採用」，

Ⅱ テーマ別分科会・座長報告

組織拡大へのドライブ強化，全労連や全労協との関係調整の努力等がみられる。

こうした4つの変化をふまえ，五十嵐報告は，「労働組合側は圧力行使のための資源の蓄積と動員を図らざるを得なくなった」，そこに「労働運動の再生に繋がる萌芽を生み出している」と結論する。

(2) 田端報告「日本の労使関係と法——立法改革の進展と労使関係」

五十嵐報告でも指摘されているように，近年の労働法改革の急な動きから労使関係の現状を労働法学の観点からどうみるかを報告したのが田端報告である。

報告の骨子は大要以下のようである。

第一に，日本の労働法の特徴は，労働基準の側面では「包括的な最低基準を定め，国家的監督制度を整備する，外見上は国家介入型」であるが，労使関係については「立法手段によって労使関係に介入しなければならないような問題」は生ぜず，「放任型に近い政策がとられえた」「この自律的な労使関係の核は，企業内労使関係の安定性である」。これが1980年代中葉までの日本の特徴である。

第二に，1980年代半ば以降現在に至るまでの矢継ぎ早の立法改革は，「① 個別的労働関係，労働市場に関する法制の改革を中心にしている，② 法律的規制の緩和，そのような意味での"市場化"の論理が支配的であり，③ 労使紛争の中心が集団的労使紛争から個別的労使紛争にシフトしていることを示している」。これらの特徴は，「労働法の法律問題の焦点が契約法的，民法的なそれに傾く傾向を生み出し」，「労働市場に関する立法は，労働者保護の視点を弱め」る結果となっている。

第三に，労働法研究者はこぞって，この立法改革を「戦後労働法制の再編成」「全体的再構築」ととらえている。報告者は「集団的労使関係においては紛争が極小化しており，組織された労使関係の外側で，個別労働者を当事者とする紛争が増加している。これは，労働組合を一方の当事者とする労使関係が，個別労使間の紛争をコントロールしえていないことを示している」と判断する。

(3) 富田報告「日本の労使関係の特質と現状」

日本の労使関係を特徴づける企業レベルの労使関係に関する報告である。ここが問題の根源でもあるので，報告者の議論も意欲的であった。簡単な要約を許さない。私なりの理解で要約する。

第一，日本の労使関係を考える上で，その性格を規定している企業別組合，企業レベルの労使関係を見据える必要がある。「一見無化しているかに見えるものが，実際になにをなし，なにをなしえていないかを丹念に書きとめておく必要」を強調する。また，「当の活動が微弱であり見えづらくなっているだけに方法論議がことのほか必要である」とも主張される。

方法論を語る上で，企業経営の変化＝企業内の事業単位もしくは生産単位の自律性の高まりをうけて，労使関係の焦点もこのレベルに移り，経営管理や職場管理として労使関係がやっとつかまえられるという観点が重要である。「労使関係研究は一見すると経営管理論的研究となる」というわけだ。
　第二，世界の労使関係の転換という文脈で日本の労使関係のいまを位置づける必要がある。世界の労使関係の1980年代以降の変化を図式的に表現すると，分権化（全国，産業レベルから企業レベルへの労働条件決定の下方への移動）と個別化の進行としてまとめられるが，この二つの変化のうち個別化の動向が労使関係の帰趨にとってより一層重要である。
　第三，この個別化の極北に日本が位置する。自動車企業，電機企業の事例研究から，「賃金管理と労働時間管理」への対応が「労働組合にとって最も重要」だという。この重要な課題に対する組合の実際の行動は報告では必ずしも明瞭ではなかったが，報告者の強調点は，これに明瞭な姿を与えるためには何をなすべきかを事例研究に即して提案することにあった。「賃金管理」については，「コンピテンシーの内容の明示とそれの修得に向けての教育訓練の充実と到達レベルの検証」を，「労働時間管理」については，「労働時間をめぐる丁寧な協議や懇談の効き目が小さくない」実態をふまえ，「さらなる参加・協議」の深化が必要だと主張する。具体的には，経営の意志決定が事業単位に降りている実態との照応で「支部レベルの協議で利益計画，コスト計画まで聞き，経営としての残業許容時間数を把握し，それと生産計画から見た実際の必要工数の見積もりとを照合すること，その結果によっては利益計画へも発言することを考えるべきである」。

3　論　　点

　会場での討議は活発であった。それらをただしく再現する能力は私にはない。報告と討議を通じて教えられた論点を整理して責任の一端を果たしたい。
(1)企業レベルの労使関係の重要性
　三つの報告はいずれも企業レベルの労使関係の帰趨が重要だと主張しているように思われる。五十嵐報告はマクロレベルでのネオ・リベラリズムの台頭に関する詳細な報告であるが，その台頭を根拠づけているのは企業レベルの安定した労使関係にあることをかえって雄弁に語っている。田端報告は80年代以降の立法改革の集中にもかかわらず，かえってそこには「企業内労使関係の安定性」が浮き彫りにされている。富田報告は，その安定の現場において「労使関係の姿」が不明瞭だという。不明瞭で安定的なるものが日本の雇用労働を特徴づけているとなるわけだ。

ただし，重要なただし，であるが，「企業内労使関係の安定性」が，従業員の過半数を確保できなくなったり，外部人材の活用に支えられた安定性であったりと，「企業内労使関係」の自律性に委ねていたのでは，外部に広がる紛争や，内部の個別紛争を「コントロールできない」事態が発生し始めている。企業レベルの安定性と局所性故の新たな，ネオ・リベラリズムとは文脈を異にする立法改革の時代の始まりでもある。この立法改革の理念は何かが重視されなくてはならないように思われる。また，この意味での立法改革の社会的動力源はどこに潜んでいるのかを探り当てるような研究が必要である。会場でのコーポラティズムの論議に触発されてそう思う。

(2)日本の労使関係の研究方法

重要な企業レベルの労使関係が不明瞭である。重要なものの姿がはっきりしないと上に述べた。富田報告はこの難題に挑戦した。だから報告は言う。「方法論議がことのほか必要」だと。そして，端的に，「経営管理論的研究」が必然的だと。

私は全く同感であり，拙著『仕事の社会科学』で専らそのことを述べたつもりである。だから賛意を繰り返さない。しかし，それでは労使関係論にならないという批判や躊躇を抱かれる研究者が多い。もはや実証研究の成果を示して方法の妥当性を示すほかない時期にきている。

(3)調査・研究のアジェンダ

そうすると，どんな実証研究が必要なのか。紙幅も限られている。思いつくままに簡潔に記す。

① 明瞭な労使関係の世界を描く。例えば，米国，あるいはヨーロッパ諸国。コーポラティズムの議論や研究成果は企業，職場レベルのこれらの国々の労使関係を正しく描いていないという印象をもつ。つまり，職場のルールが描かれていない。上述した個別化の極北に位置する「日本の悩み」を携えて，敢えて言うが，これらのわかりやすい，難易度の低い職場を描く，そういう実証研究が必要である。そこからもう一度日本を振り返り，反芻してみてはどうか。日本の見え方がかわるのではないか。

② 正規雇用と非正規雇用，外部人材との結節点のルールメイキングを丹念に記述する。格差問題や偽装請負等の問題を，労使関係論的に個別企業のルールに即して記述し，吟味する。多様性とか自立性とかの概念の空転現象を克服し，きちんと労使関係論的記述を施す様式を再建すること。

●第4分科会
母子世帯政策の現状と課題

座長 所 道彦 Tokoro Michihiko

1 分科会の趣旨

　近年,母子世帯に関連した社会政策への関心がこれまで以上に高まっている。その理由としては,離婚の増加にともなって母子世帯の数が増加していること,そして,母子世帯の生活困窮問題が深刻化していることがあげられる。全国母子世帯等調査（2003年）において,母子世帯の平均所得は229万円であり,生活保護を受給する母子世帯の数は増加し,女性の労働市場における状況の改善,子育てをめぐる環境の整備など課題が山積している。

　母子世帯への政策は,「自立」支援を名目に大きく転換してきた。母子世帯の就労支援策が打ち出される一方で,2002年には母子世帯の所得保障の中核を担ってきた児童扶養手当制度が改革され,所得に応じて支給額が細分化されるとともに,支給期間について5年間の期限が設定されることとなった。この「5年間」という有期化は,現在の母子世帯の状況と照らし合わせた場合にどのような意味を持つのか,また,その前提条件である就労支援の現状はどうかという点について議論することが,この分科会設立の趣旨である。

2 報告の概要

　この分科会では,2つの研究報告が行われた。はじめに,阿部彩氏（国立社会保障・人口問題研究所）と藤原千沙氏（岩手大学）による「母子世帯になってからの期間と生活水準」についての調査報告が行われた。児童扶養手当の5年間の有期化とは,5年を超えた場合に給付の一部を最大2分の1減額できるというものである。児童扶養手当の平均受給期間が5年であり,この間において母子世帯の生活状況が改善することが,5年という期間設定の理由とされてきた。阿部・藤原報告では,母子世帯に対するアンケート調査の分析を中心に,この点の検証が行われている。

　まず,問題意識として,児童扶養手当の受給期間を5年とされることへの疑問が示された。政府が示す5年の期限の根拠は,実際の児童扶養手当の受給者62万人の平均受給期間が5年（5.01年）であったというデータと,所得制限を上回る所得を得て支給が打ち切られたケースの平均受給期間が約5年（5.56年）であったという

データの2つである。しかしながら、平均受給期間については、母子になったばかりの世帯数の増加によって、受給期間の平均も低くなることが考えられる。また、児童扶養手当の対象となるのは18歳までの児童であり、子どもの年齢が18歳に達したことを理由に、手当の支給が終了するケースが多いことが考えると、所得が増えたことによって「自立」できた約1割の母親のデータだけを取り上げて、全世帯に5年間での「自立」を求めることに妥当性があるのかが、本報告の出発点である。

阿部・藤原報告は、母子世帯の当事者団体（8団体）の会員や団体が行っている就労支援講座の受講者の中から、母子世帯および寡婦世帯を対象に実施したアンケート調査（調査票の配布数1894、有効回答票数467、有効回収率24.7％）の分析を踏まえて検証を行った。特に、児童扶養手当から自立した世帯の特徴を見出すことがこの調査の主要な目的である。

報告では、多くの興味深い調査結果が示された。17歳以下の子どものいる母子世帯（387世帯）のうち、「現在も手当を受けている世帯」は75％、「過去に手当を受けていた世帯」が10％、「一度も手当を受けたことのない世帯」が14％であった。母子世帯になってからの期間の長さと自立世帯の割合との間には関係があるが、時間が経てば自動的にすべてが「自立」するわけではない。母子世帯になって10年以上経過した世帯でも70％以上が児童扶養手当を受給していることに注意すべきである。その背景には、学歴、雇用形態をめぐる問題がある。

「児童扶養手当を受給している世帯」の就業率は84％であるが、年収は159万円で、「自立世帯」の434万円と比べると大きな格差がある。これらは主に正規雇用の割合を反映しており、自立世帯の6割以上が正規雇用である。また、「児童扶養手当を一度も受けたことのない世帯」も、年収は394万円にとどまっている。勤労所得は、母子世帯になった年齢や最終学歴に左右されるが、その伸びは限定的であり、年齢が高いほど緩い。また、勤労収入が増加しても、子の年齢が高くなることで支出も増加し、経済状況は改善しない。

児童扶養手当から「自立」ケースは高学歴層に多く、低学歴層では児童扶養手当から自立できる収入を得ることが難しいことがあげられる。手当を「現在も受けている」世帯では、中卒・高卒以下の学歴層が41％であるのに対して、「過去に受けていた」（自立）世帯では、高卒以下の層は5％に過ぎず、短大・大卒者が70％を占める。「自立」は、初期段階でのケースが多く、このうち、38％（15世帯）は、1年の受給期間の後、自立しており、全体で「自立世帯」の支給停止までの平均期間は3年であった。背景として母子世帯となった際の雇用状況や、正規雇用の可能性によって左右されることが推測されるが、専業主婦世帯のケースも3分の1含まれ、

各年の雇用情勢などを考慮すると，特定の要因を見つけることは難しい。ただし，今回の調査回答者の特性（年齢・学歴が高く，当事者団体に参加する母子世帯層であり，生活にゆとりがある層が多く含まれている可能性があること）に注意する必要がある点が指摘されている。

第二の報告は，田宮遊子氏（神戸学院大学）による「母子世帯の母親の就労支援―政策と結果―」である。田宮氏は，児童手当の有期化の前提条件としての母親の就労支援策の現状を検証した。2003年度から，全国的に母子世帯の母親に対する就労支援事業が展開されている。これらには，母子家庭等就業・自立支援センター事業，自立支援教育訓練給付金制度，高等技能訓練促進費の給付，常用雇用転換奨励金給付，プログラム策定事業などが含まれる。従来の労働政策の枠を超えるものも含まれており，雇用保険未加入者（母子世帯では多数）に対して雇用保険加入者と同様の給付を行う，また，母子世帯の生活ニーズに対応するため生活保護の自立支援プログラムを児童扶養手当受給者にも拡大するなどの試みが行われている。これらのプログラムの特徴は，自治体の裁量に委ねられている点にあり，地域の実情を踏まえたきめの細かい支援が期待されているが，その内容はそれほど明らかにはなっていない。

田宮氏の報告は，2006年のいくつかの自治体（北海道，札幌市，福井県，大阪府，大阪市，沖縄県）に対して実施したインタビュー調査の結果に基づくものである。

まず，これらの自治体の取り組みについて，「求人情報の提供」，「就業支援策の利用者を増やすための取り組み」，「就職困難者への支援」，「他機関・他専門職との連携に基づく支援」，「雇用の創出の取り組み」に整理して報告された。ハローワークとの連携や求人情報誌の活用，企業への照会による求人開拓，相談窓口へのアクセスの改善（区内の福祉事務所に就業支援の専門窓口の開設やメールでの相談事業），就業自立支援センター内に保育施設を併設，就労経験の乏しい母を自治体の短期非常勤職員として採用し，その後，他分野で就労可能なように支援するといった取り組み，また，自治体やハローワークとの調整会議や，母子福祉会が母子世帯の母を直接雇用し，行政と委託契約した清掃事業に従事させる雇用創出などの取り組みが報告された。

これらの取り組みは，それぞれ母子の生活の現状を考慮し，実施されたものである。しかしながら，報告では，母子世帯全体の数と比べて，制度利用者の割合は10％未満と少ないことが指摘された。さらに，これらの就業支援策が，児童扶養手当の削減にどれだけ効果があったかについて見ると，2003年度以降，収入増による児童扶養手当の支給停止者数（＝これを経済的な自立者数と推定）は，むしろ減少傾向

にあり，児童扶養手当削減効果があるとはいえない点，手当の支給停止者には，養育費や同居家族の収入増加も含まれていることを考えると，母子世帯の経済的自立（児童扶養手当からの自立）をとりまく状況は，厳しくなっているということが報告された。

3 コメント・総括

これら2つの報告は，母子世帯をとりまく状況の厳しさを示すものであり，同時に「母子世帯」といって「ひとくくり」にした政策展開の限界が明らかになった。最初の阿部・藤原報告でも，調査の説明として指摘されたとおり，自立できるかどうかは，母子世帯の母親の学歴や職歴，いわば階層性と関係があることが推測できる。児童扶養手当の改革，支給期間に期限を設定する政策を検討する際に，母子世帯の層の多様性について考慮することが不可欠である。これに関連して，田宮報告で紹介されたように，就労支援策ではこれらを踏まえた施策が必要になるはずである。地方自治体の取り組み，特に最前線で支援に当たっているワーカーたちはこの点を意識しているものと思われるが，手当削減を議論し，推進した側はどうであろうか。また，当事者団体と連携した支援策の効果については，その可能性が高いものの，むしろこういった組織に参加していない層への支援がむしろ重要であるという点，さらに，母子世帯になる前からの施策についても考える必要があるという指摘があった。

これらを踏まえると，結論として，5年間で経済的な支援を打ち切ることに対して疑問を呈さざるを得ないのではないか。「就労を通じた自立支援」について様々な議論があるにもかかわらず，「削減」が「支援」に先行して行われていることは否定できないであろう。

今回の報告では，児童扶養手当の削減に焦点を当てて，母子世帯の生活状況を明らかにする試みが報告された。もとより，母子世帯の生活困窮に関するアプローチは様々であり，一分科会によってすべてが明らかになるわけではないが，今後の学会における議論を期待したい。なお，座長の進行のまずさから討論時間をほとんど取れなかったことをここにお詫びしたい。

● 第5分科会（産業労働部会）
米韓自動車産業の労使関係

座長　上井喜彦　Kamii Yoshihiko

1　分科会設立の趣旨

　産業労働部会は，これまで様々なテーマで分科会を設定してきた。今回の分科会は「米韓自動車産業の労使関係」をテーマに掲げている。何故，米国と韓国を取り上げるのか。大会プログラムの「分科会の設立趣旨」から関係箇所を再掲すれば，次の通りである。

　「……今回の報告では，米国と韓国における自動車産業の労使関係をとりあげ，そこにおける最近の動きを分析しつつ，それら各国の労使関係の構造と特質，さらには日本の労使関係の構造と特質の把握へとすすんでいきたいと思う。今回，国として米国と韓国をとりあげるのは，前者の自動車産業は日本との激しい国際競争の中で労使協調へと大きく舵をとりながらも，必ずしも舵をとりきれていない部分もあり，後者の自動車産業は，やはり激しい国際競争に直面しその中で近年において競争力を着実に強化させつつも，労使関係の場ではかつて日本において『協調的労使関係』が確立する以前にみられた『激しさ』が存在しており，この両者を分析することで『日本』の労使関係の構造と特質がより浮かび上がってくるのでは，と考えるからである。」

　分科会の二つの報告は，しかしながら，日本への言及は極力抑制し，米国と韓国に内在したものとなっている。以下，当日配布されたフルペーパーも参照して内容を紹介しよう。

2　報告要旨

⑴山崎憲「米国自動車組立企業の労使協調がもたらす労使関係枠組みの変化とその矛盾」

　山崎報告は，米国労使関係の特徴である産業別労使トップによる「戦略レベル」，企業別労使トップによる「団体交渉レベル」，生産現場労使による「職場レベル」という3段階の枠組みが，1980年代に本格化する労使協調の動きによってどう変化するかを解明することを課題にしている。山崎氏は，米日の研究成果を手際よく整理し，それに氏自身によるヒアリング調査の結果も加えて，この課題に迫っている

が，氏の論稿が本誌に掲載されるので，結論部分だけを確認しておけば，① 米国自動車産業の3レベルの労使関係の枠組みは労使協調の動きに伴って1980年代から変化し始め，ついには「戦略レベル」に企業を単位とする労使協調という役割が加わる，あるいは「団体交渉レベル」が品質や生産性を高めるワークルール作成の場となるという形で，企業を単位とする労使協調と労使関係枠組みの力関係の上位レベルへの変化という方向性がはっきりしてくる。そして，② かような変化の途上で「職場レベル」から労働協約を作成する権限が失われる，あるいは「職場レベル」の労使合意によってチーム方式が導入されるが，いずれの場合も「職場レベル」のローカル・ユニオンの自立性の弱まりを示す，と氏は述べている。

(2)金良泰「韓国自動車産業の労使関係──H 自動車における『昼夜連続二交代勤務制度』と『月給制』を中心に」

韓国自動車産業では，1997年の IMF 危機以降，国内外の競争が激化する中で企業合併・再編を伴いつつ効率性と競争力の強化が追求され，人員削減，非正規雇用の拡大，人員配置の柔軟化等の労働問題が深刻化している。金報告は，そうした動きの核となって競争力をつけてきた H 自動車を対象にし，労使の争点となっている昼夜連続二交代制と月給制の導入問題を分析することを通して，労使関係の新動向を解明しようとしている。

まず，何故，昼夜連続二交代制と月給制の導入が争点となったかが問題となろう。報告によれば，H 自動車の生産職の組合員は，昼夜二交代制のもとで毎日2時間の残業，休日出勤，深夜労働を伴う長時間労働が恒常化している。その背景にあるのが生産職の賃金が「時間給」で，しかも賃金構成を見ると，基本給の割合が小さく，残業や休日出勤などの「法定変動賃金」の比率が大きい（フルペーパーの表によると30％）。そして，雇用の保障は安定した一定の生産量（一定の仕事量＝一定の労働時間）の確保が前提条件となるから，恒常的な長時間労働は減少しない。このような相互関係の中で，生産量，雇用，賃金をめぐって，とりわけ生産量の確保をめぐって労使が鋭く対立し，時には工場（事業部）間の組合員同士でも競争する構図が生まれる。かくして，こうした相互関係から組合員を解放し，賃金削減や雇用不安がなく，労働強化のない制度として，昼夜連続二交代制と月給制の導入が，組合によって要求されたわけである。

では，この要求はどう実現されるのか。上記の要求は2003年度の団体交渉で合意に達し，2009年度の実施に向けて労使で協議が続けられているが，氏によると，その実施方法については労使のコンセンサスができていないという。実施方法に関してより重要と考えられるのは，組合内部でもコンセンサスが成立していないことで

ある。2009年度までの過渡的な改善策について組合執行部は，工場毎の賃金の平準化を目指した「労働時間上限制」を検討しているが，労働時間が長く（年間3000時間），賃金収入の多いエンジン・変速機工場等の職場の抵抗が大きい。そして，金報告では，このような狭い職場利害が労働組合の交渉構造によって担保されていることが示されている。賃金，団体交渉，労使共同委員会は組合の執行部が対応し，日常的な作業現場での交渉は各工場の大議員会が中心になり，部署の問題は部署の大議員および小議員と部署長との間で行うという構造が，それである。実際に，工場毎に交渉が進められると，組合執行部は介入できない。大議員がリードするストライキなどの実力行使にも執行部はなすすべをもたない。組合執行部は過渡的改善策のひとつとして「専門交渉機構の新設と交渉構造の中央集権化」も検討しているが，事業部代表と大議員の権限縮小に繋がるから，彼らの反対が予想されている，というのである。

　金報告は，以上のように「H自動車労働組合の苦悩と葛藤」を明るみに出した。余談であるが，金報告発表後の2006年12月，組合執行部は会計処理をめぐる担当役員の不正を契機として，工場・職場レベルからの批判にあい，総退陣を決定している。

3　まとめにかえて

　討論に入るにあたり，私は座長として，主に企業レベルを意識して，自動車産業の労使関係の枠組み変化を職場レベルから上位レベルへの移行として描くことは妥当か，そうした枠組み変化の今後の展望は，という論点を提示した。その意図は単純である。企業レベルの労使関係の枠組みが突出し，産業レベル，職場レベルの枠組みが脆弱な日本の「協調的労使関係」と米国，韓国との距離を測りたいということに尽きる。しかし，私の不手際もあり，残念ながら報告以上に踏み込んだ討論にはならなかった。

　そこで理解を深めるために，コメントないし注文を記すことで，まとめにかえることにしたい。まず山崎報告について。実に見事に整理された報告であったが，2点が気になる。①　報告では産業別労使による「戦略レベル」に企業を単位とする労使協調という役割が加わるとあったが，そうした場合と，日本のように企業レベルで労使協調が追求される場合とでは，労使協調の中身が同じになるのか，それとも異なるのか。私は相当に異なると考えるが，如何であろうか。②　氏が，「職場レベル」の労使合意によるチーム方式の導入も「職場レベル」のローカル・ユニオンの自立性の弱まりを示す，としている点についてである。フルペーパーでも紹介さ

れているが，Steve Babson は，一口にチーム方式といっても，チーム・リーダーの選出方法やチーム会議の運営，職務の割り当ての仕方によって労使の主導権とチーム運営の自治性のレベルが異なるとして，そのモデルを提示している。ローカル・ユニオンの自立性の弱まりを指摘するにしても，その程度を測るために，こうした点に踏み込んでほしいのである。

　金報告に関しても2点あげておきたい。① 工場・職場毎の根深い利害対立について，氏は生産量，雇用，賃金の相互関係で説明しているが，かつての日本について藤田若雄があげた「年功的職場秩序」のような秩序要因はないのかという点である。その如何によって，利害対立の解消や「交渉構造の中央集権化」の難易度が異なってくると考えられるのである。② 報告では正規労働者への昼夜連続二交代制と月給制の導入問題が取り上げられたが，氏が問題とした正規労働者の生産量，雇用，賃金の相互関係それ自体，非正規労働者の存在を前提にして成り立っているのではないかと考えられる。今日の韓国の労使関係を解明するには，非正規雇用問題は避けられない。H 自動車労働組合は，非正規雇用問題に取り組んでいる民主労総と全国金属産業労働組合連盟の中心組合であるだけに，非正規雇用との関係を取り上げて欲しい思いを強くする次第である。

● 第 6 分科会（社会保障部会）
「障害者自立支援法」の内容と意義

座長　相澤與一　Aizawa Yoichi

1　はじめに

　しばらく休止していた社会保障部会による学会分科会を再開させたいとの念願のもと，分科会テーマとしてこの「障害者自立支援法」を取り上げることを提案させていただいた。幸いに幹事会の承認を得，2006年10月21日に第6分科会（社会保障部会）「『障害者自立支援』の内容と意義」をもつことができた。
　この法律は，障害者のノーマライゼーション原理にも反して介護保険並みの定率「応益負担」を賦課するものとした。それは，市場原理主義的な「構造改造」による自助化・商品化を障害者福祉医療分野にまで拡張して定率「応益負担」を賦課し，障害の自己責任＝自己負担（しかも家族主義的な世帯負担）を強い，「格差社会」における貧困化の中で障害者側と援助者側の双方に「抜本的」な「改革」被害をもたらすものである。とうぜんこの法律の制定と施行は，強い反発と多数の批判的要求を誘発し，親の会全国組織幹部の哀願をも伴うことで，2006年中にも政府・与党に度重なる行政軌道の修正を余儀なくさせた。とくに2006年12月26日の厚生労働省社会・援護局障害保健福祉部主催の全国主管課長会議において，当局は平成20年度までの暫定激変緩和措置を提示し，「本改革が抜本的なものであるから，さまざまな（異論＝）意見に丁寧に対応するため，法の枠組みを守りつつ，3年後の見直しまでの措置として……もう一段の改善策を講じる」とした措置を伝達した。
　一方，世界的には「ネオ自由主義」「ネオ保守主義」の「抜本的」諸「改革」や武力攻撃は，矛盾激化を通じてそれらに反対する運動と改革の拡大・強化を促すことになった。イラク戦争の崩壊と反対の広がりや，「USAの裏庭」扱いされてきた中南米諸国でのネオ自由主義反対の政策と変革の広がりなどが象徴的である。
　障害者の人権擁護に関しても，12月13日に国連総会がついに「障害者の権利条約」を採択した。それは障害者の人権の全面的実現のために「完全参加と平等」，差別禁止の徹底を期すあらゆる措置を各国が採ることなどを命じている（4～5条）。1987年の挫折後の20年来の懸案の到達点である。「障害者自立支援法」の市場原理主義的な「応益」定率賦課原則は障害者とその世帯に障害ゆえの追加的負担を課すという点でノーマライゼーション原理にも反して差別的であり，差別禁止の徹底を

期すこの条約の基本原則に触れるだろう。

　これらのことを視野に入れながら，まず，2006年度秋季大会時の当分科会で何が明らかにされたのかを要約的に紹介し，今何を付け加えるべきか，現在までに気づいた点を付け加えたい。

2　分科会設立の趣旨

　問題の提起者である筆者が応急的に行った分科会の趣旨説明はプログラムに掲載されている。それは分科会での一報告者としての相澤の当時の問題意識でもあった。

　「2005年10月31日に障害者団体の強い反対を押し切って制定され2006年4月1日から一部施行，10月1日に本格実施とされた本法は，日本障害者（保健）福祉制度の思想とシステムを『介護保険』制度に準ずる方向に抜本的に転換させることで，わが国の障害者と福祉経営の置かれた状態に対し重大な影響を及ぼし始めた。財政力の委譲が不足したままでの市町村への障害者福祉提供責任の一元化による丸投げにより，つとに顕著な福祉基盤の不足と地域間格差を増幅し，障害者に『応益負担』を課して『自立支援』から遠ざけるとともに，福祉経営難を強めてスタッフの削減や非正規化とサービスの劣化をもたらす懸念が強く，既にそれらが顕在化し始めた。この大『改革』が社会保障構造改革および社会福祉基礎構造改革政策といわゆる『三位一体』の行財政改革の一環としてなされ，『国連障害者年』運動や『障害者基本法』の理念との矛盾を強め，とりわけ障害者の自立に重大な悪影響を及ぼしていることを検証したい。」

3　障害者自立支援法の自立阻害・反福祉的な「構造改革」的な企図と仕組み

　3人の報告者（相澤與一，鈴木勉，荻原康一）は，事前の調整が不十分だったが，基本的に〈分科会の設立の趣旨〉に沿い，この法律が「応益負担」原則の導入を中心とする原理転換的な「改革」により障害（児）者およびその家族と医療および福祉援助者の双方に甚大な被害を及ぼし自立と共同を損なう諸関係を，批判的に解明しようとした。

　鈴木および荻原報告から紹介するとして，まず鈴木報告は，「① 利用者が負担増回避のためにサービス利用を回避すると，報酬単価の切下げで経営困難をきたした事業者に一層の危機をもたらすという対立関係をつくり出し，福祉における『ワーカーと利用者の共同性』を破壊する，② サービス利用量が大きい重度者への負担増を必然化することから，結果的には『障害の自己責任論』につながる，③ サービス利用を『私益』とみなす立場はノーマライゼーション原理に反する，④ 公共

サービスの税外負担はいかなる形態であれ, 租税民主主義の観点から容認しがたい」との諸論点を展開した。

まことにこの法律の「応益負担」原則は反ノーマライゼーション的であり, 鈴木報告のこの点への批判は正鵠を射ている。また公共サービス活用への賦課一般が租税民主主義に反するとの立論も有意義である。さらに「応益負担」が福祉等における「当事者とワーカーとの共同性」を損なうとした論点①は傑出している。この法制度で「総合的自立支援システム」の双軸とされた「自立支援給付」と「地域生活支援事業」のうち, とくに「国の義務的経費」で公費負担の 5 割を担保するものとして中心に位置づけられた「自立支援給付」に当たる諸個別事業でのサービス提供への報酬と当事者負担の関係式は, 「きょうされん」ブックレットにもあるように以下の通りである。

　　1 点10円×個別給付事業別報酬点数×利用者数×利用日数
　　　　＝事業所への報酬（その 1 割が利用者負担）

事業者への報酬が障害当事者の利用者負担に比例させられるこの関係こそ, 当事者の「応益負担」の仕組みであり, またワーカーとの福祉・医療の共同を損なう仕組みであり, つまり障害者医療福祉を「売買するサービス」に転換する仕組みなのである。

荻原報告は, 社会保障構造改革の中での「自立支援医療」政策がもたらした原則 1 割負担導入の改悪的な意義と, 自治体公費負担医療との連動的改悪による障害者医療保障の全体的な後退を論じ, 階層別の影響に論及した。障害者医療は場合によっては福祉以上に命に関わる。珍妙な「自立支援医療」は, 「重度かつ継続」の認定資格を条件として制限的に給付するものとされ, しかも世帯単位で 1 割という自己責任的な負担を課されることとされた。荻原氏は, それが保健およびリハビリテーションに及ぼす悪影響を論じ, 階層別の影響差にも論及した。この「応益負担」が世帯負担とされることで, とくに住民税課税世帯で負担「軽減」のない相対的低所得世帯への重い被害は福祉と医療の双方にかかる大問題である。氏はこの点にも論及した。政府は, このような批判に対応し12月提示の暫定的軽減付加措置の中に, 年収600万円未満の世帯階層への負担軽減の上乗せ措置を加えたのである。

4　相澤報告と反省点

さて, 相澤報告「『障害者自立支援法』立法の意義」（当日配布の報告メモは, 同法の『政策的含意と被害』）では, 実際にはメモ的なフルペーパーを端折って中略の多い報告となった。

Ⅱ　テーマ別分科会・座長報告

　「Ⅰ　障害者自立支援法の立法における当局の言い分と評価仮説」中の「評価仮説」は，分科会趣旨の詳論である。

　「Ⅱ　立法過程の諸問題」では，「きょうされん」を軸とする統一行動の発展過程と中途での全家連・全国「育成会」の統一離脱・制定促進要望への寝返り，それを促進契機とする再開臨時国会での2005年10月末法成立に至る過程での，政府当局側の拙速・強行ぶりを指摘し，10月25日の衆議院厚生労働委員会での相澤の参考人陳述にもふれた。

　「Ⅲ　端緒的な被害の例示〔退所・通所停止，サービス受給抑制〕」では，筆者らの現場経験と「きょうされん」の調査を紹介し，〔補足注〕で同団体常務理事，藤井氏の影響調査まとめを紹介した。

　「Ⅳ　否定的及び発展的側面に関する藤井克典の先行論とそれへの補足的なコメント」では，藤井氏の否定的側面を主側面とし発展的側面を付随的なものと位置づける評価論を紹介しながら，この法律が障害者対策分野にWorkfare政策を導入するものだとみなし，ワークフェア政策にかかわるOECDの2003年刊行の調査報告や，社会政策学会編『社会政策における福祉と就労』収載の岩田論文への言及を行った。

　「Ⅴ　むすびにかえて——見直し課題」では，① 即刻の改善課題例，② 介護保険への統合について，③ 地域生活を支える福祉施設の早急な整備の必要，④ 障害者への所得保障からbasic income保障と就労保障への途，と論じたが，それらは具体的な修正提案である。

　拙論では，本法の否定的側面の成り立ちと端緒的被害に焦点をしぼったために法案が，劣等で差別分断的な従前の障害者福祉医療体制の矛盾に三種差別処遇の統合や運営責任の市町村への「一元化」で対応しようとし，その点に幻想をもった「全家連」幹部などをさそいこんだ側面，藤井氏のいう「発展的側面」を従属的に併設せざるをえなかった所以と，その功罪の評価の解明を省いてしまった。その点が不十分だった。

　筆者らは，この「一元化」の動きへの反作用として，県および市のレベルで3障害福祉関係者の萌芽的な統一交渉組織を形成し始めている。障害者自立支援法行政に対応する主体形成の検討が課題である。

　また，政府・与党はこの法律で「自立支援」を法律名に掲げる（英訳標記ではまったくなし！）ことで，その政策の主側面たる自助強化政策の側面のほか，その建前に含まれるべきだと一般には期待された積極面との矛盾をはらみ，同法が自立阻害的だとの批判・修正要求の高まりを誘発することにもなり，それによって行政軌道

の動揺を余儀なくされた関係をももっと重視し，吟味すべきであろう。その文脈上で，今後の内外からの働きかけ次第で「改革」を本格的に修正させる可能性もあることを論ずるべきである。

なお，討論の部で武田宏氏から租税論上の概念である「応能」「応益」主義負担を福祉負担に拡張することへの注意がなされた。これは鈴木報告において言及された論点でもあるが，有意義な注意であった。

もっともこの問題は，用語の適否のレベルにとどまらないのであり，社会保障・社会福祉負担と租税負担の絡み合いの現実的改変にかかわるものである。鈴木報告をも踏まえて研究を深める必要がある。

なお，2007年2月，筆者は『障害者とその家族が自立するとき──『障害者自立支援法』批判』（創風社）を上梓した。学会報告後にお勧めがあって速成したものだが，関心のある方はご参照いただきたい。

●第7分科会
アジア発展途上国の社会保障──カンボジアとネパール

座長　上村泰裕　Kamimura Yasuhiro

1　はじめに

「アジアの社会保障」をテーマとする分科会シリーズの第9回である。これまでは主に韓国・台湾・中国などを取り上げてきたが、今回はついにアジア社会保障論のフロンティアに到達したようである。カンボジアとネパールはいわゆる「最貧国」(least developed countries, LDCs) とされているが、そこではいかなる社会保障が行なわれているのだろうか。また、日本や諸外国の経験に照らして、これらの国のためにいかなる政策処方箋を書くことができるだろうか。コーディネーターの埋橋孝文会員が最初に掲げた問いは、以下の3つであった。

1　「社会保障」はどのように受けとめられており、現実にはどのような役割を果たしているか。
2　他の政策領域との関連でのプライオリティ、現状での困難や障壁はどのようなものか。
3　経済の発展段階に応じた最適な「社会保障」のタイプがあるのか、プロビデント・ファンドはその一つか、その他のオルタナティブな出発点や経路を構想することは可能か。

これらの問いを出発点に、2つの報告が行なわれた。第一報告は、最近までカンボジア政府の社会福祉顧問を務めた漆原克文会員による「カンボジアの社会保障制度施行の遅延」であり、第二報告はネパール国費留学生のガン・シャム・ゴータム会員による「ネパールの社会保障におけるプロビデント・ファンド」であった。両報告に対して、小田川華子会員がコメントを行なった。

2　漆原報告

カンボジアでは、2002年に社会保障法が制定され、民間被用者を対象とする労災補償と年金制度の実施が規定された。しかし、2006年になっても同法は施行されていない。その理由は、社会保障制度の運営にともなう技術的困難、外国資本の無理解、選挙民の無関心、そして何よりも、政府が制度発足のための資金を準備できないことである。政府は、経済開発に直結しない社会保障制度の整備に予算を割くこ

とには消極的であるという。

東南アジアのなかで、社会保障制度確立期にあるタイ、制度整備途上期にあるラオス、制度準備期にあるカンボジアを比較すると、タイでは、741万人の労働者が社会保障に加入しており、制度の事務処理には大型コンピューターが利用されている。それに対してラオスでは、推定対象者6万人のうち実際の加入者は2万8000人にとどまっており、制度の事務処理もパソコンを用いた簡易なシステムで済まされている。

一方、ラオスよりも国の規模の大きいカンボジアで社会保障が実施されていないのは、カンボジアの過去がタイやラオスとは比較にならないほど「重い」からであるという。すなわち、1970年のロン・ノル将軍によるクーデタ以来の混乱に加えて、1991年の内戦終結以後も政治の方向が一定せず、社会保障に対する国民的関心も高まっていない。報告者によれば、必要なのは海外からの援助よりも、国内の政治的リーダーシップである。

3　ゴータム報告

ネパールでは、もともと公務員のための制度として1962年に発足した EPF（Employees' Provident Fund、被用者積立基金。その淵源は1936年発足の軍人積立基金）が、1990年には民間事業所の従業員にも拡大適用された（ただし任意加入）。現在では38万人の労働者が EPF に加入している。しかしそれは、全労働者の2.8％に過ぎない。その他の人々は、現物給付を中心とした不十分な公的扶助によってカバーされているだけである。

ネパールの EPF をシンガポールの CPF（中央積立基金）やマレーシアの EPF と比較すると、次のような特色がある。① 行政コストが高い、② 民間事業所は任意加入とされている、③ 積立基金が政府投資に有効活用されていない、④ 医療費支払いのための中途引き出しが認められていない、などである。一方、リスクプーリングや再分配の機能がないことは、3つの国のプロビデント・ファンドに共通している。

ネパールの社会保障をどう改革すべきか。EPF については、① 民間事業所の従業員についても強制加入とする、② 低所得層への政府補助を導入する、③ 医療費支払いのための中途引き出しを認める、など。その他の制度については、① 貧困層に対する現物給付を強化する、② NGO やコミュニティ、民間部門との連携を強化する、など。報告者によれば、これらの政策を通じて社会保障制度全体を再設計していく必要がある。

4 コメントと討論

続いて，小田川会員から以下のコメントがなされた。① 途上国の政府は経済開発に重点をおく政策を推進してきたが，ネパールとカンボジアに関する両報告からは，政府が人々の暮らしに目を向けるようになってきたことが窺える。② しかしそれは，生活保障という意味での社会保障ではなく，人々がもっている最低限のセーフティネットの拡充という色彩が強い。③ フィリピンやタイなどでは，そのための手法としてコミュニティの組織化が推進されてきている。それを支援しているのが，世界銀行などの国際援助機関である。④ 途上国の政府は自国の社会政策を独自に決定するのではなく，むしろ，国際機関や援助国の方針によって政策の方向を決められる傾向がある。さらに，⑤ ネパールやカンボジアでは，農民や自営業者を地域レベルで組織化した組合に対して資金を投じるようなアプローチはとられていないのか，との質問もなされた。

⑤に対する漆原会員のリプライ。カンボジア政府は国民が組織を作ることを警戒しており，政府からコミュニティ組織化を図ることはない。一方，外国のNGOはコミュニティアプローチに熱心である。しかし，そうした活動が成果をあげているように見えるのは，外国のNGOが活動している期間だけである。カンボジア人はもともと個人主義的であるうえに，ポル・ポト政権の大虐殺を経験しており，地域の相互扶助を自発的に組織することは難しいという。一方，ゴータム会員によれば，ネパールでは，農民や自営業者の組合を組織化することで社会保障の適用範囲を拡大していくことは大いに考えられるという。しかし，そうしたプログラムを持続させるためには財政問題をクリアしなければならず，したがってセクター間の協働が欠かせないとのことだった。

さらに，漆原報告をめぐって次のような質疑が行なわれた。問① カンボジアでは社会扶助制度は整備されていないのか。答① 凶作や自然災害の際に食糧支援が行なわれることはあっても，制度的な社会扶助は整備されていない。問② 社会保障基金を国家開発の原資にするという発想はないのか。答② 少なくとも社会保障の担当者レベルでは，そのような戦略的な意識はない。問③ カンボジアの社会保障制度の形成にあたってモデルとされた国はどこか。答③ 同じく旧フランス領のトーゴである。ILO経由でフランス語の資料が来たとのことである。しかし，国会で成立した法制度そのものは，あまりトーゴを意識したものではない。

また，ゴータム報告をめぐって次のような質疑が行なわれた。問① EPFとその他の社会保障の関係はどうなっているのか。答① 制度間に重複や間隙がある。公

務員は重複して給付を受けているが，農民や自営業者はどちらの給付も受けられない，といった問題がある。問② EPF の基金を国家開発の原資にするという発想はないのか。答② 打ち続く政治不安と社会紛争のせいで，そうした発想はなかなか出てこない。問③ 労働組合は社会保障制度の発展にどう寄与しているか。答③ ネパールの労働組合は，社会保障の適用拡大と労働市場の規制強化を求める主要な圧力団体である。

5 おわりに

アジア社会保障論のフロンティアに挑戦する分科会であったが，冒頭に掲げた問いのうち，1と2，すなわちカンボジアとネパールにおける社会保障の現状と困難についてはかなり理解が深まった。しかし，3の途上国にふさわしい社会保障の構想については，今回の報告と討論だけでは十分な答えが出せなかった。この点は重要である。私たちは，アジア社会保障論をたんなる博物学に終わらせてはならず，着実な現状分析を基礎としながら時に大胆な政策処方箋も書いてみたいと思う。

政策処方箋を書くという観点から今回の2つの報告を見直すと，地域内の国際比較の有効性に気づく。漆原報告では，ラオスの事例から，カンボジアにもふさわしい簡易な事務処理システムが示唆された。また，ゴータム報告では，シンガポールやマレーシアとの比較から，ネパールのプロビデント・ファンドの課題が浮かび上がった。今後はさらに，日本や諸外国における理論や経験の蓄積をふまえた提言が期待される。日本の社会政策学の発信力が問われていると言えよう。

Ⅲ 書評

▶現代の賃金問題
『賃金の決め方』(岩佐卓也)
『日本の性差別賃金』(清山 玲)
『終身雇用と年功賃金の転換』(杉山 直)

▶社会福祉の歴史
『近代日本の所得分布と家族経済』(千本暁子)
『被占領期社会福祉分析』(六波羅詩朗)
『戦後「措置制度」の成立と変容』(小笠原浩一)

千本暁子氏へのリプライ (谷沢弘毅)

● 現代の賃金問題

遠藤公嗣

『賃金の決め方――賃金形態と労働研究』

ミネルヴァ書房，2005年6月
252頁，2300円（税込）

1 本書の概要

まず，日本における賃金形態の研究が1960年代半ばに「途絶」したことが重要である。かつて舟橋尚道は，同一労働同一賃金原則の観点から，年功給を批判し，職務給がその原則にかなうとの問題意識を有していた。それゆえに舟橋は「賃金の決め方」＝賃金形態を重視していた。これは今日的意義をもつ視点であったが，小池和男による一連の「賃金の上がり方」論を契機として，研究者のなかで「賃金の決め方」に対する軽視が広まった。舟橋はこの動向に対して批判を加えたが，当時これは少数派にとどまった。このことが後の成果主義の認識に悪影響を及ぼすことになる（第1章）。

90年代以降に賃金形態論を復活しようとする研究が現れたが，これらも小池理論の悪影響を受けており，限界を免れていなかった。まず，石田光男は『賃金の社会科学』（中央経済社，1990年）で賃金類型を示したが，これは「主要な賃金形態のすべてを分類しようとしていない」（44），具体的には能率給と範囲レート職務給を分類できていない。その背景には，実証を軽視する石田の「観念的社会科学観」がある。こ

れは批判されるべきであって，「労働研究における主張や理論は，十分な実証的根拠をもってなされるべきである」（52）。他方，熊沢誠も『能力主義と企業社会』（岩波新書，1997年）で賃金形態の分類を示すが，これもまた，区別すべき範囲レート職務給と職能給の区別ができていない（第2章）。さらに，これまでの官庁の労働統計調査における賃金形態の分類方法についても，職能給が「仕事給」に分類されていることなど無視しえない欠陥がある（第3章）。

以上の研究史の総括を踏まえた，新たな賃金形態の分類が必要である。まず賃金形態は「何に対して賃金を支払うか」によって，「職務基準賃金」と「属性基準賃金」に大きく分類される。次に「職務基準賃金」は「職務の価値」給と「職務の成果」給に，「属性基準賃金」は，無査定の年功給，査定つき年功給，職能給に分類され，さらに「職務の価値」給は時間単位給，労働協約賃金，範囲レート職務給，単一レート職務給に，「職務の成果」給は個人歩合給・個人出来高給，集団能率給，時間割増給に分類される。90年代以降の日本において，ホワイトカラー正社員では年俸制の普及，定期昇給の廃止等が進行し，他方，非正社員の量的拡大にともなって時間単位給

III 書 評

が量的に拡大している。これらの動向は「職務の価値」給化であり、「同一価値労働同一賃金原則」原則の展望を切り開くものとして評価できる（第4章）。

2 コメント

(1) 理解できなかった点

本書には，その主張内容に対する賛否以前に，内容理解において「引っかかる」部分が少なくなかった。

まず著者の展開する論理はしばしば混濁している。たとえば著者は，ホワイトカラーの年俸制と「職務の成果」給との関係を論じる際，「職務の成果」給は「成果を適切かつ客観的に定義できなければならず，その成果を容易に数値測定することができなければならない」といった「厳しい必要条件」が課されており，年俸制は「これら〔必要条件〕をほとんど満たすことができない」と述べながらも，続けて「これら〔必要条件〕を満たすことができなくても『職務の成果』給が行えるように活用されることとなったのが，従来からの目標管理制度ないし自己申告制度である」（155-6）という。しかしこれは論理的に不可解である。「条件Xを満たすことができなくてもAが行える」のであれば，そもそも条件XはAの必要条件ではありえない。「変動給」についての議論（144）も同様である。著者の賃金形態分類論は一見クリアーに整理されているようでいて，じつはそうではない。

研究史についての記述も疑問が多い。たとえば小島健司『日本の賃金』（岩波新書，1960年）について，著者は，小島が「どんな賃金形態にも反対」と述べたことをとらえて，「マルクス経済学原論還元的」だと切って捨てるが（9），これは曲解である。同書において小島は，職務給が労働者間の競争を激化させることなど賃金形態の分析を行った上で，「賃金形態が労働強化や仲間の競争や賃金の低下をもたらすことを目的としている以上，どんな賃金形態にも反対」〔傍点引用者〕といっているのである。

また著者は，石田光男が『賃金の社会科学』12頁で示した賃金類型について，「(3)は，石田によれば『私が具体的に知る限りでは，イギリスの一部の「先進的」企業……イギリスへ工場進出した日本企業の何社か』のみの類型でごく少数例のことであるから，広くおこなわれる範囲レート職務給を石田は(3)で想定していない」（45）として，第2章でこの「石田賃金論における範囲レート職務給の分類不能問題」を執拗に追及している。しかし，「ごく少数例」と石田はどこにも書いていないし，そもそもここで石田は「私が具体的に知る限り」について述べているのだから，そのように読み込むことも失当である。なにゆえにかくも悪意的な解釈を著者が行うのか理解に苦しむ。

(2) 同一価値労働同一賃金原則と年功賃金

ところで，著者が「賃金の決め方」を重視する意図は，年功賃金の評価と同一価値労働同一賃金原則の適用の問題にかかわっている。本書で著者は，年功給・職能給などの「属性基準賃金」が「職務基準賃金」（または「職務の価値」給）へ改変されることが，同一価値労働同一賃金原則の実施にとって不可欠の前提であると繰り返し強

調している。いわく、「〔労働法分野の少なくない人々は〕年功給・職能給など『属性基準賃金』であっても、この原則〔同一価値労働同一賃金原則〕は適用可能である、としばしば理解している。これは誤解である。……実用主義にも限界がある。『属性基準賃金』における同一価値労働同一賃金とは何を意味するのかについて、その想像すら私は困難である」(31)、「『同一価値労働同一賃金』原則は、その性格上、『職務の価値』給でなければ成立できない原則である」(124) 等々。

しかし、では、かの京ガス事件はどう位置づけられるのであろうか？ 周知のように、本件は、カナダ・オンタリオ州におけるペイ・エクイティの実践をモデルとした職務評価（森ます美意見書）が活用されたことで注目を集めたが、しかし、そこで女性が準拠しようとした男性の賃金は年功賃金であった（森『日本の性差別賃金』有斐閣、2005年、285頁）。年功賃金を女性にも支払わせる根拠のひとつとして、原告女性の職務と同期入社男性の職務との職務評価点の比較が用いられた、という関係にある。したがって、これは「属性基準賃金のもとでの同一価値労働同一賃金原則の適用」に他ならない。著者の理解に基づけば、京ガス事件は、じつは同一価値労働同一賃金原則の「誤解」に基づく実践であった、ということになるであろう。

これに関係して著者は、電産型賃金体系について、それが「男性労働者の加齢とともに、彼が扶養する家族の必要生活費は増加する」(132、傍点引用者) との考えに基づくものであったと述べている。しかし、電産型賃金体系には男女を差別する労使協定上の根拠はなく、生活保障給が女性にも支払われていたとの証言（河西宏祐『電産型賃金の世界』早稲田大学出版部、1999年、337頁）もある。

(3) 「十分な実証的根拠」？？

最後に、本書において成果主義の具体的な事例がまったく言及されていないことに疑問と苦言を呈しておきたい。「属人基準」から「職務基準」への変化こそが今日の成果主義化の内容であるとの認識 (29等) にせよ、そこに「同一価値労働同一賃金」原則の可能性をみきわめるべきであるとの主張 (32等) にせよ、自明なものではないのであって、それを裏付ける事例や事実が提供されてはじめて、著者の所説の妥当性やその射程に対する読者の検証が可能となる。にもかかわらず、本書では現代日本における民間企業の賃金改革の具体事例は結局一例も検討されていない。「労働研究における主張や理論は、十分な実証的根拠をもってなされるべきである」(52、傍点引用者) との戒律は、著者自身には適用されないようである。

蛇足ながら、成果主義の導入の一事例を紹介しよう（労働経済判例速報1942号）。2001年ノイズ研究所では、年齢給を30歳で頭打ちとし、職能給を職務給へと変更する新賃金制度が導入されたところ、これにともない大幅な賃下げを強いられた労働者らは、旧賃金制度に基づく賃金との差額の支払いを求め提訴した。年齢給の頭打ちが労働者の生活への打撃をもたらすことや、「賃金の決め方」そのものが職務を基準とするものであっても、誰をどの職務に就か

III 書評

せるのかの判断を通じて企業は個々の労働者の賃金を恣意的に動かせることなど、労働者らは成果主義の不当性を訴えた。裁判では一審は労働者勝訴、二審は敗訴となっているが、このような成果主義の具体的な事例とそれをめぐる紛争を検討するならば、著者の理解が企業サイドの宣言を真に受けた表面的なものであることが明らかとなろう。「属人基準から職務基準への移行」なるものが無矛盾的・一方的に進んでいるわけではないのである。

年功賃金は本質的に性差別的であり、それゆえ企業が進める「職務基準賃金」の導入にむしろ好機を見出すべきだ—との議論が90年代以降登場し、学会においても支配的なものとなったが、その根拠は理論的にも実証的にもきわめて脆弱であることが、本書によって明瞭になったといえよう（拙稿「新自由主義批判の視座」法律時報78巻6号、2006年も参照）。

（神戸大学　岩佐卓也）

森ます美
『日本の性差別賃金――同一価値労働同一賃金原則の可能性』

有斐閣、2005年6月
332頁、4620円（税込）

1

本書は、日本の性差別賃金を扱い、著者自らが挑戦したジェンダー平等な賃金へ近づけるペイ・エクイティ実践の紹介とそれに基づく性差別賃金是正のための戦略を示すことを試みた意欲作である。

近年、女性の賃金差別是正をめぐって、大きな議論がまきおこっている。とりわけ、総合職、一般職、パートタイムなど雇用管理区分間格差の問題は主要な課題となっている。そのため同一価値労働同一賃金原則の可能性を論じた本書は多くの関心をよんでいる。

著者である森ます美氏は、欧米のコンパラブル・ワースの取り組みを紹介し、また実際の裁判でもこの考え方を適用した意見書を提出するなど、多彩に情熱的に性差別賃金問題に取り組んできた。本書はその集大成ともいえ、研究者や労働運動の従来の賃金論に対して刺激的な議論を展開し、ジェンダー平等な賃金とはいかなるものか、いかにしてそれに近づけるかを考えさせられる注目の書（山川菊枝賞受賞作）である。

2

さて、本書の課題は2つある。第一は、日本の大きな男女間賃金格差と性差別賃金の構造分析を、ホワイトカラーを対象に企業の人事・賃金制度の視角から分析し、その要因を明らかにすること。第二は、男女間賃金格差と女性の低賃金を是正する国際

的な戦略である同一価値労働同一賃金原則の日本における実践可能性を具体的に提示することである。

本書は大きく4パート，11章から構成されるが，第一の課題は，第Ⅰ部，第Ⅱ部から，第二の課題は，第Ⅲ部，第Ⅳ部から明らかにされる。

以下，紙幅の都合もあるので，評者の問題関心に沿って簡単にその内容を紹介したい。第Ⅰ部（一～二章）では，労働市場における性差別賃金の現状を概括し，著者の分析視角を提示している。これをふまえて，第Ⅱ部（三～五章）では，個別企業の人事・賃金制度に着目して，性差別賃金の構造を考察する。ここでは，年功賃金に内在化する性差別性を強調する。同時に「新・日本的経営」に基礎をおく複線型管理のもとで差別が一層強化されていること，90年代の成果主義賃金導入下でも，「会社によって一方的に『低い価値』と『低いステイタス』が」女性に押しつけられていることなどを，裁判資料などにより実証的に明らかにする。第Ⅲ部（六～八章）では，同一価値労働同一賃金原則の理念および欧米のペイ・エクイティ運動をカナダ，アメリカ，イギリスを事例に紹介している。第Ⅳ部（九～一一章）では，第Ⅲ部で紹介された方法を著者が日本に適用した賃金差別裁判の事例を紹介し，ペイ・エクイティ戦略の今後の実践可能性を強調している。ここでは詳細な職務分析を行い，著者が考案した職務評価ファクターに基づき職務価値を算出し，男女が割り当てられている仕事の職務価値と実際の賃金格差が大きく異なることを対比している。

3

本書の特徴と意義は主に次の3点である。第一は，日本における賃金格差・性差別賃金を実証し明らかにするために，ペイ・エクイティの手法を使用した職務分析を行い，職務価値と賃金格差の数値化を初めて試み明示した点である。職務評価の際のサブファクター選択にみられるジェンダーバイアスの排除を例示するなど，従来の職務の格付けへ果敢に挑戦している。職務の価値とは何か，いかに算出するかという難題に取り組んだ部分は非常にユニークであり興味深い。

第二の特徴は，欧米の主要なペイ・エクイティ運動の紹介と考察を行った点である。とりわけ，3ヵ国の運動事例の紹介と概括は非常に興味深く，注部分も含めて研究・運動双方にとって多くの示唆に富む。

第三の特徴は，裁判資料を有効に活用してみせた点である。これにより，ジェンダー差別の実態が，より説得的に明らかになっている。

女性の労働，女性の職務を積極的に評価する公正な制度の探求を社会的に強く促し，研究者のみならず広く労働運動にとっても有益な知見を広めたことは，高く評価される。

4

さて，本書は新たな議論を展開し，ジェンダー平等な賃金への具体的な戦略を提示するというチャレンジングな書物であるだけに，学会でもこれをめぐりさまざまな議論がなされることになるであろう。そこで，

III 書評

評者なりに重要だと考える論点をいくつか提示し，書評者としての役割を果たしたい。今後の積極的な議論への一助となれば幸いである。

論点の第一は，性差別賃金是正のための戦略としての職務評価制度によるペイ・エクイティの可能性・有効性に関するものである。これまで厳密な職務分析・職務評価が日本で定着しなかった理由として，技術革新や要員管理など労働過程の急速な変化，配置の柔軟性，OJT 等によるスキルの幅の変化などがあげられる。日本では個人の職務範囲もきわめて流動的であり，実態に即した職務記述書の作成そのものが容易ではない。作成したとしても，すぐに陳腐化しやすいという事情がある。また，異動やローテーションにともない賃金が簡単に変動するということには，労使ともに抵抗が大きい。

さらに，職務評価のサブファクターの設定，ファクターごとのウエイト付けによって数値（職務価値）は簡単に変わりうる。ペイ・エクイティ下でも業績評価・出来高賃金が認められており，格差縮小は簡単ではない。このことは，著者が紹介する京ガス事件や欧米のペイ・エクイティ運動（たとえば，カナダでは1987年から96年にかけて年収格差を10％縮小したが，その後2002年までに 5 ％拡大）などからも容易に推測できる。

したがって，著者が試みたようなペイ・エクイティ戦略の広がりと有効性には，一定の疑問符がつく。少なくとも，この戦略によってしか性差別賃金の是正はできないという方向に運動が傾斜するのは危険であ

ると評者は考える。とはいえ，仕事の重なりが大きいにもかかわらず，賃金格差が大きい場合などには，一定の納得と効果が期待される。

論点の第二は，職務価値の算出方法に関するものである。ファクターの設定はよく考えられているが，各人の職務アイテムごとの職務価値を算出・合計し平均値を職務価値とする方式については，職場によっては異論があろう。仕事全体の中で職務価値が低いとされる仕事の時間的ウエイトの大小が個人間にある場合や，より高い職務価値の仕事を行うために低い職務価値の仕事をすることが必要な場合など，いろいろなケースが想定されるからである。

これらの論点とかかわって，熊沢誠氏らの提案をふまえて職能資格制度に「内在的なかたち」でのペイ・エクイティの試みや，職務を大括りにした簡便な職務評価制度の開発などを著者が肯定したことは，日本での可能性を広げるためには当然のこととも いえよう。

論点の第三は，年功賃金批判に関するものである。年功賃金は，属人給，家族賃金であって，女性差別賃金であるという著者の年功賃金批判の狙いが，評者には理解できない。確かに，年功賃金管理は，昇格・昇進・昇給面で女性に対して差別的に運用されてきた。しかし，こうした賃金差別は裁判によって是正が比較的容易である。これに対して，個別管理で格差の大きい成果主義賃金管理のもとでの女性差別はその立証が難しく，勝訴するのも容易ではない。年功賃金管理のもとで多くの女性が差別的低賃金にあったことは事実であるが，これ

は年功賃金体系に内在的・必然的であるとはいえないと評者は考える。

　論点の第四は，家族賃金から個人単位賃金に関する著者の主張に関するものである。個人単位賃金が単身者賃金への切り下げを意味しないという著者の主張は理解できる。しかしそれでもなお，生計費賃金要求とかかわって，次世代の再生産にかかわる扶養手当要求を捨て去ることはできないし，現実的でもないと評者は考える。著者は，差別是正にあたって，他の労働者への賃金引き下げはない，原則の趣旨に反すると複数箇所で断定している。しかし現実には，賃金管理の個別化と成果主義賃金導入のなかで，大幅な賃金水準の調整，格差の拡大が進行している。こうした状況下では，生計費賃金要求との関連で，次世代育成のための扶養手当の問題を抜きに議論することは難しい。

　評者は，共働きモデルへの転換をふまえて，妻への扶養手当は廃止する。しかし，世帯主条項をなくしたうえで生計費賃金，次世代再生産費の確保という視点から，子への扶養手当は存続させる。その際，毎月の賃金に付加する方式だけでなく，一時金として福利厚生のような形で支給するといったバリエーションもありうると考える。

　最後に，著者の実践的取り組みをふまえた長年の成果は，貴重な資料，問題提起を含んでおり，示唆に富むことを指摘したい。性差別賃金是正のための議論が，本書をふまえて，今後，積極的に実り多く展開されることを期待する。

（茨城大学　清山　玲）

小越洋之助

『終身雇用と年功賃金の転換』

ミネルヴァ書房，2006年1月
354頁，4410円（税込）

　本書は「日本の大企業を中心とした正規労働者の雇用慣行と賃金制度・体系の特徴とその転換を中心に解明」（「まえがき」）し，「終身雇用・年功賃金の『転換』というテーマを全体として体系化」（352頁）することを試みた研究書である。

　著者は，問題意識の前提として，次のように述べている。この前提は，重要な示唆を与えているので，長いが引用したい。

　「私見によれば，終身雇用・年功賃金というテーマは企業経営の問題以前に，なによりも，働く労働者の重要テーマであった，と考える。働く人の生活向上にとって，継続して働く機会の担保と，生活の糧としての賃金の安定的確保という問題が特に戦後の歴史的状況のなかで大変重要な課題として提起されていたはずである。それがいつの間にか，企業の経営管理，人事管理の仕組みとして組み込まれ，やがて経済成長や労働生産性の向上のテコとなる制度のよう

に見なされていく。しかし，原点はそうではなかったのではないだろうか。

　最近の雇用情勢をみると，正規社員以外の非正規雇用，不安定雇用が顕著に増大している。正社員は過重労働である。そのなかで，どのような働く労働者においても，雇用の保障と賃金の安定的確保が脅かされている。現状でも，将来の見通しでも，それが不確かになってきているのである。このことに最も関心のある層は，人を使う企業経営者でもなく，実はやはり働く労働者なのである」(353頁)。

　さて，本書の篇別構成は，以下のようになっている。
　第1篇　理論編——終身雇用・年功賃金をめぐる諸説の検討
　　第1章　終身雇用をめぐる諸説——認識視角・研究史／第2章　年功賃金論——1960年代の議論を中心に／第3章　年功賃金と同一価値労働同一賃金論
　第2篇　実態分析編——終身雇用・年功賃金の転換とその特徴
　　第4章　『新時代の『日本的経営』——財界の雇用・賃金戦略の新展開の分析／第5章　終身雇用の転換とその実態／第6章　年功賃金の転換とその特徴／第7章　裁量労働制の検討
　第3篇　政策課題編——終身雇用・年功賃金の転換と新たな政策課題
　　第8章　終身雇用・年功賃金をめぐる政策展開と新たな政策課題
　第1篇では，終身雇用と年功賃金に関する議論・諸説の検討を行い，論点を整理し著者の主張が提示されている。

　第1章では，終身雇用に関する所説を取り上げ，その評価を行い，著者の「終身雇用（日本的雇用慣行）の構成要因」が示される(31頁)。第2章では，年功賃金の概念の成立や所説などをとりあげ，その評価が行われている。また，第3章で，「年功賃金と同一価値労働同一賃金論」を論じているが，これは「この論争の内容は今日でも意義があり，政策展望として重要であると考えたからである」(「まえがき」)とされる。

　第2篇は，雇用と賃金の実態分析である。日本における雇用・賃金の実態は，財界の雇用・賃金政策に影響されたものであり，この政策の分析と評価は欠かせない作業である。著者は，第4章と第5章において，特に日経連（現在は，日本経団連）の諸政策を中心に分析と評価を行っている。第6章では，広く普及した職能資格制度・職能給について分析し，その原理的な特徴を明らかにしている。特に，第6章では，賃金実務家である楠田丘氏の理論を取り上げ検討・批判している。著者は「賃金実務家の主張を意識的に取り上げ批判した。その影響が実際には大きいのに，研究者は研究者どおしの論争には熱心であるが，実務家をあまり相手にしていない，という思いからである」(「まえがき」)と述べているが，賃金実務家によるマニュアル書によって，賃金・人事制度が導入され，その下に運動の主体があることを考えると，賃金実務家の理論に対する評価は重要である。また，第7章では成果主義と関連して，労働時間も議論されている。ここでは，裁量労働制やホワイトカラー・イグゼンプションが分

析されている。

　第3篇は，「運動主体にとっての新たな政策課題編」（「まえがき」）であり，著者の「対抗軸」が具体的に提示されている。そして著者は，「提起した政策課題や政策の視点は，終身雇用，年功賃金の転換に対して企業内での従来型終身雇用の維持や成果主義化に対して年功賃金を守るという課題に限定」（343頁）されることはなく「新たな枠組みへの対応が問われているのではないか」（同）と指摘している。

　さらに，それは企業内の枠組みをこえる課題への対応であり，「自立可能な個人単位化」であると指摘している。著者は，「自立可能な個人単位化」の展望との関係において，「労働力再生産の社会化の今日的発展としての社会保障・公共サービスの充実が必要条件であり，それが雇用と賃金の保障と関連して生活諸課題への対処という十分条件を構築するということ，そのことが今日ほど明らかにされるときはない」（342頁）と課題を指摘している。

　また，著者は，「① 終身雇用・年功賃金転換への視点，② 均等待遇の視点，③ 雇用形態多様化の視点」（321頁）という3つの視点を提示し，それぞれの視点からの政策を提起している。

　評者にとって，この第3篇での「対抗軸」の提起は，最も関心のあったところであった。

　本書は，労働者や労働組合が直面している雇用や賃金に関わる重要な問題が取り上げられており，それぞれの課題・テーマについて理論的実証的に「労働者あるいは運動主体を意識する観点からの分析視角」（353頁）から研究された貴重な著書であるといえる。

　本書は，著者によれば「ズバリ終身雇用・年功賃金という表現を使用し，1990年中葉以降の変化を『転換』」（「まえがき」）とし，終身雇用と年功賃金を労資関係も含めて議論している。そして，著者が，労資関係を一貫して重視していることがわかる。例えば著者は，木下武男氏の議論を評価する中で，「いかなる賃金制度を選択するにせよ，結局は労資の力関係を変える展望にならざるをえない」（97頁）と述べているようなことからも，著者の姿勢をみることができる。

　本書の貴重な点は，著者の主張や現状分析にとどまらず，これを前提とした「政策提言を含めて体系化を試みた書」（352頁）という点である。

　そして，政策提起・問題提起にあたり，著者は労働組合の歴史的事実や現実を重視し，現実に即した提起を行なっている。例えば，「日本において歴史的，慣行的に形成されてきた要因を無視する必要はないし，過去・現在の労働組合の実践を否定する必要もない」（327頁），「当面の対策としては，（中略）現存する日本の労働組合の実践のなかに大きなヒントがある」（343頁）などという指摘である。現実の雇用や賃金の状況を変えるのは，働く人々であり，その実態を歴史的にも理解して，政策や課題を提起しなければ，現実を変える力にはなり得ない。

　政策に関わり，評者は著者の「均等待遇の視点」からの企業横断的賃率に注目したい。著者は企業横断的賃率の形成にあたり，

Ⅲ 書　評

「賃金決定の社会化・横断化が重要となるが，筆者はそれを一つの手段に固定する必要もないと考える」（327頁）として，① 仕事群別・年齢別賃率，② 職種別横断賃率，③ 大括り職種別（公的資格を含む）・経験年齢別賃率を提起する（328頁）。運動の主体が，この提起をどのように受け止めるか，興味のあるところである。

本書は，理論篇，実態分析篇，政策課題篇と扱う領域が広く，かつ分析は深いものがある。こうした本書を評価するのは，評者の能力を超えるものがある。

著者は「本書が，グローバル化・市場競争を強調して，労働者の生活と権利をないがしろにする現在の時流，風潮にささやかな一石を投じることができれば幸いである」（353頁）と述べているが，本書は「ささやか」ではなく，大きな「一石を投じた」といえよう。

（中京大学　杉山　直）

● 社会福祉の歴史

谷沢弘毅

『近代日本の所得分布と家族経済——高格差社会の個人計量経済史学』

日本図書センター，2004年12月
582頁，6825円（税込）

本書は，2005年に「社会政策学会学術賞」・「日経・経済図書文化賞」を受賞している。「社会政策学会学術賞」の選考結果報告には，「谷沢の研究成果は衝撃的な内容となっている」「分析の方法論，実証データの収集と処理，実証をつうずる論争的な内容において卓越するものがあり，審査委員会としては，全員一致で学術賞にふさわしいものと判断した」とあり，データの収集や吟味，データの処理，分析方法，そして先行の研究に対する論争的な内容といった点で，優れた研究書であると絶賛の表現がならんでいる[1]。また所得分布の研究者である溝口敏行により，「データ吟味や調整作業を通じてより客観性を増した結果となっている」「緻密なデータ吟味を伴った研究」であると高く評価されている[2]。

本書の課題は，戦前期日本の所得分布の不平等度がなぜ高い水準にあったのか，そしてこのような水準を構成していた各所得階層が，日常生活上でいかなる経済行動を取っていたために不平等化していったのかを検討することにある。このように大きなテーマを取り扱った本書すべてを取り扱うことはできないので，私の研究に言及している家族の就業行動についての分析結果を紹介し，それに対する疑問を述べたい。

本書では，細民世帯，職工世帯，俸給世帯の家族の就業行動を以下のように描いている。細民世帯については，「① 他の家族（主に15歳以上の子供）が妻より優先的に労働市場に参入する傾向が定着していたと推測される。……これに対して② 妻は，幼児の面倒を見ながら内職を中心とした在来産業に就業することが多かったため，③ さほど幼児の有無と就業の関係が強くなかったと思われる」（315頁，番号は千本による。以下同。）とある。職工世帯については「子供の有業率の高さが目立っている。……④ 低所得階層ゆえに子供（特に15歳以上）が積極的に労働市場に参入したことを示唆している」（307頁）とある。俸給世帯については，妻の有業率の高さは，「⑤ 妻が単なる家計補助的な目的ではなく，自らすすんで外勤形態の就業を選択していたことを推測させる。これは，当時の妻の就業先が小学校教員・女工・事務員・技芸教授などきわめて多様であり，マスコミが外勤形態で就業している成人女性を『職業婦人』と名付けたことでも裏付けられる」（308頁）とある。

以上のように描き出した家族の就業行動を根拠に，著者は「妻の低就業も経済的な

167

III 書　評

裏付けを持った行動であり、低所得階層ゆえに全員就業していたであろうという通説に反する事実であった」(525頁)と通説を批判する。また「構成員ごとに就業戦略をみると、まず子供が重要な役割を負っており、夫婦のみを対象とした単純な性別役割分業仮説では説明できないことが明らかになった。……妻は、子供よりも有業率が低かった……この理由は、多数の子供達を相手にした家事労働を選択して児童労働を支援していたため」(548頁)とし、千本暁子に対して「児童労働を考慮しない単純な性別役割分業観は、世帯単位の労働供給戦略の点から修正されるべきである」(526頁)と批判を展開している。

たしかに本書で示されたデータ分析の結果をみると、これまでの研究の見直しをせまる「衝撃的な」ものである。そこで、本書ではどのような資料を用い、それをどう読み取り、どのようにデータ処理したのか、またそこから導き出された分析結果は妥当であるかどうかを検証したい。

まず細民世帯では「① 他の家族が妻より優先的に労働市場に参入する傾向が定着していた」という推測は、世帯主の勤労所得別に有業世帯率を示した表5-1から導かれたものである。同表から明らかにされたことは、他の家族の有業率は世帯主所得が上昇するに従って一貫して低下傾向にあるということ、妻の有業率は世帯主の勤労所得が30円以上の世帯では世帯主所得が上昇するに従って低下するが、30円未満の世帯では、世帯主所得が低下するに従って妻の有業率も低下しているということである。そしてこのことから細民世帯では世帯主所得が低い世帯ほど子供が優先的に労働市場に参入する傾向があるという結論を導き出している。

しかし、この表を作成した元のデータを吟味すると、こうした結論を導き出すことは無理がある。なぜなら、世帯主の勤労所得が30円未満の56世帯のうち6世帯は、女性が世帯主であることが明白である世帯である。この6世帯を除いて妻の有業率を算出すると、妻については、30円未満では世帯主所得が低下するとともに有業世帯率もやや低下しているとはいえないのである。つまり世帯主所得が低い世帯では妻よりも子供が優先的に労働市場に参入したと主張する根拠はない。

次に「② 妻は、幼児の面倒を見ながら内職を中心とした在来産業に就業することが多かった」という点についてであるが、このことに異論はない。しかし細民世帯の妻の内職従事者を39％と推計し、「細民世帯では妻が他の世帯よりも副業のみの者が非常に高かったと予想」(309頁)しているが、この39％という数字の推計の仕方に問題がある。推計するにあたって、細民調査、中等階級調査、俸給職工調査という3つの調査結果を利用しているが、これらの調査対象世帯の収入水準は異なるのに、これらの世帯の妻の無業率や本業をもつものの比率は同じだという前提で内職者の比率を推計している。本書の課題のひとつは、所得水準や社会階層による家族の就業行動の違いを明らかにすることであるのにもかかわらず、それを同じだという前提で推計するのは明白な矛盾である。

次に③の幼児の有無と就業の関係につ

いてであるが，非世帯主の労働供給関数を計測する際に幼児ダミーを用いている。結果は，幼児ダミーについては細民，職工，俸給のいずれの世帯とも符合条件を満たしていたが，統計上の有意性は職工・俸給世帯のみ満たしていた。しかし細民世帯の妻は，幼児の面倒を見ながら内職を中心とした在来産業に就業することが多かったため，さほど幼児の有無と就業の関係が強くなかったと思われる，と分析結果を示している。幼児の有無は世帯別データではわからないので，本書では「育児教育費のうち学校費が記載されておらず，かつ子供小遣の記載されている世帯」(352頁)を幼児のいる世帯としている。

こうした幼児の有無の決め方は現実を反映しない可能性がある。そこで幼児の有無の決め方が妥当かどうかを，以下のようにして検証した。まず，両親と1人の子供からなる3人世帯を抽出した。これらの世帯のうち学校費と子供小遣の両方が記載されている世帯は，学齢期の子供がいると推測できるので，ここからこれらを除いた49世帯を抽出した。この49世帯のうち乳幼児がいるのに子供小遣が記載されていないために「乳幼児がいない」世帯とされる世帯は3世帯，また子供は乳幼児ではないのに，「乳幼児がいる」世帯とされる世帯が14世帯ある。このように49世帯中17世帯について明らかに間違った判定がなされるような幼児の有無の決め方は粗雑である。

次に職工世帯では「④ 子供の有業率の高さが目立っている。低所得階層ゆえに子供（特に15歳以上）が積極的に労働市場に参入したことを示唆している」とある。この分析は表5-3，表5-4から導き出したものである。表5-3では，協調会調査を用い，職工世帯と俸給世帯それぞれについて非世帯主の有業世帯率を算出している。非世帯主の有業率は，全国平均でみると職工世帯は俸給世帯より高いが，東京地方については俸給世帯のほうが高くなっている。これは予想外の結果であったようで，「中等階級調査」という別の調査の報告書を分析し，東京でもやはり非世帯主の有業率は職工世帯が俸給世帯より高いのだとする。そして子供の有業率が高いことに注目し，「低所得階層ゆえに子供（特に15歳以上）が積極的に労働市場に参入したことを示唆している」のだとする。

本書の序章では，協調会調査の対象となった職工世帯や俸給生活者を「中所得階層」とするとある (15頁)。また第7章では「とりあえず低所得世帯を世帯主収入で一家全員の消費支出を到底賄えない貧困世帯と定義しておこう」(445頁) ともある。しかし，このようなあいまいな低所得階層の定義に基づいて所得格差の議論は成立しないのではないだろうか。ちなみに，低所得世帯を「世帯主収入で一家全員の消費支出を到底賄えない貧困世帯」とすると，協調会の調査対象となった俸給世帯でも世帯主収入で一家全員の消費支出を賄えていないので，低所得世帯ということになる。

ところで表5-3で示された東京地方においては非世帯主の有業率は俸給世帯のほうが職工世帯より高いという結果は，確かに予想と異なるものである。はたしてこの結論は，明白な根拠をもつものであろうか。そこで同じデータを用いて表を作ったとこ

Ⅲ 書　評

ろ，違うものができあがった。そして非世帯主の有業世帯率は，職工世帯のほうが俸給世帯より高いという予想通りの結果が出てきた。私の作成した表と本書の表5-3との違いをどう理解すればよいのだろうか。

最後に俸給世帯についてであるが，表5-5から，俸給世帯の妻の就業は家計補助的な目的ではなく，職業婦人であったと推測できると分析している。ところがこの表5-5についても，私が作成したら異なる表ができた。そして本書で15歳以上計の有業率として示しているものは，すべての年齢を合計した有業率であった。また俸給生活者の妻は職業婦人であったといえるのだろうか。東京の俸給世帯35のうち妻に収入のあるのは18世帯である。妻の収入額をみると，75.82円，54.42円と高収入を得ているものもいるが，18世帯中8世帯では5円以下であり，とても職業婦人の収入とは思えない。こうしたデータをみれば，俸給世帯の妻は職業婦人として就業していたという結論を導き出すことは無謀である。

以上のように，家族の就業行動の分析については多くの疑問がある。したがって私への批判については，「論評に値しない」と答えておこう。

絶賛されて権威ある賞を受賞した本書であるが，残念ながらデータの読み方，データの処理の仕方，その分析，先行研究の取り扱い方といった，社会科学の研究者に要求される基本的な事柄において多くの問題があるといわざるを得ず，このような粗雑な研究に権威ある賞を授賞したことに，驚きを禁じえないというのが私の率直な感想である。通常，刊行出版されたものは正しいという前提で利用されることが多い。したがって，高い評価を得ている本書の問題点の指摘は，データを利用する研究の信頼を損ねないためにも必要であり，あえて厳しい批判をした。著者自らが責任をもって論文を検証し，公表することを望む。

1)『社会政策学会ニュースレター』43号，2005年7月22日，7頁。
2)『経済研究』57-3, 2006年。

（阪南大学　千本暁子）

＊本稿へのリプライを177頁に掲載する。

菅沼　隆
『被占領期社会福祉分析』

ミネルヴァ書房，2005年12月
296頁，4725円

本書は，アメリカに保管されている公文書をもとにいわば一次資料を丹念にあたりながら，我が国の占領政策を戦前から戦後の福祉政策，とりわけ公的扶助制度の政策展開にGHQがどのような影響を及ぼしたかを究明している。本書の特徴は，これ

までの占領期における社会福祉制度の研究に対し筆者の新たな研究視点を提示したものといえよう。筆者は、序章において研究の方法及び対象を述べているのでその内容を整理しておきたい。

研究の方法は、第1に、膨大な占領期の資料をアメリカで探索した一次資料に基づいて「被占領期」の社会福祉政策の歴史を再構成しようという点である。このことを「資料で確認できた事実に依拠して社会福祉政策を描き出すという歴史学的手法」として位置づけた。第2は、これまでの「被占領期」社会福祉史研究の特徴とその限界を指摘している。例えば、占領期当時の厚生官僚の証言によってまとめられた制度解説書や回顧などに依拠した研究に対して、これらの情報源に基づく研究の前提には、「社会福祉の歴史像は官僚が提示」したものに過ぎず、一次資料をもとにした研究が必要であると指摘する。第3は、社会福祉政策が誕生し成長する過程は「社会的諸関係の合力」であるとし、とりわけ占領期の研究を進める上では「諸関係を詳しく見なければ政策の全体像は理解できない」とし、同時代の当事者の相互行為を分析することが必要であるとする。

さらに、研究の対象と課題を、以下のように定めている。第1は、SCAPIN 775を基軸に被占領期の社会福祉政策は展開されたとされるが、その理念的な起源、主体と理由の解明が必要であること。第2に、占領軍の福祉政策がどのように構想され、具体化されてきたかが従来の研究では不十分であり、これらの構想が実際上どのように運用・適用され生活保護法の制定に至っ たのかを明らかにすること。具体的には、SCAPIN 775の形成過程を解明し、SCAPIN 775を結節点とする占領軍の福祉政策の特質を「中間団体の排除」、「行政の民主化」と「政治的市民の創出」とみなし、「善意による福祉改革ではない」ことを解明すること。特に、この点に関しては、「被占領期」研究における福祉施策史研究としてこれまで課題とされてきた「米国の占領政策体系の中に福祉政策をいかに位置づけたのか」という点から、ニューディール期の影響があるといわれてきたこれまでの研究に対する根拠を、具体的に誰が対日救済政策を担当したのかを資料を通して解明しようとしている。また、このような視点の解明を通して、戦前戦時の社会事業・社会福祉政策と被占領期の社会福祉政策の関連性(いわゆる「連続」と「断絶」)という点を解明することを表明している。

このような筆者の問題意識に基づいて、各章で述べられている内容を整理しておく。

第1章では、米国の対日救済福祉政策の形成過程を取り上げている。ここでは、アメリカで収集した一次資料である『野戦手引書FM 27-5』、『民政ハンドブック—公的福祉』、民政ガイド『日本における公的福祉制度と社会保障管理』をもとに、GHQの占領政策がいかに作られていったのかをを克明に記述している。特に、陸軍省の民政ハンドブックは、我が国における戦前の救済制度を分析しており、例えば、恤救規則と救護法に対する内容、さらに方面委員の肯定的評価などがされていることを詳細に論じている。これまでの研究では、ニューディール期に形成・発達した救済政

III 書　評

策の思想と政策手段が,「善意の福祉改革者」(著者は,「善意をもって日本の福祉水準を積極的に引き上げ・改善する政策指向を有する者を意味」すると述べている) としての役割を果たしたとされてきた議論に対して異を唱えている。その理由は,『民政ガイド』の勧告で示された民間人救済の必要性,軍国主義者の排除,方面委員の活用を通して基本的には,制度の維持存続を前提に国家責任を明確化することが資料から明らかであり,戦争終結以前には,陸軍省も国務省も日本の社会福祉政策を積極的に改善するという意図はなかったと結論づけている。

また,これらの政策に関与した人物たちは,ニューディール期に各レベルの行政機関で有給公務員が救済制度が確立した時期にアメリカ公的福祉協会 (APWA) に所属していた人々であることを資料から明らかにした。このことから,筆者は,「被占領期の福祉改革は福祉行政改革といってよく,ニューディール期の救済行政の経験を基礎として (おり) それは SCAPIN 775 に部分的に反映されており,福祉官僚制の基本的なプログラムとなったこのような経過を見ると,ニューディール期に SCAPIN 775 と類似の発想が誕生していた」とし,アメリカの福祉専門職が直接占領政策に重要な役割を果たしたとしている。

第2章では,SCAPIN 775 がどのような経過を辿って発令されたのかを PHW 福祉課の機構を示すとともに,アメリカ公的福祉協会のメンバーであった福祉専門官 (バウアース,ワイマン) に焦点をあて,これらの人によって初期福祉政策の方針が作られていく過程を分析した。したがって,すでに1945年10月の時点で SCAPIN 775 に発展する諸原則が萌芽的に形成されていたことを導き出している。すなわち,SCAPIN 404「救済福祉計画」で,困窮事由を不問に最低生活保障,単一の法律を作成することが示され,CLO 1484「救済福祉ニ関スル件」では,新しい援護団体の設立 (恩賜財団同胞援護会の設置を提案) によって救済機関を位置づけようと考えていた。しかし,GHQ は,日本政府が構想する民間援護団体に救済活動を負わせることを禁止し,あらためて公的責任という観点から「支給金総額無制限の原則」が強調されることとなったとする。

第3章では,生活保護法の形成過程をテーマに,法がどのような議論や経過を辿りながら制定されたのかを丹念にまとめている。その前提として,SCAPIN 775 の原則を法令化したものが生活保護法ではないということを論証するために,「いかにして旧生活保護法は形成されたのか」を GHQ が英文で提出した生活保護法案要綱 (1946年4月30日付) をもとに,国会の審議過程と関連させながら検証している。重要な点は,厚生省保護課が恒久的な法律として生活保護法案を考えていたことに対し,GHQ はそれほど多くの指摘をしていないことに注目する。GHQ が問題としたのは国家責任と無差別平等についてであり,単一の組織体制を担保するための責任関係を「厚生大臣→地方長官→地方事務所長→市町村→被救済者」と位置づけ,有給公務員の権限強化を通して名誉職である民生委員の裁量の幅を制限することなどであった。

したがって，その後に大きな問題となる欠格条項や民生委員問題に大きな関心は示していなかった。しかし，筆者は，国家責任に対し日本側とPHWとの意識の違いに注目する。前者は，戦争責任から「償いとしての国家責任」を認識していたのに対し，後者はアメリカ流の民主主義国家の視点から「市民の基本的権利」を保障するものとして国家責任を捉えていたことを指摘している。

第4章では，旧生活保護法の展開について，法制定以降の保護基準の変遷，「被占領期」の民生委員と地方軍政部との関係性，保護請求権の形成プロセスについて論じている。この時期の保護基準に関しては，その基準の考え方が第8次改訂（1948年8月）で示されたことを境に，それまでの基準は，「上限」，「ガイドライン」というあくまでも目安的なものであったが，GHQの指摘もあり一定の客観的な基準として考えられるようになった。また，生活保護の実施機関である民生委員の関わりに関して「軍政活動月例報告書」を手がかりに，名誉職裁量体制と戦前・戦後の「断絶と連続」ということと関わらせて，GHQが批判的なとらえ方になっていく経過を示している。また，不服申立及び保護請求権に関しては，愛知県知事の「疑義照会」などの例を元にGHQの指導のもとに進められたものであることを論じている。

以上のように，本書は，圧倒的な分量の一次資料の発掘による具体的な事実を駆使し，戦後の生活保護制度の成立過程を検証した史料としての高い評価をすることができよう。本著作については，すでにいくつかの書評も出されているため，評者の研究関心との関係からいくつかの疑問について述べておきたい。

第1は，民生委員（方面委員）の果たした役割をどう評価するかという点である。当初の占領政策の立案段階では，民生委員の救済に対する姿勢を積極的に評価する記述が見られていたが，生活保護の運営組織体制を国家行政システムに組み入れつつも，生活保護法は福祉公務員を主体としなかった。第8次改訂以降の有給専任吏員の導入は，どのような理由からもたらされたものであろうか。第2の疑問は，ニューディール期，とりわけ1935年の社会保障法成立以降は，公的扶助を行う専門職は民間で活動していたケースワーカーが公的福祉機関に入り福祉公務員となったといわれている。事実，1章での資料からもそのことが明らかにされているが，いわゆるアメリカ流のケースワークが，論述の中で全くといって良いほど触れられていないのは，史料に記述がなかったと判断すべきなのか。そうであるとすれば，現行生活保護法が成立する過程において，社会福祉主事が定められ，児童福祉司や身体障害者福祉司が関連の法律とともに位置づけられていた根拠をどのように考えるべきであろうか。さらに第3の疑問として，社会福祉における相談・判定機関として，児童相談所，身体障害者更生相談所，そして福祉事務所が設置され，これらはまさにニューディール期以降のモデルである。従って，社会福祉におけるの我が国への専門職制度の移入と行政システムとの関連は重要な点であると思われるが，この点について占領期の福祉システムの検

討としては重要であるが、その点についての指摘がないのは不十分ではなかろうか。

筆者の関心との関係から、このような興味と疑問を提示したが、社会福祉領域における占領期の研究に本書は大きな示唆と新たな課題を与えた意義は大きい。

(国際医療福祉大学　六波羅詩朗)

北場　勉
『戦後「措置制度」の成立と変容』

法律文化社, 2005年4月
314頁, 6300円（税込）

北場勉教授は、「社会保障」を政府による資源配分と家族・地域社会など諸領域との関連した活動であると捉え、そのような「社会保障」が日本においてどのように成立したのか詳らかに描くことを目的とした『戦後社会保障の形成』（中央法規出版）をすでに2000年に著されている。その後、「日本的公私関係」の内在的制約ならびに社会福祉法人制度の趣旨に関する新しい解釈を相次いで公にされ［北場 2002a；2002b；2002c；2004］、いよいよ「措置制度」の理念と構造変容について独自の見方を取りまとめられたのが、本書である。

社会福祉における「措置制度」は、戦後日本に特殊な公私関係の仕組みであり、社会福祉の業ならびに業管理の体制（すなわち、実施体制）そのものである。本書は、社会福祉改革を通じて、「措置制度」というサービス供給体制のどこが、どれほど変化したのかを、「措置制度」の「基本理念」ないし「基本原理」の変容の問題として検証することを課題としたものである。「措置制度」を、社会福祉を行政処分として実施するような思考の根拠となる原理ならびにその原理を体現する個別制度の包括的な体系と捉え、これを戦後日本の社会福祉システムに固有のものとして対象化し、その成立と変容の構図を描こうというのが、本書の意図である。その背景には、そうした包括的な思考・制度体系そのものが歴史的に終焉の段階を迎えているのではないかという著者の仮説があるものと思われる。

方法的には、まず、戦後「措置制度」の成立過程を分析することで、「措置制度」といわれるものの基本原理と制度体系を把握した上で、その変容過程の分析から体系に生じた変化のファクトを整理し、そのことを通じて、結果としてどのような変容が顕在化したのかを確定するという手順をふんでいる。分析の主たる対象領域とされているのは、保育制度と老人福祉制度である。

まず、第1章において、措置制度の成立構図を包括的にまとめた上で、第2章・第3章において、「措置制度」の基本原理と、それに基礎づけられる制度体系について整理している。基本原理として、1946年2月

のSCAPIN 775に発する国家実施責任，1946年10月の「政府の私設社会事業団体に対する補助に関する件」に発する「公私分離原則」，ならびに憲法第89条に発する「公の支配」の下にない民間社会事業への公金支出禁止を挙げている。そして，第4章では，社会福祉法人制度の創設と社会福祉事業の独占への経緯が分析される。第4章までにおいて，そうした原理に裏づけられて，公的責任，行政処分，機関委任事務，措置委託，公立施設優先，公的助成の制限・禁止，社会福祉法人中心主義などといった社会福祉サービス提供システムの共通部分ができあがり，全体としての「措置制度体系」が構造化したことが描かれている。

その後，第5章において，「措置制度」の変容過程が分析される。そこでは，社会福祉法人以外のサービス提供主体の参入や公立施設優先の廃止，あるいは，多様な事業主体への国庫補助の開始や自治事務化などの変化が進み，「措置制度」を成り立たせしめた基本原理においても，民営化，地方分権，民間活用，公私連携，福祉多元化といった変容が顕在化するところに至っていることが実証されている。

本書の意義はつぎの点にある。

まず第1に，措置制度には行政処分としての措置判定や措置委託制度以外にも，社会福祉法人や施設建設費補助金の仕組み，あるいは機関委任事務に伴う特有の政府間関係など，様々な仕組みが巻きついていることについては，従来から指摘されてきた。とくに，基礎構造改革当時に生じた社会福祉法人をめぐる事件では，社会福祉法人の認可や施設建設に関わる都道府県所管課への権限集中の問題や計画前置主義などが，福祉サービスの基盤形成を福祉ニーズの実勢から乖離させる結果になっていることなど，給付実務面以外での措置制度の弊害が指摘されたこともあった［小笠原 2002］。しかし，そうした巻きついた仕組みを原理と諸制度の包括的体系として概念化し，その体系としての変容を実証したのは，本書がはじめてである。

第2に，市場や社会連帯の世界からは，制度内サービスのみが福祉システムを構成するのではないことは明らかである。しかし政策実務の世界では，公私関係の最適化，すなわち，政策目標に対して制度外の様々な福祉的資源をいかに適正に「活用」するかが関心事となる。指導，監督，育成を通じた制度外資源の包摂は公私関係の最適化にとって常套手段となっている。本書第5章の措置制度の変容に関する分析は，もともと制度外にあったサービス資源が政策的助成・活用によって，制度内に適正に包摂される姿の分析となっており，福祉サービスに係る業の管理の変容を記述する内容となっている。つまり，措置制度の変容を，政策選択によって作り出された状態として描くことになっている。この方法は，社会福祉の普遍化・一般化論のように福祉ニードの歴史構造的な変化から措置制度の変容を記述する先行の方法に対して，本書の特徴をなしているといえる。

第3に，本書は，措置制度の変容と今日の到達点を示すことで，一連の社会福祉改革を評価するための参照基準を提示している。その際，本書が，「措置制度」の変化

を保育ならびに高齢者介護サービス分野について実証している点が重要である。すなわち，老人福祉法等八法改正によって，福祉サービスの領域が登場し，狭義の社会福祉との間に社会福祉の二層化が生じたが，そのうち，福祉サービス領域にフォーカスを絞る形になっている。この二層化は，実は，人の自立の二義性（自助的自立と関係依存的自立）に対応している。基礎構造改革後の社会福祉の動向を，たとえばケアワークとソーシャルワークの統合や地域包括化といった動きに着目して，行き過ぎた二層化の修正と把握する評者のような立場もあるが，他方，福祉システムそのものの再編過程では社会福祉の「福祉サービス」化が基本の流れであるという評価もある。この点は，まさに基礎構造改革の底流をなす論点でもあった。本書は，措置制度の変容の解明という分析的課題を背負いながらも，第5章の終末では，公共性や社会的支援を伴った福祉サービス供給体制の多元化といった政策的示唆を行なうことで（第5章の3），「措置制度」の変容の中にある内在的な制約に特段の注意を向けているように思われる。

措置制度の変容については，北場教授はそのような表現を用いていないが，一般に「パラダイム」の転換だとする評価がある。「パラダイム」という概念は，トマス・クーンが科学革命の契機を説明するために導入したものであった。彼は，科学革命は通常のサイエンスの発展の連続線上に起こるのではなく，異変が積み重なって既存のパラダイム（つまり，社会政策という科学領域について言えば，取り扱われるべき問題はどういう性質のものであるかを特定し，何を，どのような性格の手段と役割で達成すべきかを構造化する包括的な思考の体系）の信頼性が揺らぎ，その知的な首尾一貫性が崩れる場合に，政策の対象，目的，手段について組み立ての論理構造が統一的に変容することをパラダイム・シフトと概念化している［阿部 2005：12-13頁］。この観点からわが国の措置制度の変容を観察すると，行政処分から自己決定へ，公的負担から応益負担へ，社会福祉法人中心主義から供給多元化へ，といった変化は，手段のパラメータにおける変化ではあっても，パラダイムそのものの変化とまでは評価し得ないのではないかと思われる。同一の思考軸を反転させて得られる対峙概念が登場したといったほどの変化に留まっているように思える。

社会政策の研究にとって，「措置制度」の変化を，たとえば「利用者本位」や「準市場」などといったレトリックで説明することはあまり重要なことではない。それどころか，「基礎構造改革」後の実態をみれば，措置の仕組みが廃止された福祉サービスの領域についても，サービス給付の必要性と程度の認定，保険給付の対象となるサービスや受益負担の範囲，あるいは「経営準則」をはじめとする業管理の仕組みなど，福祉的資源の形とその分配プロセスを制度がコントロールする方法体系はそのままになっており，実態をそうした修辞で語ることの妥当性に問題なしとしない。他方，「措置制度」に生じてきた変化の構造を解読し，果たしてそれが戦後日本的な福祉システムにおける「パラダイム・シフト」と

評尺するに相応しいものであるかどうか，という政策パラダイム問題に迫っていくことができるとすれば，「措置制度」はたいへん魅力あるテーマとなりうる。

この論点は，書評の範囲を超えているかもしれない。しかし，本書には，実は，社会政策研究にとっての「措置制度」のテーマ性と変容の射程という学会に対する大きな問題提起が含まれていることを，最後に確認しておく必要がある。

【参考文献】

阿部四郎　2005：「21世紀型社会福祉への挑戦――一つの問題提起」『感性福祉研究所年報』第6号

小笠原浩一　2002：「社会福祉法人改革と施設運営の課題」『社会福祉研究』第85号

北場勉　2002a：「戦後社会福祉立法における公私関係とその民間社会福祉事業に対する内在的制約について」社会政策学会編『経済格差と社会変動』（社会政策学会誌第7号），法律文化社

―――　2002b：「日本的公私関係と内在的制約」小笠原浩一・武川正吾編『福祉国家の変貌』東信堂

―――　2002c：「社会福祉法人の沿革と今後の展望」『社会福祉研究』第85号

―――　2004：「規制改革と福祉改革の交錯」『月刊福祉』第87巻第12号

（東北福祉大学　小笠原浩一）

千本暁子氏へのリプライ

拙著は本文581頁，図表総数120に及ぶが，千本氏による書評対象部分は拙著で批判した氏の代表論文「日本における性別役割分業の形成」[1]（以下，性別分業論文と略記）と直接関係する，十数頁，表7つ分にすぎない。つまり氏の書評は，自説の正当性を強調するために，性別分業論文と同じ資料を使って世帯員別就業を論じた第5章の一部への反論に集中して，他の部分（新たな個票データを使った第7章の世帯員別就業の分析ほか）は実質的に論評していない。反面，その末尾では私の研究者としての姿勢にまで言及するなど，書評として極めて変則的な記述形態をとっている。それゆえ以下では，性別分業論文の抱える問題と関連させつつ，氏が提起した6点の批判に答えて私の真意を述べていきたい。

第一は，子供（主に15歳以上）が妻よりも優先的に労働市場に参入したという主張（以下，子供労働優先仮説という）は成立しないという批判。特に細民世帯に関して氏は，私が同仮説を表5-1の世帯主所得30円未満層における世帯員別の有業世帯率から導いたと決め付けた上，同階層には女性世帯主の6世帯が含まれているため，それらを除くと妻の有業世帯率が変化（数値は不明）して，仮説を支持する根拠はなくなると主張した。

しかし氏の批判は，あくまでダグラス＝有沢の第一法則の検証内容にすぎず，子供労働優先仮説のそれではない。また私はすでに『第3回細民調査』の統計表から，同

III 書　評

階層には女性世帯主ではなく，第一法則の前提条件を満たさない「片親世帯」等を含んでいる可能性があることを把握していた。そのため表5-1に関する記述の最後で，妻の有業世帯率が変更される可能性を想定し，「もっとも，世帯主所得が30円未満の世帯には，……上記の推測は暫定的なものにすぎない」(304頁，傍点は今回追加) と明記した。私は氏の批判を受けるまでもなく，30円未満層の解釈には慎重であるべきという立場を明確にしていた。

とはいえ同仮説が所得階層ごとに成立するためには，世帯員別・年齢別の就業確率を適切に反映した表5-2，表5-4の有業率において，15歳以上計や親子関係に相当する年齢階層同士の，妻<子供という関係を確認すればよい (表5-5を用いない理由は，第二の批判部分を参照)。なぜなら就業確率が高いほど市場参入の優先度が高いとみなせるからだ。即ち細民世帯では，表5-2の1921年における有業率が，15歳以上計では妻 (片親世帯を除いた有配偶の女性に限定，以下同じ) <他の女性<世帯主以外の男性，また40～49歳の妻<15～19歳の他の女性<15～19歳の世帯主以外の男性となる。職工・俸給世帯でも，表5-4において40～49歳の妻<15～19歳の子供となる。各階層とも同仮説が成立している。

性別分業論文では，主に家計調査に掲載された不完全な世帯員別収入を使用して，夫妻のみの就業状況を推測していた。しかし第5章では，これらの先行研究が全く注目していなかった家計調査の職業データより直接，世帯員別・年齢別の有業率を計算して，各員の就業状況を確定した。かかる方法を採用したことで，私は幸運にも子供労働優先仮説を発見できたのである。

第二は，妻で副業のみの者の推計方法に対する批判。この推計を敢えて実施した理由は，戦前の家計調査の大半が世帯員別に収集した複数の職業情報を本業・副業別に集計していたが，性別分業論文ではこれらの組み合わせを全く検討していなかったためだ。その際に氏は，収入水準の異なる複数の調査を利用するのは「明白な矛盾」と批判する。この反論を次の2点に分けておこなおう。その一は，『俸給職工調査』の職工・俸給世帯における妻の無業率を，『中等階級調査』のデータを利用して推計した点。この点に関連して私は，数ヶ所の問合せ，関連データ，報告書の記述等から，『俸給職工調査』では妻が副業のみの場合は有業状態とみなさない可能性が高かったことを発見した (この重要問題は，性別分業論文では未検討)。そのため実際の妻の無業率は，両世帯とも最低でも実質収入が同調査よりやや少なく，副業のみでも有業とみなした『中等階級調査』程度と判断した。その二は，細民世帯で本業のみの妻の割合を，『俸給職工調査』の職工世帯の妻のデータを利用して推計した点。この理由は，同推計にとって必要となる本業をもつ妻 (＝本業・副業ある妻＋本業のみの妻) の割合を，『第3回細民調査』の関連情報から最高でも『俸給職工調査』の職工世帯並みと推測したためだ。いずれも多様なデータを然るべき理由に従い使用していた。

第三は，『第3回細民調査』で世帯別に幼児の有無を決める方法に対する批判。そもそも幼児の有無に注目する理由は，性別

分業論文のようにこれを無視し集計データのみで妻の就業行動を評価するのは危険であるからだ。妻の就業を厳密に評価するには，幼児の有無に関する情報を含んだ個票データを用いて労働供給関数を計測して，幼児の存在が妻の就業に与える影響を除去する必要がある。ただし原資料には，幼児の有無に関する正確な個別情報が全く掲載されていないため，大胆な仮定のもとでこれを決めなければならない。

ここで氏は，私の決め方が「粗雑である」理由として，共稼ぎ両親と1人の子供から成る世帯49戸を抽出すると，17戸が私の採用した方法では間違った判定が下されたと指摘する。この検証方法にはいくつかの問題があるが，とりあえず採用した上で氏の主張の根拠となる49戸の個票データを再集計すると[2]，幼児のいる世帯は氏では29戸だが，そのうち私の判定法では26戸が一致したため，的中率は90％（＝26÷29）に達した。また私の判定した幼児世帯数40戸に限っても，そのうち氏による幼児のいる世帯数は26戸であり，65％（＝26÷40）の的中率を確保できた。私の方法の精度が計量分析として満足な水準にあることが，図らずも氏の示した資料で証明された。さらに氏の検証方法は，換算人員（いわゆる「ケト」）を利用しているため，2人以上の子供のいる世帯には適用できない点にも留意すべきだ。氏がかかる状況下で，代替方法を提示せず不一致の事例のみで批判したのは，私の判定法が唯一の方法であることを暗に認めた証といえよう。

第四は，低中所得階層の定義があいまいであるという批判。このような批判は元来，情報の制約されたこの種の歴史研究には常に付きまとうが，第5～7章を通読すれば拙著が戦前の社会階層に関する先行研究と同様の定義を採用していることがわかろう。即ち私は一貫して，低所得階層は『第3回細民調査』『被救護者調査』等，中所得階層は『俸給職工調査』『中等階級調査』等の，代表的な典型調査の各調査客体と位置付けている（表6-1も参照）。

性別分業論文では，中所得階層に関連して「新中間層は，中小地主・商人・手工業者などの小生産手段を所有して自営する旧中間階級にかわって，生産手段は有しないが管理労働の末端をになう階層であり，中流階級から転落したものや，会社制度の普及にともなってあらたにうまれた『俸給生活者』によって構成されており，工場労働者層は都市下層から上昇分離して誕生した層である」（192頁）との記述があるが，拙著も凡そこの階層分類観に準拠している。もちろんここでも「中流階級」「都市下層」等のあいまいな表現があるが，私はそれを問題視するつもりはない。なぜなら拙著では，格差の発生メカニズムを解明する目的で主に各階層・集団特有の世帯行動を定量的に抽出することに努めたため，典型調査の各調査客体を示唆する上記の考え方でも，この作業に支障ないと判断したからである。

他方，第7章の冒頭で「とりあえず低所得世帯を世帯主収入で一家全員の消費支出を到底賄えない貧困世帯」（445頁）と記述した部分は，性別分業論文における性別役割分業を計測する指標の説明と似ているため，氏が注目したのだろう。しかしこの文章は，「とりあえず」「到底」といった修飾

179

語が付いており，低所得世帯を厳密に規定していないのは明白である。むしろ典型的な低所得世帯をいかに表現するか悩んだ末に採用した，便宜的な表現にすぎない。あえてこれを記述した理由は，読者に第7章の分析目的である「低所得世帯内の就業戦略」の重要性を認識してもらうためである。この部分はその後の分析結果に決定的な影響を与えないから，その表現を若干修正すれば氏の批判は解消するはずだ。

第五は，表5-3，表5-5での計算ミスの指摘。両表のミスとも，データ（セル）総数の2割前後に留まっているほか[3]，故意におこなわれたわけでないことは氏が指摘した再現計算の内容から明らかである。そして表5-3の間違い部分を修正すれば，「東京地方では（非世帯主の有業世帯率が）俸給世帯＞職工世帯となり，第一法則が成立していない」（306頁，（ ）内は今回追加）という予想外の結果を撤回でき，私の主張を更に強固なものとさせる。なお表5-5の有業率は，性別分業論文で取り上げられなかったため，氏がその情報をいかに判断したかに興味をそそられるが，残念なことに書評では全く言及されていない。

第六は，俸給世帯の「妻が単なる家計補助的な目的ではなく，自らすすんで外勤形態の就業を選択していた」（308頁）という推測は間違いという批判。しかし氏がこの批判の根拠としてあげた俸給世帯18戸は，家族収入（正確には非世帯主収入）のある世帯であるから，そこには妻と子供等が働く世帯や子供等のみ働く世帯も含まれており，氏のように「総ての世帯の妻が職業婦人」と仮定して拙著を批判するのは誤りだ。

即ち18戸のうち妻が働く世帯は4.6戸（＝俸給世帯総数35戸×表5-5の妻の有業率13.0％）にすぎず，残りの13.4戸は子供等のみ働く世帯である。しかも氏の提示したデータで，上位5戸の家族収入がその他の世帯より極端に多かった事実は，これら5戸の妻が然るべき本業をもっていた可能性を示唆している。この事実は，『俸給職工調査』の妻は，本業をもつ者のみ家族収入欄にその収入総額が記載され，有業とみなされた」という，第二の批判点に関連する推測を裏付ける情報でもある。上記の推測は，このようなデータ特性（私は「本業ベースの就業分類」と命名）のもとで，表5-5における妻の有業率が俸給世帯＞職工世帯となった理由として，当時の風俗言説を引き合いに出しておこなった「可能性の提示」である。

以上のように氏の書評は，第5章の世帯員別就業に議論を絞って，データの処理や解釈，用語定義や推計方法の記述仕様等，技術上・表現上の批判に偏っており，いずれの批判によっても私の論理を実質的に変更する必要性は生じない。むしろ私は，氏が第7章の個票データを使用した計量分析の結果等を積極的に検討した上で，第5～7章の中心課題「世帯員ごとの就業戦略」を総合的に論評することに期待したが，この中核部分は書評で具体的に触れられていない。また性別分業論文では，家計調査の不完全な世帯員別収入だけ使用して夫と妻の性別役割分業を分析しており，かかる使用データの限界から子供等の有業率の高さやその重要性を無視して，夫の収入増こそ妻が専業主婦（つまり無業）になる要因で

あると主張している。これが拙著でぜひ指摘したかった同論文の大きな問題点である。

＊本稿の読者は,「子供の労働は妻よりも市場参入的か？」「協調会編『俸給職工調査』における就業概念の特徴」「個人計量経済史学研究序説」いずれも札幌学院大学編『札幌学院商経論集』第24巻, 2007年を必ず併読されたい。

1) 荻野美穂・田辺玲子ほか編『制度としての〈女〉』平凡社, 1990年の187～228頁。
2) この再集計作業は, 社会政策学会第113回大会（2006年10月）の書評分科会で千本氏が配布した資料（以下,「配布資料」と呼ぶ）5頁の表を使って実施。
3) 表5-3の数値は「配布資料」7頁の表, 表5-5の数値は同8頁の表より計算。

（札幌学院大学　谷沢弘毅）

IV 投稿論文

公的年金財政検証の課題　　　　　　　　畠中　　亨

グローバリゼーションとフィリピンの
　　看護労働力輸出政策　　　　　　　　山田　亮一

アメリカ「オーナーシップ社会」の
　　社会経済的意義　　　　　　　　　　吉田　健三

公的年金財政検証の課題

畠中 亨　Hatanaka Tohru

1　はじめに

　2001年5月に行われた社会保障審議会において，年金数理部会の設置が承認された。年金数理部会の設置は，同年3月の閣議決定「公的年金制度の一元化[1]に推進について」を受けてのものである。設置の趣旨・審議事項は，①各被用者年金制度の安定性及び公平性の確保に関し，財政再計算時における検証及び毎年度の報告，②被用者年金制度の一元化の具体的な措置が講じられる際の具体的な費用負担の在り方等について，年金数理的な観点からの検討及び検証，③農林漁業団体職員共済組合の厚生年金保険への統合に伴い納付される移換金の検証などとされる[2]。このうち③の農林漁業団体職員共済組合の厚生年金保険への統合は2002年度に完了している。よって，現在の社会保障審議会年金数理部会（以下，年金数理部会）では，残る①と②が主な審議事項となる。

　年金数理部会では，公的年金財政状況とその変化に与する要因について検証が行われている。この検証結果は，『公的年金財政状況報告』として毎年公開される。同報告は，上述の部会設置趣旨①の「毎年度の報告」に該当し，その内容は政治的意図を反映しない中立的なものとされる[3]。しかし，社会保障審議会における年金数理部会設置を承認する際の議論では，一見中立的と思われる数理計算の過程において，政策判断が介在しうるという点が指摘されていた[4]。その一方で，政策判断が介在した計算結果であっても，それを公開することは議論の素材としての価値があるとする意見も出された[5]。

　本稿では年金数理部会の報告に関する上記のような論点を踏まえ，同部会報

Ⅳ 投稿論文

告の最新版である『公的年金財政状況報告—平成15年度—』(以下，15年報告)を詳察し，その意義と問題点を検討する。また後半では，指摘する問題点を補うため，筆者独自の分析を行う。そのためには，まず年金数理部会が公的年金財政を検証するために用いている分析方法を理解する必要があるだろう。次節では年金数理部会の設置とともに，新たに取り入れられた分析方法について述べる[6]。この分析方法には明確な呼び方は定められていないようであるが，本稿では便宜的に「乖離分析」と呼ぶこととする。

2 乖離分析の方法

(1) 乖離分析の基本的考え方

乖離分析とは，財政再計算において作成された将来見通しと，年金財政の実績値とがどのようにして乖離したのかを探る分析方法である。5年に1度の財政再計算では次年度以降各年の保険料収入，給付費，積立金など財政収支の額を推計し将来見通しを作成する。この際，まず先にいくつかの基礎的数値（例えば保険料収入を求める際に使用する被保険者数，標準報酬月額の分布など）を設定する必要がある。設定された基礎的数値を元に保険料収入など財政収支の額が推計されるが，推計された財政収支の額と，その後確認される実績の値とは乖離する場合が多い。このとき，乖離分析を用いることにより，将来見通し作成の際使用した各基礎的数値とその現実の値との乖離が，財政収支額全体の乖離にどの程度寄与したのかを求めることができる。以下では，厚生年金の2003（平成15）年度の給付費に関する分析を例にとり，この乖離分析の具体的手順について述べる。ここで行う分析は，15年報告で行われている給付費に関する乖離分析を簡便化した，筆者による再分析である。

厚生年金の2003年度の給付費の実績は20.3兆円[7]であった。一方，1999（平成11）年度の財政再計算（以下，11年再計算）において，2003年度の厚生年金の給付費は，21.8兆円になるとの見通しが立てられていた。実績値が見通しを1.5兆円下回ったのである。このマイナス1.5兆円の乖離がどのような要因によって発生したのかを分析する。

公的年金財政検証の課題

図表1　厚生年金給付費に関する推計値と実績値比較

2003年度	給付費 (兆円)	年金受給者数 (千人)	一人当たり 年金支給額 (円)
実　績	20.3	20,842	973,951
11年再計算	21.8	20,800	1,048,077

出所：社会保障審議会年金数理部会『公的年金財政状況報告—平成15年—』より筆者作成

各年度の給付費を決定する要素としては，年金受給者数と受給者の年金受給額の水準を示す一人当たりの年金支給額（平均年金受給額）が考えられる。給付費と年金受給者数，一人当たりの年金支給額（平均年金受給額）の間には，(1.1)式の関係が成り立つ。

　　給付費＝年金受給者数×一人当たり年金支給額　　　　　　　　(1.1)

実績値，将来見通し双方の年金受給者数，一人当たり年金支給額を示した図表1に見られるように，年金受給者数，一人当たり年金支給額がともに将来見通しと実績とで異なっていた。つまり，年金受給者数と給付水準（一人当たり年金支給額）の両方が推計と実績とで異なったことが，給付費の将来見通しと実績との乖離の要因となったということができる。年金数理部会では，このように乖離分析の対象を推計に使用する基礎的数値に分解し，乖離の発生要因を特定することを乖離の「発生要因別分解」と呼んでいる。

ここで，年金受給者数の実績を Nb，一人当たり年金支給額を b とし，それぞれの将来見通しにおける推計を Nb'，b' とする。給付費の実績を A，将来見通しにおける給付費を A' として，(1.1)式に当てはめると(1.2)，(1.3)式のようになる。

$$A = Nb \times b \tag{1.2}$$
$$A' = Nb' \times b' \tag{1.3}$$

次に(1.2)式の一人当たり年金支給額を，将来見通しにおける推計値 b' に入れ換えた給付費 B を考える。

Ⅳ　投稿論文

図表2　2003年度の厚生年金給付費の乖離分析結果

	求められる給付費	給付費（兆円）
A	給付費の実績	20.299
A'	将来見通しにおける給付費	21.800
B	将来見通しと実績の組み合わせにより求められる給付費	21.844
$A-A'$	実績値と財政再計算との乖離の幅	-1.501
$A-B$	一人当たり年金支給額が将来見通しと実績とで異なったことにより発生した乖離	-1.545
$B-A'$	受給者数が推計と実績とで異なったことにより発生した乖離	0.044

出所：筆者計算

$$B = Nb \times b' \tag{1.4}$$

以上，(1.2)〜(1.4)式を用いて厚生年金の2003年度の給付費における実績値と見通しの乖離 $A-A'$ を(1.5)式のように表すことができる。

$$\begin{aligned}A-A' &= A-B+B-A' \\ &= (b-b')Nb+(Nb-Nb')b'\end{aligned} \tag{1.5}$$

(1.5)式の右辺第1項は一人当たり年金支給額の誤差により発生した給付費の乖離を，第2項は年金受給者数の誤差により発生した給付費の乖離を表している。したがって $A-B$, $B-A'$ をそれぞれ求めることで，年金受給者数と一人当たり年金支給額が推計と実績とで異なったことによる，給付費の将来見通しと実績との乖離を計算することができる。これが乖離分析の基本的考え方である。

この乖離分析を用いて，2003年度厚生年金給付費の11年再計算による将来見通しと実績との乖離を分析した結果を**図表2**に示した。2003年度の厚生年金の一人あたり年金支給額は，将来見通しを大きく下回った。このことが2003年度の厚生給付費を見通しより1.55兆円少なくさせた。また，2003年度の厚生年金受給者数は将来見通しを上回った。このことが厚生年金給付費を0.04兆円多くさせた。二つの要因による増減が合わさり，2003年度の厚生年金給付費は見通

しを1.5兆円下回った。

　なお，給付費 B は将来見通しにおける年金受給者数 Nb' と一人当たり年金支給額の実績 b との組み合わせ B' を代わりに用いることも可能である。

$$B' = Nb' \times b \tag{1.6}$$

給付費 B' を(1.6)式のように定義した場合，$A-A'$ は次のように表される。

$$A - A' = A - B' + B' + B' - A' = (Nb - Nb')b + (b - b')Nb' \tag{1.7}$$

　(1.7)式を用いて計算される乖離分析の結果は，(1.5)式を用いたものと若干異なり，それぞれの要因による乖離は少なく示される。このように計算の手順により結果が変化してしまう点は，乖離分析の問題点といってよいだろう[8]。どのように変数を組み合わせて分析を行うかは，分析者の任意となる。そのため，分析結果を若干なりともコントロールするため，恣意的に式を組み合わせることも可能である。ただし，式の組み合わせを変えた場合の分析結果の差は微小である。また次に述べるように，年金数理部会の分析では以上で示した用例よりも多くの変数を用いるため，式の組み合わせは膨大となる。その中から，分析者の求める結果に合った式を探すことは非常に煩雑であり現実的ではない。

　上記の乖離分析は，実際に年金数理部会が用いている分析方法を単純化した一例である。今年度の年金受給者数は，前年度の受給者数に対前年度受給者数比率（今年度年金受給者数／前年度年金受給者数）をかけて求められるという関係から(1.1)を分解し，

　　今年度の給付額＝前年度の年金受給者数×対前年度受給者数比率
　　　　　　　　　×今年度の一人当たり年金支給額 　　(1.8)

とするなど，乖離の発生要因別分解を細分化させることにより，より詳細な分析を行うことも可能である。乖離分析は，分析対象や分解の仕方を変えることで多様な展開が可能となる。年金数理部会では，保険料収入，給付費，基礎年金拠出金，積立金をさらに細かな要素に分解して，将来見通しと実績との乖離の発生要因を分析している。

(2) 実績推計の作成

前項で述べた乖離分析を用いるためには、実績との比較対象となる将来見通しが、実際における年金制度の財政運営の方法、すなわち厚生年金保険特別会計年金勘定や国民年金特別会計国民年金勘定の会計処理方法と同じ前提条件に基づき作成されていなければならない。しかし、財政再計算の前提条件と実際の財政運営にはいくつか異なる部分があり、乖離分析を行う上での問題となる。その一つが、厚生年金基金の代行部分である。厚生年金の財政再計算では、保険料収入、給付費に厚生年金基金が徴収する保険料収入や給付費の代行部分を含めた厚生年金制度全体についての将来見通しが作成されている。しかし、これら代行部分は厚生年金保険特別会計年金勘定には計上されないので、将来見通しと実際の財政運営とで前提条件が異なる。

また、国庫負担の繰延べも問題となる。厚生年金保険特別会計年金勘定に繰入れられるべき国庫負担のうち、累計でおよそ2.6兆円[9]は未だ繰入れが行われていない。財政再計算では、この国庫負担の繰延べ分は積立金に加算されているが、厚生年金保険特別会計年金勘定には計上されていない。

年金数理部会では、将来見通しと現実における年金の財政運営の前提条件を同等とした上での比較を行うために、厚生年金保険特別会計年金勘定や国民年金特別会計国民年金勘定の決算額に修正を加えたものを将来見通しとの比較に用いている。修正を行った各数値は、「実績推計」と呼ばれている。

3 年金数理部会の財政検証

本節では、15年報告の内容から年金数理部会の財政検証の問題点について検討する。まずは15年報告の内容構成を確認しよう。15年報告の内容は大きく分けて、前半と後半部分に分類できる。前半では、保険料収入、給付費、積立金など財政収支の推移、年齢構成と男女比など被保険者・受給者の分布を確認した後、財政指標を用いて各年金制度の財政状況を評価している。

前半部分で示される、財政収支、被保険者・受給者、財政指標に関する情報は、他の公的年金に関する資料[10]でも得ることができる。15年報告で特徴と

なるのは，後半部分における財政再計算と現実の財政状況との比較であろう。後半部分では，11年再計算で示された，その後の財政状況の推移に対する予想（将来見通し）と，2003（平成15）年度までの現実における財政状況の推移とを比較している。ここでは財政収支，財政指標の比較を行った後，保険料収入，給付費，基礎年金拠出金，積立金に関して乖離分析を行っている。財政再計算と実績との比較および乖離分析の結果は，各制度において次回財政再計算が行われる際，より正確な見通しを立てるための考慮事項となる。15年報告を見ると11年再計算と実績は少なからず乖離していることがわかる。代表的な数値を上げると，厚生年金の保険料収入と積立金は2003年度末で，それぞれ18.2％と6.7％見通しを下回っている。年金改革の判断材料でもある財政再計算結果と実績の乖離をできるだけ小さくするため，乖離分析は重要な役割を果たす。

ところで，15年報告で示される財政検証は，国民年金制度[11]を含む各公的年金制度を対象としている。ただし，乖離分析に関しては国民年金制度を除き，各被用者年金制度のみを分析の対象にしている。この点は問題とはならないのであろうか。すでに述べたように，年金数理部会設置の趣旨は，被用者年金制度の安定性・公平性を求めるものである。したがって，国民年金制度を分析の対象としないことも当然のように思える。しかし，加入者数が2千万人以上[12]に達する国民年金制度の財政状況は，厚生年金制度に並んで国民の関心が高いものと思われる。日本の公的年金財政について，『公的年金財政状況報告』ほど詳しい資料は他にはないのであり，年金数理部会は，国民年金制度に対しても乖離分析を行い，それを公表すべきではないだろうか。

また，国民年金制度に関する分析を行っていないため，年金数理部会は，基礎年金制度を通した各公的年金制度間の財政調整が，被用者年金制度の財政に与える影響を見過ごしているようである。2節では厚生年金の給付費に関する乖離分析を用いて，年金数理部会による乖離分析の方法を例示した。各制度が支出する給付費には基礎年金部分が含まれていないため財政調整の影響はないが，残る基礎年金部分の支出に関しては制度間の財政調整によりその額が左右される。各公的年金制度間の財政調整の仕組み，及びその意義に関しては，牛丸 [1996][13] が詳しく述べている。各公的年金制度間の財政調整は，後述する

基礎年金拠出金を通して行われている。その意義は，「従来の縦割り制度に対して，高齢者の基礎年金給付という集合のもとに統括した横断的な財源調達の仕組みを作りだしたことにある」[14]とされている。その一方で，財政調整の「拠出金算定対象者数に応じて各制度の拠出金を決定するため，未納・滞納者が考慮されていないため，その分被用者年金制度の拠出金が増える」[15]という性質も問題として指摘されている。

15年報告における乖離分析は，各被用者年金制度に対する個別の分析に終始している。被用者年金制度に対する個別の検証では，将来見通しと実績との乖離を発生させる要因のうち，各個の制度に内在するものしか看取することはできない。基礎年金制度を通した制度間の財政調整は，被用者年金制度個別の安定性にも影響を与える。これは個別の制度において財政状況変化に対する外在的要因となる。

具体的には，2003年度の基礎年金給付費と基礎年金相当給付費の合計は，11年再計算の見通しを4.5％下回った。これは主に年金改定が行われなかったためであるが，これに対し基礎年金費用の分担金である基礎年金拠出金は，制度ごとに減少割合が大きく異なっている。厚生年金の基礎年金拠出金は見通しを5.4％下回ったが，国民年金制度の基礎年金拠出金が見通しを下回った割合は1.2％と相対的に小さい[16]。各制度ごとに基礎年金拠出金が見通しを下回る割合が異なるのは，年金制度間の財政調整が働いたためである。

制度間の財政調整は，各公的年金制度からの基礎年金拠出金を基礎年金制度に集め，基礎年金給付費を賄うという基礎年金財政の仕組みにより実現される。各制度の基礎年金拠出金の額は，その制度に加入する基礎年金拠出金算定対象者[17]の人数に基礎年金拠出金単価をかけることにより決定される。公的年金全体の中で基礎年金拠出金算定対象者が属する制度の割合が変化することで，各制度の基礎年金拠出金の額が変化し財政調整が行われるのである。その際，基礎年金拠出金単価も変化することがあり，この変化も制度間の財政調整の規模に影響を与えている。

15年報告での基礎年金拠出金に対する乖離分析では，この基礎年金拠出金単価が変化する要因に関しては，乖離の発生要因別分解を行っていない。このた

め，国民年金制度に対して，被用者年金制度と同様の乖離分析が行われたとしても，制度間の財政調整に関する分析としては不十分となる。

また基礎年金拠出金単価は，被保険者個人が納めた保険料のうち，基礎年金受給者の給付費に充てられる部分である。被用者年金制度加入者の場合，残る部分は被用者年金受給者の2階部分の給付費に充てられる。さらに残った部分が保険料を拠出した被保険者自身の将来の給付費用として積立金に繰り入れられる。2階部分の給付費に充てられる一人当たりの費用負担額が変わらない場合，基礎年金拠出金単価が上がると，現役加入者が納める保険料のうち，積立金に繰り入れられる部分が少なくなる。修正賦課方式を採用する日本の公的年金制度において，これは将来の給付水準の維持を難しくさせる要因となる。基礎年金拠出金単価の動向は，公的年金制度全体の安定性を見極めるための重要な検証項目である。次節では，この基礎年金拠出金単価について，2003年度の実績と11年再計算における将来見通しとの乖離分析を筆者独自の方法で行う。

4　基礎年金拠出金単価の乖離分析

2003年度の基礎年金拠出金単価は，2万2239円であった。一方，11年再計算において，2003年度には2万2059円[18]になると見通しが立てられていた。実績が将来見通しを180円上回ったのである。この180円の乖離が発生した要因を分析する。

まず，基礎年金拠出金単価の求められる過程を，将来見通しと実績との乖離を発生させる要因別に次のように分解する。基礎年金拠出金単価 (A_n) は，基礎年金制度全体の給付費[19]から特別国庫負担[20]の額を控除した額である保険料・拠出金算定対象額 (B_n) を，全公的年金制度の被保険者のうち，基礎年金の保険料負担者とみなされる基礎年金拠出金算定対象者数 (D_n) で除して求められる。

$$A_n = B_n / D_n \tag{3.1}$$

基礎年金拠出金単価は，保険料・拠出金算定対象額の増減と基礎年金拠出金

算定対象者数の増減によって変動する。当年度の保険料・拠出金算定対象額 (B_n) は，前年度の保険料・拠出金算定対象額から年金改定率 (Ra_n) と，年金改定率以外の保険料・拠出金算定対象額の増減率 (Rb_n) によって変化する。

$$B_n = (1+Ra_n)(1+Rb_n)B_{n-1} \tag{3.2}$$

基礎年金拠出金算定対象者数 (D_n) は，公的年金制度の全被保険者のうち，基礎年金の保険料負担者とみなされる条件を満たした人の数である。基礎年金の保険料負担者とみなされる条件は，第1号被保険者と第2号・第3号被保険者とで異なる。そこで，第1号被保険者と第2号・第3号被保険者の数を，それぞれ公的年金全体の被保険者数 (C_n) に対する第1号被保険者の割合 (Rd_n) で示す[21]。

n 年度の第1号被保険者数 $= C_n Rd_n$ (3.3)

n 年度の第2号・第3号被保険者数 $= C_n(1-Rd_n)$ (3.4)

公的年金全体の基礎年金拠出金算定対象者数は，第1号被保険者，第2号・第3号被保険者数のうちの基礎年金拠出金算定対象者の割合によって変動する。そこで，第1号被保険者の基礎年金拠出金算定対象者の割合 (Re_n) と第2号・第3号被保険者数の基礎年金拠出金算定対象者の割合 (Rf_n) で，基礎年金拠出金算定対象者数を示す。

n 年度の第1号被保険者のうちの基礎年金拠出金算定対象者数
$= C_n Rd_n Re_n$ (3.5)

n 年度の第2号・第3号被保険者のうちの基礎年金拠出金算定対象者
$= C_n(1-Rd_n)Rf_n$ (3.6)

$\therefore D_n = C_n[(Rd_n Re_n + (1-Rd_n)Rf_n)]$ (3.7)

当年度の公的年金全体の被保険者数は，前年度の被保険者数から対前年度増減率 (Rc_n) に応じて変動する。

$$C_n = (1+Rc_n)C_{n-1} \tag{3.8}$$

$Rd_n \sim Rf_n$ の前年度からの増減を $Rd'_n \sim Rf'_n$ とすると基礎年金拠出金算定対象者数 (D_n) は(3.9)式のように表される。

$$D_n = (1+Rc_n)C_{n-1}\{(Rd_{n-1}+Rd'_n)(Re_{n-1}+Re'_n)+(1-Rd_{n-1}-Rd'_n)(Rf_{n-1}+Rf'_n)\} \tag{3.9}$$

(3.1), (3.2), (3.9)式から, 基礎年金拠出金単価 (A_n) は次のように表される。

$$A_n = \frac{(1+Ra_n)(1+Rb_n)B_{n-1}}{(1+Rc_n)C_{n-1}\{(Rd_{n-1}+Rd'_n)(Re_{n-1}+Re'_n)+(1-Rd_{n-1}-Rd'_n)(Rf_{n-1}+Rf'_n)\}} \tag{3.10}$$

(3.10)式に, 実績値と将来見通しで用いた推計値を代入することにより乖離分析を行うことができる。分析を行う前に, 分析に用いる基礎的な数値を確認しておこう (図表3)[22]。

まず, 給付費の面について見ると, 2000年度時点の保険料・拠出金算定対象額は, 実績が13兆7307億円, 将来見通しが13兆9000億円であり, 若干実績が将来見通しを下回った。その後3年間, 将来見通しでは年1.5%の年金改定を前提としていたが, 2001, 2002年度は改定が行われず, 2003年度には0.9%のマイナススライドが行われた。このため, 保険料・拠出金算定対象額は将来見通しと実績とでさらに差が開くこととなった。これらは, 基礎年金拠出金単価を見通しより低くさせる要因となる。

一方, 費用負担者数の面では, まず公的年金全体に占める第1号被保険者の割合が大きく異なっていることに気付く。2000年度時点で実績が将来見通しを4.7%上回っている。将来見通しでは, その後の3年間も第1号被保険者は減少すると予想しているが, 現実はその逆であり, その差は1.4%拡大している。また, 第1号被保険者のうち基礎年金算定対象者となる者の割合は, 実績が将来見通しを大きく下回っている。第1号被保険者の割合が見通しより多く, さらにその中で保険料を納める基礎年金拠出金算定対象者の割合が少ないので, 公的年金全体で基礎年金拠出金算定対象者の数は見通しより少なかったはずである。これは, 基礎年金拠出金単価を押し上げる要因となる。

それでは, これら基礎年金拠出金単価を変動させる要因が, 将来見通しと実

Ⅳ 投稿論文

図表3 基礎年金拠出金単価の乖離分析に必要な基礎的数値

	2000年度					2001年度		2002年度		2003年度
①公的年金全体の被保険者数	実　績	C_{12}	70,554（千人）	①の対前年度増減率	実　績	Rc_{13}	−0.458%	Rc_{14} 0.416%	Rc_{15}	−0.238%
	見通し		69,700（千人）		見通し		−0.143%	−0.144%		−0.144%
②第1号被保険者の割合	実　績	Rd_{12}	30.553%	②の対前年度増減値	実　績	Rd_{13}'	0.906%	Rd_{14}' 0.287%	Rd_{15}'	0.121%
	見通し		25.825%		見通し		0.037%	−0.107%		0.037%
③第1号被保険者の算定対象者割合	実　績	Re_{12}	56.470%	③の対前年度増減値	実　績	Re_{13}'	−1.537%	Re_{14}' −1.312%	Re_{15}'	−0.742%
	見通し		71.111%		見通し		−2.222%	−0.732%		−1.117%
④第2・3号被保険者の算定対象者割合	実　績	Rf_{12}	97.216%	④の対前年度増減値	実　績	Rf_{13}'	0.765%	Rf_{14}' −2.027%	Rf_{15}'	0.346%
	見通し		95.745%		見通し		−0.008%	−0.194%		−0.009%
⑤保険料・拠出金算定対象額	実　績	B_{12}	137,307（億円）	年金改定率	実　績	Ra_{13}	0.000%	Ra_{14} 0.000%	Ra_{15}	−0.900%
	見通し		139,000（億円）		見通し		1.500%	1.500%		1.500%
				年金改定を除いた⑤の増減率	実　績	Rb_{13}	4.332%	Rb_{14} 1.466%	Rb_{15}	4.305%
					見通し		4.193%	3.884%		2.972%

注：公的年金制度の被保険者数および第1号被保険者数は，実績値は年度末値，将来見通しは年度間平均値である。
出所：社会保障審議会年金数理部会『公的年金財政状況報告―平成15年―』及び厚生労働省編『厚生年金・国民年金数理レポート―1999年財政再計算結果―』法研より筆者作成

績との乖離にそれぞれどの程度寄与したのであろうか。乖離分析を行った結果を，図表4に示した。

　保険料・拠出金算定対象額の差により発生した乖離は，4年間の合計でマイナス1013円であった。これは，基礎年金給付費が見通しより少なかったことが，基礎年金拠出金単価を見通しより1013円低くするように働いたことを意味する。給付費に関するものでは，特に年金改定が行われなかったことが，基礎年金拠

図表4　2003年度基礎年金拠出金単価の実績と11年再計算における将来見通しとの乖離に対する各発生要因の寄与分

乖離の発生要因		上段：各要因により発生した乖離（円）				
		下段：2003年度の乖離を100とした構成比				
		2000年度	2001年度	2002年度	2003年度	4年間計
保険料・拠出金算定対象額の増減による寄与分計		−274	−293	−204	−242	−1,013
		−152.1	−162.5	−113.1	−134.2	−561.9
	年金改定率	−	−322	−327	−527	−1,176
		−	−178.7	−181.6	−292.2	−652.5
	年金改定外の保険料・拠出金算定対象額の増減率	−	29	124	285	438
		−	16.2	68.5	158.0	242.6
基礎年金拠出金算定対象者数とその増減による寄与分計		1,035	−60	281	−63	1,193
		574.0	−33.0	155.9	−34.9	661.9
	全公的年金の被保険者数とその増減率	−255	69	−124	21	−290
		−141.7	38.1	−68.5	11.6	−160.6
	全被保険者の第1号被保険者割合とその増減	553	59	27	6	645
		306.7	32.6	15.1	3.3	357.7
	第1号被保険者の算定対象者数の割合とその増減	998	−45	38	−24	967
		553.2	−24.7	21.1	−13.3	536.3
	第2・3号被保険者の算定対象者数の割合とその増減	−260	−142	339	−66	−129
		−144.3	−78.9	188.1	−36.4	−71.5
合　計		761	−353	77	−305	180
		421.9	−195.5	42.8	−169.1	100.0

出所：筆者計算

出金単価を引き下げる強い要因として働いていた。また，基礎年金拠出金算定対象者数の差により発生した乖離は，4年間の合計で1193円であった。これには，第1号被保険者の割合が増加したことと，第1号被保険者のうちの基礎年金拠出金算定対象者の割合が減少したことが，強い要因として働いていた。公的年金全体の被保険者数は実績が見通しを上回っており，これは基礎年金拠出金単価を下げる要因となった。しかしそれ以上に，基礎年金拠出金算定対象者が減少したことによる単価の引き上げ要因は強力であった。一見，被用者年金には無関係に思える第1号被保険者の割合とその中の基礎年金拠出金算定対象

Ⅳ 投稿論文

者の割合は，基礎年金拠出金単価を引き上げ，各公的年金制度の財政安定性にとってマイナスに作用していた。基礎年金拠出金単価は，基礎年金部分を含まない給付費には影響を与えないが，基礎年金拠出金にとっては重大な乖離要因である。この点は15年報告の中では明らかにされていない。

年度別に見ると，大きく乖離を発生させた要因が2000年度に集中していることがわかる。将来見通しを作成する際使用される基礎的数値は，財政再計算が行われるよりも前の年度の実績値を基に推計されている。そのため，2000年度の数値は，推計の元となる年度から累積した乖離を反映し，乖離要因としても強く現れる。これは，本稿の分析に限らず，15年報告における乖離分析にも見られる傾向である[23]。

5 乖離の要因に関する考察

前節において，2000年度から2003年度の基礎年金拠出金単価の実績値は，11年再計算での見通しを上回っており，第1号被保険者の割合が見通しより多かったこと，第1号被保険者のうち基礎年金拠出金算定対象者の割合が少なかったことが，その大きな要因であったことを明らかにした。公的年金制度の被保険者数と，第1号被保険者の保険料納付率と免除者の割合に関する見通しを誤ったことは，11年再計算の問題点であったと言える。本節では，11年再計算におけるこれらの値の見通しの立て方を確認し，見通しの誤りが何に起因するのかについて考察する。

まず，公的年金制度の被保険者数の見通しに関して考察する。11年再計算における公的年金制度の被保険者数の見通しの立て方については，厚生労働省編［2000］で説明されている。この説明から第2号，第3号，第1号の順に見通しが立てられていることがわかる。したがって，第2号被保険者数の見通しを誤ると，第3号，第1号被保険者の見通しも誤ってしまうこととなる。被保険者数の見通しは男女別個に立てられるが，どちらも国立社会保障・人口問題研究所の『日本の将来推計人口（平成9年1月推計）』（中位推計）と，労働省職業安定局の『労働力率の見通し（平成10年10月）』を用いて求められる将来の労

働力人口の推計を基礎としている[24]。労働力人口の推計に対する男子の第2号被保険者の割合については，性・年齢別の労働力人口に占める被用者年金制度の被保険者数の割合を参照し，「現在の50歳台に比べて，30歳台の方がサラリーマン比率，すなわち，被用者年金の被保険者になる割合が高くなっているものと考えられる。（中略）この場合，最終的には，すべての年齢において現在の30歳と被用者年金被保険者割合が同程度となり，その結果，全体としての被用者年金被保険者割合は増加することとなる」としている[25]。また，女子についても「正社員が多い20歳台とパートやアルバイトが多い30～40歳台という雇用構造の特徴は将来的にある程度続くものと考え，（中略）男子において上昇する被用者年金被保険者割合の増分を女子にも当てはめることにより，また，60歳台前半の高齢者については，59歳のものに比べて正社員が少なくなるという構造的な特徴が将来的にも続くものとして推計を行った」[26]としており，コーホートの観点から男女ともに労働力人口に占める被用者年金被保険者の割合が増加するという見通しを立てている。しかし社会保険庁『公的年金加入状況等調査』から1998（平成10）年，2001（平成13）年，2004（平成16）年を比較すると，全年齢層において公的年金に占める第2号被保険者の比率は低下し，第1号被保険者の比率が増加していることがわかる（図表5）。このことから，厚生労働省が想定した，コーホートの観点から「サラリーマン化」が進展するため，第2号被保険者が増加するという前提には誤りがあったといってよいであろう。

同調査によると，公的年金全体の被保険者のうち被用者の割合は，1998年から2004年にかけて69.1％から67.3％へと1.8％しか減少していない。一方，被用者に占める第2号被保険者の割合は，75.8％から73.1％へと2.6％減少している[27]。会社などに雇われる被用者はほとんど減っていないが，その中で被用者年金制度に加入できない人の割合が増加していた。

次に第1号被保険者の保険料納付率と免除者の割合について考察する。保険料全額免除者数は，1999年度から2003年度にかけて，443万人から477万人（半額免除者，学生納付特例者を含む）へと大きな変化は見られないが，一方で，保険料の納付率は74.5％から63.4％へと大きく低下した[28)29]。これに対し11年再

fig表5　年齢別，第1号・第2号被保険者の割合　(単位：%)

年齢層	第1号被保険者			第2号被保険者		
	1998年	2001年	2004年	1998年	2001年	2004年
20～24歳	44.9	52.5	59.3	47.6	41.7	37.7
25～29歳	21.9	26.2	29.5	61.2	60.3	60.1
30～34歳	20.7	23.6	25.1	56.3	55.0	56.1
35～39歳	19.1	22.2	24.4	54.6	53.5	53.4
40～44歳	20.9	22.1	23.0	54.5	53.5	53.8
45～49歳	25.3	25.6	25.1	52.1	51.7	52.7
50～54歳	28.0	30.6	30.8	49.9	48.3	48.2
55～59歳	36.8	40.8	39.9	46.1	43.6	43.1

注：それぞれ1998（平成10）年10月15日，2001年（平成13）年10月15日，2004（平成16）年11月30日現在の値である。
出所：社会保険庁『公的年金加入状況等調査』平成10年版，平成13年版，『平成16年版公的年金加入状況等調査結果　速報のポイント』

計算では，「第1号被保険者のうち保険料を納付する者（中略）の人数の推移は，長期的にみると，第1号被保険者数の傾向とほとんど変わらず」としており，保険料納付率の変化を全く見越していなかった。保険料納付率の低下は，先に述べた第1号被保険者となる被用者の増加に強く関連している。社会保険庁『国民年金被保険者実態調査』を用いて1998（平成10）年度末時点と2001（平成13）年度末時点の就業形態別の保険料納付状況を比較すると，保険料一部納付者と未納者の合計は全体で107万人増加しており，そのうち64万人は被用者である（図表6）。被用者の保険料納付率低下は，国民年金被保険者全体の納付率低下に6割程度寄与している。

社会保険庁『国民年金の加入・納付状況』（平成15年版）によると，2003（平成15）年度中に第2号から第1号となった被保険者の保険料納付率は57.4％と低く，国民年金制度の保険料納付率低下には，第2号被保険者の第1号への移行が強く関与していると考えられる。また，永瀬［2004］は，1990年代後半から2000年代以降，非典型的雇用者が拡大し，こうした労働者は社会保険への加入率が低いことを明らかにしている。被用者年金制度に加入できない被用者の増加には雇用の非正規化が背景にあるものと考えられる。しかし，こうした非典型的雇用者がなぜ社会保険，特に公的年金に加入できないのかという点につ

図表6　就業形態別，第1号被保険者数と未納者数 (単位：千人，%)

		総数	自営業主 家族従業員	被用者	常用雇用	臨時・パート	無職 不詳
1998年度末	総　数	16,523	5,601	4,362	1,619	2,743	6,560
	一部納付者・未納者	4,320	1,088	1,437	552	885	1,795
2001年度末	総　数	17,923	5,001	5,682	1,909	3,773	7,241
	一部納付者・未納者	5,390	1,286	2,079	740	1,339	2,025
増　減	総　数	1,400	−601	1,320	290	1,030	681
	一部納付者・未納者	1,070	199	642	188	454	229
増減に対する 寄与率	総　数	100.0	−42.9	94.3	20.7	73.6	48.7
	一部納付者・未納者	100.0	18.6	60.0	17.6	42.5	21.4

注：総数には，1999（平成11）年・2002（平成14）4月または5月に資格喪失したもの，外国人，
　　法定免除者，転出による住所不明者は含まれない。
出所：社会保険庁『国民年金被保険者実態調査』平成11年版，平成14年版より筆者作成

いて，労働者の視点からの検討が不十分に思われる[30]。この点に関しては，非典型的雇用者の働き方，生活実態に即した分析を今後検討する必要がある。

　この第1号被保険者の増加という問題は，平成14年版の『公的年金財政状況報告』に関する年金数理部会の審議の中でも指摘されている[31]。この指摘については，第1号被保険者に対する保険料徴収の強化が対応策として挙げられている[32]。前出の社会保険庁『国民年金被保険者実態調査』（平成14年版）の結果によると，未納者のうち34.3%は無職であり，特例免除の対象となる。また，就業状況が無職・不詳以外の未納者のうち46.0%は，世帯の総所得が300万円未満である。これらの合計は，未納者全体の61.8%にのぼる。これら，無職や低所得の未納者へは，対策として免除申請が勧められることとなるであろう。未納者が保険料免除者となれば納付率は上昇するが，基礎年金拠出金算定対象者を増加させることにはならない。財政再計算においては，未納対策に過度に期待せず，未納者や保険料免除者の高い割合が継続する場合の見通しについても検討するべきではないだろうか。

6 むすびにかえて

　本稿では，年金数理部会の財政検証結果である15年報告を，乖離分析を中心に検討した。そのうえで15年報告に対し，国民年金制度と基礎年金拠出金単価に関する乖離分析を行っておらず年金制度間の財政調整による影響を見逃している点を問題点として指摘した。この点を補う分析として，4節で基礎年金拠出金単価の乖離分析を行った。その結果，被用者年金制度から国民年金制度に被保険者が移動し，また第1号被保険者の保険料納付率が低下したため，将来見通しを超えて基礎年金拠出金単価が高くなったことがわかった。この期間に年金改定が行われなかったため，基礎年金給付費は見通しよりも伸びず，そのため，基礎年金拠出金単価の引き上げは180円に抑えられた。しかし，被用者年金制度から国民年金制度への被保険者のシフトに伴う基礎年金拠出金単価の引き上げ効果は，非常に強力であった。5節ではこの分析結果で示された乖離の要因について，11年再計算の見通しの立て方のどの点に起因する問題であったのか考察を行った。被用者年金制度から国民年金制度への被保険者のシフトと保険料納付率の低下は，雇用の非正規化を背景としており，11年再計算ではこうした背景を考慮していなかった点を問題として指摘した。

　15年報告にはこれまで述べてきたような点が，分析視点として欠けており問題である。しかし『公的年金財政状況報告』は日本の年金財政に関して，今までにないほど非常に多くの情報を提供しており，今後の公的年金改革論議にとって重要な資料であることは間違いない。すでに述べたように年金数理部会の財政検証は，その中立性について疑問視する意見も挙げられているが，検証の過程における計算方法は公開されており，第三者の立場からの指摘を取り入れることでより有益なものに近づいていくであろう。本稿で指摘した点は，国民年金制度および基礎年金制度に関するものに限られている。このことは，筆者がもつこれらの制度に対する問題関心と無関係ではない。したがって，本稿での指摘が完全に中立的立場から行われたものであると述べれば，批判を免れないであろう。年金数理部会の財政検証に対しては，今後，他の研究者により

本稿とは異なる問題提起がなされる可能性もある。複数の研究者による検討と議論が，結果として年金数理部会の財政検証の中立性確保につながることに期待したい。

　最後に筆者の今後の検討課題について述べる。一つは先述したように非典型的雇用者がなぜ公的年金制度に加入できないのかを明らかにするため，その働き方，生活実態についての分析を進めることである。また，本稿は15年報告を中心に年金数理部会の財政検証と11年再計算の問題点について述べたが，年金数理部会の検証が直近の財政再計算である2004（平成16）年度の財政再計算にどのように反映されたのかについては触れていない[33]。特に，第1号，第2号，第3号被保険者の割合，及び保険料納付率に対してどのような見通しが立てられているのかは，重要な関心事項である。これらが今後の検討課題である。

1) 公的年金制度の一元化に関しては，様々な案が提案されている。大沢［2004, 127-129頁］では，現行の2階建ての制度を1層に改め，所得比例年金とし，さらに最低所得を保証するミニマム年金を新設するという案が出されている。牛丸［2004, 51-56頁］で提案されるのは，1階部分を年金目的の所得税で賄う定額支給の基礎年金とし，2階部分を完全な積立方式に移行させるというものである。また，労働組合，経営者団体など様々な団体からも，それぞれに年金制度の一元化案が提案されている。各団体・政党の一元化案については，中川［2005, 8-10頁］で簡潔に類型化されている。非常に多くの研究者，組織から改革案が提示されているが，本稿ではこれらの是非については議論しない。ただし，与党案以外は，基礎年金部分を含む公的年金全体に関する改革案であることを指摘しておく。
2) 第1回社会保障審議会年金数理部会資料。社会保障審議会の資料及び議事録は，厚生労働省社会保障審議会のホームページ（http://www.mhlw.go.jp/shingi/hosho.html, 2006年7月1日確認）に公開されている。本稿執筆にあたり参照した社会保障審議会及び社会保障審議会年金数理部会の議事録，資料などは，全て厚生労働省ホームページに公開されているものである。
3) 第2回社会保障審議会において首席年金数理官は，「この部会は（中略）年金数理等の専門的知見をもとに中立的な立場からご審議いただき，ご意見をいただく場だというふうに考えておりますので，そうした第三者的な立場に立つ部会であるというふうに認識をいたしております」と述べ，年金数理部会の中立性を主張している（第2回社会保障審議会議事録）。
4) 同審議会において日本労働組合総連合副会長の高木剛委員は，「どんなものでも例えば公式のあてはめ方，（中略）どういうふうに使うかという意味で，そのこと自体が何

Ⅳ 投稿論文

かの方向性を決めていくみたいな世界は必ずあるだろうと思います」と発言し，年金数理部会の検証に政策判断が介在する可能性がある点を指摘した上で，同部会に年金数理の専門家以外に被保険者を代表する委員が参加することを求めている（第2回社会保障審議会議事録）。

5) 同審議会において東京大学大学院教授の廣松毅委員は，先の高木委員の発言に対して「数式の適用とか，さらには統計には今ご指摘のような側面があることは事実だと思います」と述べ，指摘の内容を認めている。その上で同委員は，「たとえそういう側面をもった計算結果であろうと，それを公開すれば，それを前提に広くいろいろな立場からご議論いただける素材を提供することになり，大変重要ではないかと考えます」と述べ，年金数理部会の検証結果が，議論の素材として重要性を持つことを主張している（第2回社会保障審議会議事録）。

6) 『公的年金財政状況報告』以外に，この分析法について解説した文献はほぼ皆無であるが，厚生労働省編［2000, 93-97頁］において厚生労働省年金局の弓場美裕氏がコラムとして乖離分析に近い分析方法を提案している。おそらくこの提案が，年金数理部会の乖離分析の原型となったと思われる。

7) 財政再計算における将来見通しと比較するために修正（実績推計）を行った値である。実績推計については，次項参照。

8) この問題点については，「一般に，寄与分の計算は計算の仕方によって結果が若干動くことがある事に留意されたい」と15年報告においても説明されている［社会保障審議会年金数理部会 2005, 109頁］。

9) 第2回社会保障審議会年金数理部会での坂本厚生労働省年金数理課長の発言より，国庫負担繰延べ額の内訳がわかる。1995年，1996年，1997年，1998年にそれぞれ，4145億円，8000億円，7200億円，7000億円の国庫負担が繰り延べられており，合計で2.6兆円となる（第2回社会保障審議会年金数理部会議事録）。

10) 厚生労働省『厚生労働白書』，社会保険庁『事業年報』，国立社会保障・人口問題研究所『社会保障統計年報』など。

11) 「国民年金制度」と「基礎年金制度」の二つの名称が明確に使い分けられている例は少ない。政府が発行する資料等においても同様である。15年報告では，「公的年金のうち国民年金は，全国民共通の『基礎年金』の制度である」と，これらの用語をほぼ同義として用いている［社会保障審議会年金数理部会 前掲書，2頁］。しかし財政制度に関して見ると，第1号被保険者が納める定額保険料は国民年金特別会計の国民年金勘定で，第2号被保険者が納める報酬比例の保険料は厚生年金特別会計や各共済年金制度で処理される。各制度から基礎年金拠出金をプールし基礎年金費用を賄っているのが国民年金特別会計の基礎年金勘定である。本稿では，国民年金勘定へ第1号被保険者が保険料を納める仕組みを「国民年金制度」，各制度から基礎年金拠出金をプールする仕組みを「基礎年金制度」と呼び，両者を区別する。ここでの被保険者の区分は，被用者年金各制度の被保険者を第2号被保険者，その被扶養配偶者を第3号被保険者，第2号・第3号被保険者のどちらにも該当しない者を第1号被保険者とする15年報告での定義に沿っ

たものである[社会保障審議会年金数理部会 前掲書, 2頁]。
12) 第1号被保険者数。2003年度末時点で第1号被保険者は2240万人である[社会保障審議会年金数理部会 前掲書, 23頁]。
13) 牛丸[1996, 85-90頁]
14) 前掲書, 86頁
15) 前掲書, 86-87頁
16) 2003年度の基礎年金給付費と基礎年金相当給付費の合計は, 実績が15兆9559億円であり, 11年再計算の見通しでは16兆7000億円であった。また, 同年の基礎年金拠出金の実績と見通しは, 厚生年金が10兆6850億円と11兆3000億円であり, 国民年金が3兆1610億円と3兆2000億円であった[社会保障審議会年金数理部会 前掲書, 88-91頁]。
17) 公的年金の被保険者のうち, 基礎年金制度に加入し, その保険料を拠出しているとみなされる者である。基礎年金拠出金算定対象者となる条件は, 第1号被保険者と第2号・第3号被保険者とで異なる。第1号被保険者の場合, 保険料納付済期間または, 保険料半額免除期間を有する被保険者(任意加入を含む)が対象となり, 第2号・第3号被保険者の場合, 20歳以上60歳未満の被保険者が対象となる。
18) 15年報告の中で, 11年再計算による2003年度の基礎年金拠出金単価の見通しは, 2万2100円とされていた[社会保障審議会年金数理部会 前掲書, 88頁]。2万2059円は, 筆者が計算し直した値である。15年報告に示されている値は, 端数を切り上げた数値と思われる。本稿では, 乖離分析の整合性を優先し, 端数を切り上げない数値を使用する。
19) ここで言う「基礎年金制度全体の給付費」とは, 新法国民年金の給付に要する費用である基礎年金給付費と, 旧法による年金給付のうち基礎年金に相当する給付に要する費用である基礎年金相当給付費(みなし基礎年金給付費)の合計である。
20) いわゆる基礎年金給付に対する3分の1国庫負担以外の国庫負担である。国民年金の保険料免除期間に対する給付費や, 20歳前障害に対する障害基礎年金の給付に関する国庫負担などである[社会保障審議会年金数理部会 前掲書, 188頁]。
21) 11年再計算では, 第3号被保険者数の見通しは第2号被保険者数の見通しに対し一定の比率を掛けることで求められる[厚生労働省編 前掲書, 144-145頁]。この比率は30%であり, 実績値もほぼ同様であるため, 本稿の分析では第2号, 第3号被保険者の比率をまとめて扱った。ただし, 1986(昭和61)年度の実績値についてみるとこの比率は33%となり, 長期的には変動していることがわかる。より長期間に対する乖離分析を行う際は, 第2号, 第3号被保険者の比率を分けて分析するべきであろう。
22) 11年再計算における第1, 第2, 第3号被保険者数の見通しの合計と, 公的年金全体の被保険者数は合致しない[厚生労働省編 前掲書, 149頁]。そこで, 本稿の分析では将来見通しの値に関しては, 公的年金全体の被保険者数から, 第1号被保険者数を差し引いた値を第2号, 第3号被保険者数として扱う。基礎年金拠出金算定対象者数についても同様に処理している。
23) この問題については, 15年報告の中でも「将来見通し作成の基礎となった数字は, 厚生年金は8年度末(積立金は9年度末), 国共済・地共済・農林年金は9年度末, 私学

Ⅳ　投稿論文

　　　共済は10年度末のデータを基とするものである。被保険者数や積立金のようなストックデータの将来見通しと実績との乖離は，毎年度発生する乖離が累積したものである」として，将来見通しと実績を比較する際の留意点に挙げている［社会保障審議会年金数理部会 前掲書，76頁］。
24)　厚生労働省編［前掲書，141頁］
25)　前掲書，141-142頁
26)　前掲書，142-143頁
27)　同調査の平成10年版と平成16年版では，就業形態の区分が異なり就業形態ごとの比較はできない。平成10年版での被用者数は，雇用者，登録派遣社員，パート，アルバイトの合計であり，平成16年版での被用者数は，フルタイム雇用者，フルタイムでない雇用者の合計である。
28)　社会保険庁『国民年金の加入・納付状況』平成15年版
29)　この時期の保険料納付率低下に関しては，清水［2003］，清水［2004］が詳細な分析を行っており大変参考になる。
30)　この他，国民年金制度の未納・未加入問題に関する分析は，鈴木・周［2001］，佐々木［2003］などが先行研究として挙げられるが，いずれも非典型的雇用との関連性については分析していない。鈴木・周［2001］では，主に保険加入における逆選択問題を，佐々木［2003］では国民年金制度の損得計算を，分析の対象としている。
31)　第14回社会保障審議会年金数理部会において中京大学教授の都村敦子部会長代理は，「近年の厳しい雇用・失業情勢を反映して，第2号から第1号へ移行するものが多いというのがこの1号被保険者が増えているという背景にあると思うのです。(中略) この傾向が続くと厚生年金，国民年金両方の財政状況に影響を及ぼすものではないかと思いました」と発言し，この問題を指摘している［第14回社会保障審議会年金数理部会議事録］。
32)　同審議会において，山崎数理課長は2003年度の被保険者数の推移から，第2号被保険者の減少傾向は下げ止まったということを確認した上で，「そうは申しましてもかなり増加いたしました第1号被保険者の方々から，いかに保険料を的確に徴収していくかということが今後重要な問題だと考えております」と述べて，今後の第1号被保険者に対する保険料徴収強化の必要性を主張している［第14回社会保障審議会年金数理部会議事録］。
33)　2004（平成16）年度財政再計算は，2004年2月に発表されており，年金数理部会の審議と検証の多くはそれ以後になされている。平成13年版の『公的年金財政状況報告』（2003［平成15］年12月発表）に該当する部分までの検証結果は，2004（平成16）年度財政再計算に反映された可能性がある。

【参考文献】
牛丸聡「今後のわが国の公的年金制度」『租税研究』652号，2004年，50-56頁。
牛丸聡『公的年金の財政方式』東洋経済新報社，1996年。

大沢真理「個人の働き方に中立的な年金制度を」『論座』104号，2004年，126-131頁．
厚生労働省編『厚生年金・国民年金数理レポート——1999年財政再計算結果』法研，2000年．
佐々木一郎「国民年金の損得計算と逆選択——アンケート・データに基づく実証分析」『保険学雑誌』第582号，2003年，85-104頁．
社会保障審議会年金数理部会『公的年金財政状況報告——平成15年度』2005年．
清水時彦「国民年金の納付状況について（1）」『週刊年金実務』第1559号，2003年，28-33頁．
清水時彦「国民年金の納付状況について（2）」『週刊年金実務』第1560号，2003年，24-32頁．
清水時彦「国民年金の納付状況について（3）」『週刊年金実務』第1561号，2003年，33-39頁．
清水時彦「国民年金の納付状況について（4）」『週刊年金実務』第1562号，2003年，35-40頁．
清水時彦「国民年金の現状——未納とその対策」『年金と経済』第90号，2004年，51-60頁．
鈴木亘・周燕飛「国民年金未加入者の経済分析」『日本経済研究』No. 42，2001年，44-60頁．
中川秀空「基礎年金の財源と年金一元化問題」『調査と情報』第486号，2005年，1-14頁．
永瀬伸子「非典型的雇用者に対する社会的保護と現状の課題」『季刊社会保障研究』Vol. 40, No. 2，2004年，116-126頁．
日本年金数理人会編『年金数理概論』朝倉書店，2003年．

グローバリゼーションとフィリピンの看護労働力輸出政策

山田 亮一　Yamada Ryoichi

1　はじめに

　先進諸国は高齢化や女性の社会進出に伴う社会環境の変化，看護の仕事を敬遠する若者の増加，さらに，HIV・AIDS 等の感染症の影響など，国内の医療・保健・福祉を支えてきた看護労働力不足が表面化してきた。各国はその解決策として，国内では看護師養成を強化するだけでなく，資格保有者への積極的な求人活動によって人的資源の開発をすすめている。しかし，拡大する需要に対応する看護労働力の供給と確保が容易ではない。不足する看護労働力を補う第三の方法として，看護師の求人活動を海外に向けて行い，外国人看護師を確保する動きが増えてきた。この動きは地域の医療・保健・福祉部門の根幹であり，国の社会保障制度と強く結び付いている発展途上国の看護労働力移動を強く促すことになる。さらに，グローバル化する国際社会のなかでヒト・モノ・カネ・サービスは新たな市場を求め，容易に国境を越えて自由に移動するようになった。不足しがちな人的資源である看護労働力も例外ではない。看護労働力を巡り，豊かな先進国と貧しい発展途上国との間，いわゆる，『南北』の間での争奪戦の様相も示している。各国は国際化した看護労働市場を見すえ，新たな動きを見せている。
　フィリピンの看護労働力輸出政策は世界基準に準じた様式で教育した看護師を必要とする国々にそのニーズに応じて供給するもので，すきま市場としての対応であった。フィリピン人看護師たちも海外の労働市場での多様な経験を積むことで国際競争力をもち，比較優位を獲得してきた。労働力移動がボーダレ

ス化する国際社会において，先進国を中心とした看護労働力不足を契機として，フィリピンではこの政策を大きく推進させている。

フィリピン海外雇用庁（POEA）長官であったサトー・トーマスはグローバリゼーションの下で変貌するヒトの移動の新しい関係について，「労働移民はグローバリゼーションにおける一つの国家の発展形態である。人的資源はいまやグローバルな資源である。資本の流れもグローバルな資源の流れであり，先進国の資本の移動があるように発展途上国の人的資源も移動する」[1]と述べ，この動きに対し積極的に支持をしている。

労働力輸出国のフィリピンでも，より市場価値の高い看護専門職を看護労働市場に供給し，経済発展に結び付けるかが戦略としても重要となる。しかし，脆弱な社会基盤の発展途上国にとって容易な途ではない。国際環境の変化や国の政策転換だけでなく，国内の諸問題が表出している。これらの差し迫った問題を如何に対処するかが政策上の課題である。

2　看護労働力の国際移動の現状と課題

先進各国の共通する課題として医療サービス需要の大幅な伸張があり，経済における医療活動の占める割合も大きくなってきた。2005年 OECD 諸国では医療活動が4兆 US ドル規模に到達するものと予想されている。それとともに医療サービスのグローバル化が進み，国境を越える活動が活発になってきた。世界保健機関（WHO）報告でも以下の4つの動きを示している。

① 医療サービス（検査・診察等）貿易
② 高度医療サービスを求める消費者の移動
③ メディカルツアーリズム
④ ヘルスワーク専門職（医師・看護師等）の国際的な移動[2]

このような動きのなかでグローバル化する看護師の労働移動に関心が集まってきた。

まず，看護師について考えてみると，看護師とは社会保障制度の一翼となる医療・保健・福祉において看護活動[3]を担う人的資源である。WHO が用いる

看護師の定義では「基礎看護教育プログラムを修了し，あらゆる状況で健康管理，疾患予防，成人のケア，リハビリテーションのために看護を実践することを自国から認可された者」としているが，各国の文化や伝統の影響を強く受けて教育・養成されてきたこと，専門職としての発達段階も異なるなど，多様性を含んだ状態であり，看護の国際的な規格統一へとは進化していない。WHOの調査でも広い意味での看護師として助産師を含める国，看護師のみを看護師とする国があるなどの報告もある[4]。

多様な制度で養成されたため看護師として国外へ移動する場合，大きな障害となる。ホスト国に看護資格相互認証制度がない場合，看護師として就労するには，母国で取得した資格認証に加え，ホスト国での看護資格取得，言語テスト，さらに研修制度などを乗り越えなければ看護師として就労ができない。しかし，それらの障害にかかわらず，看護師の国際的な移動は加速している。

看護労働力移動では一時的な短期的移動と永住を伴う長期的移動の二つに区分できる。短期的移動は保健医療サービスを外貨獲得や国家間協力として，さらに，同一経済圏に属する先進国間の需給調整的移動がある。長期的移動としては発展途上国から先進国への豊かさを求めた移動である。需給関係の不均等を前提として看護需要の高い先進国に移動している。1998年の国連と WHO の調査でも途上国から先進国へのヘルスケア専門職の移動は56％，その反対の途上国への移動は11％しかなく，その格差はより拡大していると報じている[5]。また，看護労働力移動においても途上国の国内問題から生まれるプッシュ要因から先進国の需要によるプル要因へと移動要因が大きく変化してきた。

しかしながら，看護労働力移動に関しては国際的な取り決めや規制が不備なこともあり，急増する看護需要の調整ができず，新たな課題が発生している。特に発展途上国からの医療専門職や看護師の大量の頭脳流出（brain drain）である。これは国内で多くの資源を振りむけ，大切に育成してきた人的資源の流出に歯止めがかからず，ひ弱な医療サービス制度をより荒廃させる原因ともなっている。

3 フィリピン労働力移動の現状と課題

(1) 海外雇用プログラムの進展

　フィリピンではマルコス大統領の指示で1974年に海外雇用プログラムを作成した。この政策は第一次石油危機以後、中東諸国からオイルマネーを獲得する一時的な措置として成立した政策であったが、外貨獲得だけでなく、国内の失業率を最小限にすること、世界市場の中ですきま産業として確立すること、また、フィリピン人が海外で仕事をすることを通して最新の技術を獲得し、能力を高めることなどを目的とするものであった。1975年には海外フィリピン労働者（OFW）3万6,035人が海外で仕事を得て、1億300万 US ドルの外貨獲得に貢献した。国際的な景気後退や地域紛争、さらには感染病の発生などによる外的要因による影響を受けながらもアジア・中東・アメリカ・ヨーロッパなど約190の国と地域にそのニーズに対応した各種労働者を送ってきた。海外フィリピン労働者は2003年86万7,969人であったが、2004年には93万3,588人（対前年比7.6％増）、2005年には98万人となり、100万人ベースに近づく勢いで増加している。2004年度の内訳としては陸上ベース（教員・看護師などの専門職やエンターティナー、建設労働者等）では70万4,583人、海上ベース（水夫等）22万9,002人であり、再雇用される者を除いて、新しく海外で雇用される労働者は約28万人増大している[6]。この政策は安易な外貨獲得に陥りやすく、国内の消費拡大に貢献するが、国内の経済発展や国民生活の改善に結びつかず、かえって、移民のある家庭の崩壊や子どもの教育環境の悪化等の社会問題を発生させている。しかしながら、アロヨ大統領は国内の失業問題を解消する場所として、海外にその活路を求め、労働力輸出政策を展開している。海外からの送金は家族の生活を支える資金となるだけでなく、国家の外貨獲得の手段でもある。2004年で85億 US ドル、2005年では106億 US ドルと増大している。海外からの2004年送金額においては GDP の10％、国家予算の2分の1、輸出総額の22％に相当する額である[7]。

　海外フィリピン労働者は1970年代には建設労働者など、男性を中心としたも

のから，80年代からは女性労働力へと移行しており，2004年には男女の海外フィリピン労働者の比率が1対3ともなっている。職種としては専門職，技術職，サービス業，生産労働者，水夫などであるが，その中でもIT技術者，看護師・介護職などの専門職が占めるが割合が増加傾向にある。国家戦略としても国際的に労働需要が高く，より付加価値の高い専門職養成に力点を置いている。そのなかでも専門職に分類されている看護師は国際的に見てもフィリピンの得意分野でもある。

（2）フィリピン人看護師の労働力移動

　フィリピンの看護師教育の特徴は旧宗主国であるアメリカの影響を大きく受けてきたことで，アメリカ看護教育を手本としており，母国語（タガロク語）ではなく英語による教育が行われている。さらに，フィリピン人看護師は海外で就労した国際的な経験を発展させてきた。特に，ベトナム戦争で傷ついた患者に対して熱心に看病にあたってきたアメリカでの実践が評価され，『患者に対して微笑みを絶やさず，魅力的で，しとやかで，患者の苦しみを和らげるために時間にとらわれず看病し，仕事の延長もいとわない』という高い信用を得てきた[8]。

　アメリカへの移民開始はアメリカで不足する看護労働力を補う目的で始まった1948年アメリカ交換訪問計画に基づいて行なわれた。これが海外看護労働市場開拓にも繋がった。1970年代にはベトナム戦争で傷病者の増大によるアメリカでの看護師への需要拡大，80年代の中東諸国ヘルスワーカーの需要増大に伴い拡大してきた。看護師の養成も国内需要よりも，海外需要の動向に追随して拡大してきた。国内需要を上回る過剰な看護師養成をしてきたことがフィリピンを世界最大のヘルスワーカー輸出国になった要因でもある。しかし，しばしば発生する景気低迷や地域的な紛争等，さらには新型肺炎（SARS）などの感染病の猛威はフィリピン人看護師が海外へ移動するのに大きな障害ともなった。特に，中東地域で勃発した湾岸戦争やイラク戦争など，1990年代半ばからは国際的なテロ防止策としてのアメリカでの看護労働市場の閉鎖，アジア通貨危機後の景気後退などは国際看護労働市場で過剰となる看護労働力をフィリピン国

図表1　フィリピン人看護師の海外移動人数（1995-2004）　単位：人

年	1995	1996	1997	1998	1999	2000	2001	2002	2003	2004
看護師数	7,584	4,734	4,242	4,591	5,413	7,683	13,536	11,911	8,968	8,556

出所：POEA 統計資料より作成

内に抱え込むこととなった。フィリピン保健省の報告によると、看護労働市場を見ても1998年までに登録した看護師は総数32万3,490人であるのに対して労働市場が必要とする看護師は17万8,045人のみであり、その需要の84.75％は国際労働市場からのものであり、圧倒的に供給が需要を上回る状況であった。12万8,065人の過剰労働力を国内に滞留させることになった[9]。国内で仕事に就けない看護師たちは看護労働市場を求めて海外への移動、また、ケアワーカーとして仕事を求めてアジア諸国へと流出していった。このような国際的な需要動向に敏感に反応し、看護師資格を取得する者も連動して減少した。

　このような状況から脱却できたのは、医療福祉の充実を政策公約として看護労働力確保を推進するイギリスとの出会いがあったからである。イギリスは増大する看護需要に対応しなければならず、英連邦に属する発展途上国等からも看護師を募集した。その結果、国内の看護師がイギリスに向かって大量流出し、医療制度崩壊に見舞われる国が発生した。カリブ海諸国や南アフリカからはイギリスに対して厳しい批判が起こった。この批判をかわすことがイギリス早急の課題であった。1999年、看護労働力を過剰に抱える国であるフィリピンとイギリスとの間で看護労働力移動に関する協定が締結された[10]。図表1はフィリピン人看護師の海外移動を示すものであるが、1999年から再びフィリピン人看護師の海外移動が拡大している。新市場の開拓によりフィリピン国内に滞留していた過剰な看護労働力は解消された。イギリスへの大量の流入現象はイギリスがフィリピン人看護師を飲み込むと比喩されるようにまでなった。

（3）フィリピン人看護師の移動要因

　フィリピン人看護師の移動を考える場合、国内のプッシュ要因を無視することはできない。プッシュ要因として次の点が指摘できる[11]。

(1) 経済的要因
　(a) 高い失業率
2003年の失業率11.4%であり，320万人が失業者であった。さらに職に就いても仕事のない半失業（underemploymemt）状態の者が1991年以降20～22.5%程度いる。特に若年労働者の失業者が多い[12]。
　(b) 高い人口増加率
2004年国連の世界人口予測によれば1950年では1,999.6万人であったフィリピン総人口は2000年には7,576.6万人であったが，2015年には1億人を上回ることが予測されている。2000年の出生率は2.36と東南アジア諸国のなかでも高い。特に14歳以下の人口構成率が高くなっている[13]。
　(c) 過剰な看護師の養成
海外の需要に応じ看護師が養成されるため過剰な数の看護師を発生させやすい。
　(d) 国内の看護需要の低さ
医療保険制度はメディケイドを統合したもので，看護職の就労できる国内での職場が少ない。また，給与が安いため，就労を希望しない場合もある。
(2) 社会的要因
　(a) 家族による看護などのケアの価値を高く評価する国民性がある。
　(b) 若い看護師は都会や都市での生活を好み，海外での就労を希望するものが多い。
(3) 政治的要因
　(a) 看護労働の需要・供給を調整や追跡調査する法律権限がないこと。
　(b) 医療保健等の包括的な人的資源を活用する計画がないこと（NHSに類似する制度がない）。
　(c) 看護労働力の生産・利用に関する制度やエージェンシーのネットワークや協力が弱い。
(4) 専門家の要因
　(a) 看護の自立活動の欠如
　(b) 看護師を支援する看護指導力の弱さ

図表2　海外フィリピン人看護師の国別給与（月給）比較

	フィリピン	シンガポール	サウジアラビア	イギリス	アメリカ
基本給与	P 8,500	P42,000 S$ 1,400	P54,000 R3,724	P119,000 £1,408	P216,000 $4,376
増加率		390％	530％	1,300％	2,900％
税　率	10％	15％	None	23％	30％
純　益	P7,650	P35,700	P54,000	P91,630	P151,200

出所：Jayruperts. Calma, "FOR LOVE OR MONEY ?", THEEXODUS OF OUR VITAL SUPPLY OF NURSES. 2005.

(c) 決定や政策を行う部門の影響力の欠如
(d) 看護師を養成や活用するネットワークと協力体制の不適切さ
(e) 伝統的役割から革新的・企業的役割への転換の失敗

　さらに，看護師の賃金格差がある。図表2は海外で働くフィリピン人看護師の給与と国内で働く場合とを比較したものであるが，看護師の賃金格差はフィリピン人看護師を海外へと誘引することになる。2002年には新看護法（共和国法9173）に従い看護師の最低基礎給与が1万3,300ペソへと引き上げられることになったが，より高い給与が獲得できる国へと移動することになる[14]。

（4）海外フィリピン労働者（OFW）の保護対策

　移民労働者は不法斡旋・解雇・賃金不払い等の契約違反，虐待やセクハラ等の人権侵害に伴う事件が頻発しており，それらの防止や安全の確保と移民の保護を目的とするため，移民労働者保護政策を推進している。移民の権利擁護を図る国際条約としてILO 97号条約（雇用のための移民条約）やILO 147号条約（商船の最低基準に関する条約）の批准を推進しているが，まだ有効な手立てとはなりえていないため，2001年以降では二国間の相互協定を推進するようになった。この協定によってフィリピン政府はホスト国との相互協力によって移民労働者を保護することになる。2001年から2004年においては37ヵ国，42協定を締結した[15]。

　労働雇用省（DOLE）はその付属機関としてフィリピン海外雇用庁（POEA）と海外労働者福祉局（OWWA）が移民政策を行っている。フィリピン海外雇用

庁の具体的機能としては① 労働者紹介・募集活動における民間業者への規制整備, ② 海外雇用促進・監視のための組織, ③ 公平・公正な募集と雇用慣行, 海外労働者福祉確保や権利擁護, ④ 海外での雇用に向けた技能開発, 登録業務, 労働者へのアドバイス, ⑤ 二国間協定で必要とされる特定技能をもった労働者の募集と紹介, ⑥ 帰国労働者の再訓練・再雇用促進の役割を担っている[16]。

海外労働者福祉局（OWWA）では海外フィリピン労働者の福祉や利益に関連する活動を行っている。海外で働くフィリピン労働者は事故・ケガ・病気, さらに亡くなるケースも目立っている。保険制度の運用や遺族への補助金制度, 遺児への奨学金制度, さらには電話等による苦情相談等のオンラインサービスを提供している。

4 フィリピンのグローバル戦略と看護労働力移動

フィリピンは世界最大のヘルスサービス供給国である。看護労働力を常に過剰生産しており, その大半を国際労働市場に依存している。フィリピン保健省によると2002年レポートでは, 国内では公立病院1万7,500人, 民間病院7,500人, 教育分野2,000人であり, 約2万7,000人（看護師登録総数の15％）が就労しているに過ぎず[17], その大半をアメリカや中東諸国を中心として世界80以上の国と地域に看護師を供給している。図表3は海外に移動するフィリピン人看護師の主要国別推移を示している。これはフィリピン海外雇用庁に登録した数値による。

（1）サウジアラビアでのフィリピン看護師

サウジアラビアとフィリピンとの関係は経済雇用プログラムを開始した1970年代後半以降, フィリピンにとってオイルマネー獲得の手立てとして海外フィリピン労働者を派遣してきた。建設ラッシュに沸く中東へ男性建設労働者を中心に派遣してきたが, 家政婦, 看護師, 裁縫師, 管理人などサービス業で働く女性の比率が80％を占めるようになってきた。サウジアラビアはフィリピン海

図表3　主要国別・フィリピン看護師移動数（1998-2004）単位：人

	1998年	1999年	2000年	2001年	2002年	2003年	2004年
サウジアラビア	3,473	3,567	3,888	5,045	5,704	5,740	5,640
アメリカ	5	53	89	304	320	196	373
クウェート	143	53	133	182	108	51	408
アラブ首長国	268	367	295	243	405	226	218
シンガポール	224	154	292	413	337	326	166
台湾				9	131	200	5
イギリス	63	934	2,615	5,383	3,105	1,544	800
アイルランド			126	1,529	915	207	190

出所：フィリピン海外雇用庁（POEA）統計資料より作成

外労働者にとって重要なホスト国のひとつで，100万人のフィリピン人労働者がいるといわれている。毎年5万人程度が移動し，送金についてもアメリカに次ぐ順位を占めている[18]。サウジアラビアは医療部門で働くスタッフの多くを外国人労働者に委ねており，フィリピン人スタッフ（医師，看護師等）も1980年代からサウジアラビアの医療と関わりを深めてきたため，その主要な部分を構成している。また，サウジアラビアはフィリピンで取得した看護師資格を認定しているため，移動障害にはならないのが利点である。平均月給与も約700USドル，食事や住宅も完備されているなど労働条件も良好なため，フィリピン人看護師の目的地の一つである[19]。さらに，クウェート，アラブ首長国連邦などの中東諸国でも看護需要が拡大しており，フィリピン人看護師の移動が活発になっている。

（2）イギリスの現状とフィリピン人看護師

イギリスでは看護に対して敬愛を示すものの賃金や労働条件等が悪く，しかも3D（Dangerous. Dirty. Difficult）な職業であるために敬遠されがちであった。さらに，1990年代の医療改革では看護労働の有用性の理解がされず，財政負担を軽減するため看護師削減や看護師養成の抑制さえ行われた。しかし，ブレア政権が推進する医療福祉改革ではマンパワーとしての看護師が大幅に不足しており，早急な看護労働力の確保が必要とされた。「NHSプラン2000」では2004年までに看護師2万人，さらに2008年までに3万5,000人の増員が計画さ

れた。政府は国内で看護師養成や求人活動を活発に行っているものの,看護労働力の供給にはタイムラグを伴うため早急な対応は困難である。不足する看護労働力を確保する手立てとして英連邦諸国 (commonwealth countries),欧州連合 (EU),欧州経済地域 (EEA),さらに発展途上国への求人活動を行った。この方法は魅力的な方法であり,経済的,効率的で,しかも容易に看護労働力を獲得できるが,特に発展途上国からはイギリスへの看護労働力の流出によって国内医療サービスの崩壊につながるとの批判が起こった。この批判を回避するために,新たな看護労働力供給地を求めることになった。供給地のひとつとして過剰な看護労働力を抱えていたフィリピンとの結びつきが強くなった。両国政府は二国間協定を締結し,積極的に看護師を導入した。特に,フィリピン人看護師はイギリス看護制度の基礎を支える安価で有能な看護労働力として歓迎されたが,フィリピン人の多くは外国人看護師に適応される新任看護師と同等のDランクの扱いであった[20]。

イギリスでは外国人看護師を導入するにあたってはいくつかの規制を設けている。フィリピン人看護師については研修制度と英語力検査を実施し,それらに合格することで登録看護師として正規労働者の扱いがされた。契約期間は3年間であり,更新も可能である。ピーク時には登録看護師が7,235人に達するほどの急激な移動が発生している。フィリピン人看護師の大量の集中的なイギリスへの流出は,フィリピン医療制度崩壊の発端ともなった。

2003年にはフィリピン人看護師の医療行為のミスで患者が亡くなる事件が起こっている。このことにより,イギリスは一時フィリピン人看護師の受け入れを拒んだ。さらに,EU拡大などに伴い旧東欧諸国からの看護師の移動の影響もあり,フィリピン人看護師のイギリスへ移動は減少傾向にある。2005年イギリス内務省は「入国管理5ヵ年計画」を実施し,移民政策の見直しを行い,高度技能移民(医師・技術者・金融専門家)を除く移民受入審査を厳しくしている。

2006年からは海外からの新任ランクに該当する看護師への規制を実施する。これは13億ポンドに及ぶNHS財政赤字解消のため,さらに,国内の看護師養成強化により新たに養成された看護教育修了者が国内で就労できないという現象が生まれていることによる。新規制は2006年8月7日から施行される。現在

図表4　イギリスの主要外国人看護師の登録状況　　単位：人

	1998-1999	1999-2000	2000-2001	2001-2002	2002-2003
フィリピン	52	1,052	3,396	7,235	5,594
南アフリカ	599	1,460	1,086	2,114	1,480
インド	30	96	289	994	1,833

出所：UKCC (United Kingdom Central Council for Nurses, Midwives and Health Visitors), NMC (Nursing Midwifery Council) の資料に基づく。

就労している外国人看護師やスタッフが不足する部門は除外されるが，看護師資格を取って2年に満たない者が規制の対象となる。また，NHSトラストがイギリスや欧州経済地域（EEA）で教育を受けた人でポストが埋まらないことを証明できなければNHS病院では就労ができない。これにより1万人程度に影響があると予測されている[21]。

(3) アメリカでのフィリピン看護師の状況

アメリカ保健省とヒューマンサービスとの共同報告（2002年）によると2000年には約11万1,000人の登録看護師が不足しており，この状態が続くと2020年までには80万人以上が不足する。この期間には看護師の需要は40％増大するのに対し，供給は6％しか増えないものと予測されている。さらにアルバニー大学保健労働力研究センターの報告（2002年）では100万人の看護労働力が不足する。需要増大により44万3,000人が，さらに看護師の高齢化による退職に伴い56万1,000人が不足するとの報告がある[22]。これらの報告からも大量の看護師不足が予測されている。

フィリピンはアメリカの旧植民地として経済文化的にも深く依存している。看護教育でも英語で，しかもアメリカ看護教育を手本にするなど共通である。看護の専門分化が進んだアメリカではフィリピン人看護師の果たせる役割も大きく，フィリピン人看護師にとって一番の目的地でもある。また，アメリカでフィリピン人看護師が果たしてきた役割やその信用性も高い。図表5ではアメリカで働く外国人看護師の割合を示しているが，フィリピン人看護師はその約3割を占めている。

外国人がアメリカで働くためには登録看護師資格と労働ビザが必要となる。

Ⅳ 投稿論文

図表5 アメリカで働く外国人看護師の割合（1997-2000）

国 名	構成比（％）	国 名	構成比（％）
フィリピン	32.6	インド	5.8
カナダ	22.0	イギリス	4.4
アフリカ諸国	7.4	ロシア	2.2
韓国	7.1	オーストラリア	1.3

出所：WHO, "Bulletin of the World Health Organization", August 2004. p. 589

　看護師の登録は CGFNS（Commission on Graduates of Foreign Nursing School）によってなされ，母国での看護師資格とアメリカでの英語能力検査合格が前提となる。アメリカで看護師として働くためにはさらに，NCLEX（アメリカ国内での看護師試験）や CGNFS（海外の看護学校卒業生を対象とする看護試験）の看護資格検査に合格しなければならない。NCLEX についてはアメリカ国内以外ではロンドン，香港，ソウルの3ヶ所でも実施されていたが，2006年からは台湾，インド，カナダ，ドイツ，日本，メキシコでも受験ができるようになっている。その受験者の50～60％はフィリピン人であり，2005年には約9,000人のフィリピン看護師がその試験に合格している。

　一方，労働ビザでは移民抑制や1990年代に頻発したアメリカへの国際テロへの予防策として政策的に制度変更されてきた。従来であれば，1966年アメリカ移民看護救済法（INRA）により外国人看護師は H1A ビザ，また，H1B（高度専門職）ビザや H1C ビザや EB3（移民雇用）ビザで入国できた。現在では主に H1A ビザ，H1B ビザ，グリーンカードが主となっている。労働ビザの規制も変化しつづけている。1995年にはアメリカ移民看護救済法（INRA）を改正し，H1A ビザによる外国人看護師移民の導入も計画されたが，その計画が頓挫したことで H1A ビザにより，フィリピンをはじめ，インド・中国等の外国人看護師たちの入国は激減した。また，アメリカ国内において度々発生する看護労働力不足により，2000年には21世紀法が制定され，EB3 ビザによる5万人の入国計画も立案されたが，アメリカ看護協会の外国人看護師移民の反対運動や2001年にアメリカを震撼させた爆破テロの影響もあり，計画は実施されなかった。2004年にはビザ申請を実施する方向に向かったが，12月には審査手

続きの凍結がされた[23]。フィリピン人看護師がアメリカ看護労働市場への直接的流入は困難であった。

アメリカでは看護労働力不足が表面化しており，病院でも看護師不足が声高に叫ばれている。フィリピン政府や在米フィリピン看護師協会なども積極的なロビー活動を展開しており，ビザの解禁に向けた取り組みによって，アメリカ看護労働市場が開かれれば，大量のフィリピン看護師が殺到することになる。はやくもアメリカの9つの州（カリフォルニア，テキサス，ニューヨーク，フロリダ，ペンシルベニアなど）の斡旋業者はフィリピン国内で看護師の求人活動を展開している。

フィリピン人看護師の移動傾向としては多くが看護師としての入国条件の緩和な中東諸国（サウジアラビア・クウェート・アラブ首長国連邦）を目指し，さらに，イギリスの民間部門からNHS病院を経て，アメリカを目指す傾向がある[24]。

その他のフィリピン人看護師の目的地として同じ英語圏であるカナダ，オーストラリア，ニュージーランドへの関心が高まっている。これらの諸国ではアメリカやイギリスに看護労働力が流出しているため，看護労働力不足が表面化している。また，アジア諸国（台湾・シンガポール等）でも看護師を含むヘルスワーカーの移動が活発になってきている。このように，フィリピン人看護師はよりよい労働条件で就労できる機会，国や地域も多岐になるなど，グローバリゼーションのもたらす恩恵を享受できるようになってきた。しかし，インド，中国，インドネシアなどの看護労働力輸出国が台頭してきており，国際的に追われる立場にある。

5 看護労働力移動とグローバル戦略の課題

1990年代半ばには海外の看護労働力需要減少により労働市場が閉塞状況で，フィリピン国内にも過剰労働力を抱えて沈滞していたが，先進国の看護需要拡大により看護労働市場も好転し，フィリピン人看護師の移動も活発になっている。グローバル化した国際社会に対応したフィリピンの看護労働力輸出政策は

順調に推移し，大きな利益を享受しているかのようにも見える。しかし，この政策は国内で養成した貴重な人的資源を犠牲にした輸出政策でもあり，国内の看護教育制度や医療制度に大きな影響を与えている。

　フィリピンの看護学校は海外の看護需要の動きと連動して増大してきた。1907年から1950年の間には看護学校が17校であったものが，1996年には170校，2003年には305校，2005年には351校，さらに増加し，「マッシュルーム」のように各地に看護学校が濫造されている。これはフィリピンの看護学校の多くが私立学校で運営されていることにもよる。卒業生も1996年には5,000人程度であったものが2003年には8,596人となった。2003-04年には看護学校への入学生は18万人にも達している。看護学校の急増期に対応してフィリピンの社会資源を大量に投入しているが，看護教育の大幅な質の低下は否めない。病院の閉鎖や看護実習生の増大で看護実習の確保が困難なこと，ベテランの看護師も海外に流出するなかで看護教員の確保が困難であり，教員の質の低下が避けられないこと，経営資源不足がネックとなり効率的な学校経営が困難なこと，国民の基礎教育力の不足などの多くの課題が表出してきた。特に看護師国家試験合格率の低下は大きな問題である。その合格率は1994-98年には58％あったものが，2002年には43.6％と低下している。また合格率の学校間格差も拡大している。フィリピン人看護師の評価にもつながる CGNFS 看護試験の合格率も毎年3～4％低下している[25]。

　さらに，2005年3月にメトロマニラにある看護学校の現地調査からも課題が見つかった。訪問したArellano University（40人60学級：2,300人）や ST. Paul University Manila（45人60学級：2,700人）では急増する看護学生に対応としてクラスの増設，二部制授業を導入していた。同様な報告として2006年には460校の看護学校があり，38万6,531名の看護学生が在籍しており，平均840名程度になるとの報告がある[26]。看護学校の授業料も一学期あたり4万ペソとなっている。公立病院の初級看護師給与でも8,000ペソ程度であることを比べても高額である。高い授業料では貧しい学生には支払いができず退学理由の大きな要因となるが，看護学生には海外で看護師として働くことになれば，回収できるものと安易に考えている[27]。

このような悪循環の関係を解消するには労働力輸出政策に偏重しない政策的介入が必要である。高等教育委員会（CHED）では看護教育の質の保証するため5つの要求として ① 看護教育カリキュラムの厳守，② 看護教育施設の利用保障，③ 学生と教員との比率（8：1）を守ること，④ 実習・研究教育機関としての病院との連携，⑤ 教員の質の向上を掲げている。
　さらに，看護労働力の大量流出が医療制度を崩壊へと追いやっている。1994年以降，10万人を超える看護師の海外流出により，医療制度を支えてきた看護師（医師）数が不足してきた。1,700ヶ所あった私立病院がここ5年間で1,000ヶ所も閉鎖されている。特に，地方の小規模の病院は経営が困難である。このように急激な医療崩壊が起こっている[28]。フィリピン国内での看護師不足解決策として，2002年には新看護法（RA 9173）を成立させている。この法律により，看護師確保のため看護職の給与引き上げを見込むが，赤字財政の下では実施も困難であった。また，国内に看護師を定着させる方策として看護学校卒業後2年間は国内で働くことが制度化された。政府はこの制度により看護師の絶対数は確保されたとしているが，国内の看護部門を支えるのは高齢の看護師と看護学校卒業わずかな若い看護師であり，若い看護師たちは2年間の国内病院での就労が終われば海外に流出してしまう[29]。この関係では質的な看護技術向上を伴う看護師の育成も困難である。
　医師にも異常な事態が発生している。医療専門職として育てられた医師が看護師資格を取得して看護師として豊かな生活を求めアメリカやイギリス等へと流出している。海外ではフィリピン人の医師資格のある看護師（doctor-nurses）はフィリピンの人的資源の最高の輸出品として評価しているが，貴重な社会資源を投入し育成した人的資源を安価な労働力として輸出さえしている。このような状況をフィリピン大学のガルベーズ・タン（Jaime Z. Galvez Tan）は頭脳流出（brain drain）から頭脳出血（brain hemorrhage），さらに血液乾燥（bled dry）と呼称を変え看護労働力流出による危機的な現状を訴えている[30]。ところで，フィリピン保健省は医師不足を解消するため，インド人医師を500名招聘し，研修を開始しようとしているが，医療崩壊の切り札となるかは未定である。
　フィリピンでは希少な社会資源としての看護師に対する争奪戦が各国のエー

Ⅳ　投稿論文

ジェントを加えますます加熱する様相にある。このような状況に対してフィリピン国内からも嘆く声が広まっている。

6　おわりに

　フィリピンは永年の経験から国際的にも優れた看護師を育成し，世界各国・地域に看護労働力を提供する供給源としての役割を果たしてきた。各国の看護需要拡大を誘引として，グローバル化する国際社会のなかでよりよい労働条件で就労できる機会，移動できる国や地域の選択，さらに雇用の確保や外貨獲得など恩恵を享受できるまでになってきた。労働力輸出政策も順調に推移し，大量のフィリピン人看護師たちが海外へ向けて移動している。しかし，大きな負の効果も誘引した。フィリピン人看護師の流出は国民生活に深くかかわる医療制度崩壊の危機を招くだけでなく，さらに，看護学校の急激な増加を通じて社会資源の浪費と看護の質の低下など大きな影響を与えている。フィリピンの看護労働力輸出政策は直近の外貨獲得には貢献しているが，国の発展や国民生活に大きな犠牲を課しているともいえよう。ところで，フィリピンでは頭脳獲得（brain gain）という言葉を聞くことが多くなった。この言葉は頭脳流出（brain drain）と対峙している。貧困を犠牲に看護労働力輸出を行うのではなく，グローバルな労働力輸出を国の発展に結び付ける政策としての頭脳獲得を志向するようになってきた[31]。

　各国の看護需要の拡大により外国人看護師の獲得競争の激化が予測されるなかで，自国の経済的な利益のために発展途上国の社会資源としての看護師を利用することは問題である。途上国の看護師養成には貴重な社会資源・財貨・税を投入し，時間と経験を加え看護師を育て上げている。途上国の看護労働力を安価に利用するのではなく，公平な貿易からも看護師養成に要した機会費用に相当する負担を行うべきであろう。そのためには看護技術指導や援助協力だけでなく，新しく獲得した看護技術やヒトが母国や社会において還元できる国を超えた制度の確立と国際的連携が求められる。

　また，国際協力の一つとして次のような取り組みも必要であろう。看護は各

国が多様な制度で運営されていることもあり，教育や業務内容に統一性がなく，国家間の制度の違いが看護の格差となっている。各国の経験と英知により，看護の専門職制化や国際統一基準の制定が推進できれば，グローバルな移動と職業選択を容易にし，より大きな経済効果を生むことにもなる。

1) Cecil Morella, "RP running out of doctors amid stampede for work abroad.", The Manila Times. 2005. 4. 23.
2) Rupa Chanda, "Trade in health services.", Bulletin of the World Health Organization 2002, vol. 80, no. 20 , pp. 158-163, WHO, 2002.
3) 国際看護師協会（ICN）では看護を次のように定義している。「看護とは，あらゆる状況で，病気か健康を問わず，あらゆる年齢の個人，家族，集団，地域社会に対する自立的かつ協調的なケアで成り立つものである。健康促進，疾患予防，病人や障害者または瀕死の人に対するケアが含まれる。提言，安全な環境の促進，研究，保健医療政策策定と患者・保健医療システムの管理への参加，教育――これらも看護の重要な役割である。」
   James Buchan and Lynn Calman, "The global Shortage of Registered Nurses: An Overview of Lssues and Action.", ICN, 2004. p. 9.
4) James Buchan and Lynn Calman, "The global Shortage of Registered Nurses: An Overview of Lssues and Action.", ICN, 2004. p. 9
5) Rupa Chanda, "Trade in health services.", Bulletin of the World Health Organization 2002, vol. 80, no. 20 , WHO, 2002. pp. 159-161.
6) POEA, annual report 2004, POEA, 2004, pp. 8-9.
7) POEA, annual report 2005, POEA, 2005. pp. 4-5.
8) 山田亮一，「新医療福祉体制と看護労働力移動」『社会政策と賃金問題』社会政策学会誌第12号，法律文化社，2004，p. 222.
9) DoH, "Nurse Supply and Demand in the Philippines.", 2000, 1-3月号 pp. 2-6.
10) 山田亮一，「新医療福祉体制と看護労働力移動」『社会政策と賃金問題』社会政策学会誌第12号，法律文化社，2004，pp. 216-219.
11) Lorenzo F, "Nurses Supply and Demand in the Philippines.", Manila, University of the Philippines, Institute of Health Policy and Development Studies, 2002.
12) DOLE news, "Employment up by 2.5 percent as 803,000 persons get employed in April," 2006. 6. 15.
13) NSCB, Statistics 2005.
14) Jayruperts. Calma, "FOR LOVE OR MONEY?", THE EXODUS OF OUR VITAL SUPPLY OF NURSES, 2005.
15) DOLE news, "Agreements shore up OFW welfare worldwide." 2004. 10. 19.
16) DOLE, "Hiring Filipino Workers.", 2005.

17) Joceleyn Santos, "DOH also exports Filipino nurses abroad.", Manila Times, 2002. 9. 3.
18) The Manila Times, "GMA hears OFW grievances.", 2006. 5. 9.
19) The Manila Times, "Gracia's quest for justice.", 2004. 8. 2.
POEA, "Working in the Kingdom of Saudi Arabia", 2004. 7. 12.
http://www.poea.gov.ph/Country/ksa.htm
20) 山田亮一,「新医療福祉体制と看護労働力移動」『社会政策と賃金問題』社会政策学会誌第12号, 法律文化社, 2004, pp. 216-219.
21) Sarah Hall, "Foreign nurses barred in attempt to help homegrown candidates.", the Guardian, 2006. 7. 4.
22) James Buchan, Tina Parkin, Julie Sochalski, "International nurse mobility − Trend and policy implications." WHO, 2003. pp. 26-28.
23) The Manila Times, "Our nurses on the world map.", 2005. 3. 31.
Sam Mediavilla, "Leakage spoils PR chance to hold US test for nurses.", The Manila Times, 2006. 10. 26.
24) Stephan Bach, "International Mobility of Health Professionals − Brain Dain or Brain Exchange ?", UNITED NATIONS UNIVERSITY Research Paper No. 2006/82, 2006. 8.
25) Partricia Esterves, "PRC says medical education in the country is deteriorating.", The Manila Times, 2004. 8. 12.
Anthony Vargas, "Nurse shortage feared as quality of nursing schools declines.", The Manila Times, 2004. 11. 6.
26) Zip Roxas, "Where's that list ?", The Manila Times, 2006. 12. 19.
27) Chit Estella, "Nursing school peddle dreams.", The Manila Times, 2005. 3. 22.
28) Ibid.
29) Patricia L. Adversario, "Philippines suffers from hemorrhage of nurses.", The Manila Times, 2003. 4. 21.
30) Patricia B. Gatbonton, "Revisiting the doctor-as-nurse phenomenon.", The Manila Times, 2006. 8. 6.
Francis Cueto, "Exodus of nurses still triggers touchy dedate.", The Manila Times, 2006. 8. 7.
31) Marie Feliciano, "Philippines to aim for Brain Gain from global OFW deployment.", Taiwan News, 2006. 12. 26.
Geronimo L. Sy, "Brain drain, brain gain.", The Manila Times, 2006. 1. 26.

【参考文献】

Filipino Reporter, "R. P. nurses suffer Huge setback in visa quota", 2004. 10. 17.

James Buchan, Tina Parkin, Julie Sochalski, "International nurse mobility - Trends and policy implications", WHO, 2003.

James Buchan, Mireille Kingma, F. MarilynLorenzo, "International Migration of Nurses : trends and policy implications", International Council of Nursing, 2005.

James Buchan, Renu Jobanputra, Pippa gough and Ruth Hutt, "Internationally recruited in London : a survey of career paths and plans", King's Fund Working Paper, King's Fund, 2005. 9.

Jose' N. Franco, Jr., "Securitizing/Desecuritizing the Filipinos' Outward Migration Issue's in the Philippines Relations with Other Asian Goverments", Institute of Defence and Strategic Studies Singapore, 2006. 1.

Lorenzo F, "Nurse supply and demand in the Philippines", Manila University of the Philippines, 2002.

POEA, annual report 2004, POEA, 2004.

POEA, annual report 2005, POEA, 2005.

Stephen Bach, "International Mobility of Health Professionals — Brain Dain or Brain Exchange ?", UNITED NATIONS UNIVERSITY Research Paper No. 2006/82, 2006. 8.

The Presidential Management Staff, "2005 STATE Of THE NATION ADDRESS TECHNICAL REPORT", The Philippine Information Agency, 2005. 7.

U. S. Immigration : Nursing Law Expires.

WHO/EIP/OSD, "Human resources for health : developing policy options for change", Discussion paper Draft, WHO, 2002.

WHO, "The world health report 2006 : Working together for health", World Health Organization, 2006.

WHO, "International migration of health personnel : a change for health systems in developing countries", Fifty—ninty world health assembly A59/18, WHO, 2006. 5. 4.

William B. Depasupil, "20,000 more US working visas available", the Manila Times.

Rupa Chanda "Trade in Health Services", COMMISSION ON MACROECONOMICS AND HEALTH. 2001.

山田亮一, 「新医療福祉体制と看護労働力移動」『社会政策と賃金問題』社会政策学会誌第12号, 法律文化社, 2004.

山田亮一, 「フィリピン看護労働力のグローバルな移動とその課題」, 『Business Labor Trend』4月号, 独立行政法人労働政策研究・研修機構, 2006. 4.

アメリカ「オーナーシップ社会」の社会経済的意義[*]
―― 年金「所有権」の成立基盤の分析から ――

吉田　健三　Yoshida Kenzo

1　問題意識と課題

　2004年，ブッシュ政権は自らの政策理念を「オーナーシップ社会」として打ち出した。それは，「ニューディール体制」と呼ばれる福祉国家的諸制度を解体し，個人の資産所有を促進することで，個人の選択の自由と自己責任に基づく社会・経済秩序の構築を目指すものである[1]。

　「オーナーシップ社会」構想の主要課題の一つに，年金制度の個人「所有」の促進がある。ブッシュ政権は，社会保障年金の個人勘定化を第二期の国内政策の最優先課題とし，退職貯蓄税制を整理・拡充する等の改革構想を提起した。政治的な様々な事情から，これらが同政権期において実現する可能性は乏しい。だが，年金の個人「所有」は，アメリカ国民にとって必ずしも絵空事ではない。なぜなら，企業年金の領域では，すでに401(k)プランを中心とした確定拠出型年金（Defined Contribution Plans；以下「DC」）が台頭し，その加入者は1999年時点には全企業年金加入者の86.7％に及んでいるからである[2]。

　社会保障年金の個人勘定化案は，401(k)の枠組みを公的年金へ移植する試みとして理解できる。実際，そうした説明は改革に向けたキャンペーンの中でも用いられてきた[3]。したがって，年金領域に限れば「オーナーシップ社会」とは，まだ見ぬアメリカの理想社会を指すスローガンではなく，現実の「所有」社会を前提に，その拡大を呼びかける政治戦略である。

　以上を踏まえ，本稿の課題は「オーナーシップ社会」の主要素である「年金の所有」の社会経済的意味を，DC加入者の権利の分析を通じて明らかにする

ことにある。DCの権利形態に関しては，Ippolito [1998]をはじめ，すでに数多くの研究がある。しかし，本稿で整理するように，権利形態にのみ着目した分析では，一般的な「オーナーシップ社会」の理解，すなわち個人の「独立・自由」と「自己責任」，以上に「年金所有」の意義を見出すことは難しい。本稿では，年金所有権の歴史的位置とその成立基盤としての年金サービスの発展に着目することで，「オーナーシップ社会」の新しい意味の解明を図りたい。

2　年金「所有」の権利

　かつて企業年金の大部分は確定給付型年金（Defined Benefit Plans；以下「DB」）であった。DBとは，勤務年数や給与水準に応じた年金給付を，雇用主から「受給」する制度である。これに対しDCは，個々人に設定された個人勘定を退職後の生活に備えた原資として加入者が「所有」する制度である。したがって，企業年金に占めるDCの比重増大は企業年金加入者の「受給者」から「所有者」への移行を意味している。図表1に示されているように，この変化は，企業年金の権利の発展史において，受給権の不可侵性および年金資産に対する所有権の確立という意味がある。

（1）受給権の不可侵性
　受給権の不可侵性とは，年金規約に定められた権利が，労使間の事情に関わりなく雇用主に対する請求権として保護される性質を指す。それは，さらに二つの要素に分解できる。すなわち発生済み受給権（accrued benefit）が，雇用主の経営事情や従業員の勤務態度，退職事由によって没収・削減されることを防ぐ「非没収性」の性質と，過去勤務期間に応じて期待される受給権が加入者の転職や雇用主企業の倒産，年金の解散などの出来事に関わりなく保持される「確定性」の性質である。

　20世紀初頭，鉄道業を中心に普及しつつあった企業年金制度において，年金給付は雇用主が加入者へ与える恩賞あるいは恩恵的措置と考えられており，権利の不可侵性はほとんど保証されていなかった。実際に1930年代の大恐慌期には，

図表1　年金制度における加入者の財産権

		不可侵性		年金資金への所有権		
		非没収性	確定性	雇用主の支配権	残余請求権	加入者の支配権
DB	成立当初	×	×	○	×	×
	エリサ法前	△	×	○	×	×
	エリサ法後	○	△	△	×	×
DC	404(c)前*1)	○	○	×	○	△
	404(c)後*1)	○	○	×	○	○*2)

○…保障される　△…不明瞭または不十分　×…保障されない
注：＊1)　404(c)とは，エリサ法404条c項に関して，労働省が1987年以降（最終規則は1992年）に提示したガイドライン。資産運用に関する加入者の運用選択肢や変更頻度，情報公開について定めた。
　　＊2)　ただし，雇用主が自社株で拠出した部分に関しては，売却制限などが存在している。
出所：筆者作成

多くの年金制度で給付の減額が実施され，また倒産に伴い年金給付自体が消滅するケースも存在した。

　企業年金が，雇用主の恩恵ではなく「後払い賃金」，すなわち従業員の権利であると社会的に認識されていくのは第二次世界大戦後である。その画期は，1948年に全国労働委員会（NLRB）が下した裁定であった。同裁定は，インランド・スチール社と労働組合との間の紛争に関して，年金制度は「雇用条件」として団体交渉における強制的な交渉事項であると認めるものであった。この裁定後，企業年金は労働組合運動の主要な要求対象に位置づけられ，ペンション・ドライブと呼ばれる普及期を迎えた。

　同時期には裁判所でも，雇用主の恩恵ではなく，加入者との契約としての年金といった見方が支持されつつあった[4]。しかし，受給権は依然として十分な不可侵性を備えてはいなかった。まず非没収性についてみれば，雇用主は，依然として自らの事情や判断によって年金給付の没収を行うことが可能であった。例えば，当時の企業年金規約には従業員の退職自由や勤務態度に基づく年金給付の変更規定，いわゆる「バッドボーイ」条項などが存在していた[5]。また1960年代のスチュード・ベーカー社の工場閉鎖に象徴されるように，雇用主企業の倒産時には受給権は保証されない。「確定性」に関しても，当時多くの企

業年金制度は受給権の完全付与までに20年以上の期間を設定しており，離職者の権利が十分に保護されていたとは言い難かった。

1974年に成立した従業員退職後所得保証法（以下；エリサ法）は，DBにおける権利の不可侵性を大幅に強化した。同法は発生済みの受給権を没収不能のものと位置づけ，雇用主の都合による不利益変更，例えばバッドボーイ条項のような規定を禁止した。これに伴い，同法では，雇用主の最低積立基準の強化や年金終了保険など，そもそも受給権が侵害される事態への予防措置も講じられている。また，同法の加入資格や受給権の付与基準の明示化は，受給権の確定性を強化するものである。だが，エリサ法もまた，DB受給権に十分な確定性を与えなかった。雇用主は，依然として受給権付与基準や最終給与を基準とする給付算定式の性質によって，短期離職者に不利益を与え，長期勤続者を優遇することができた[6]。

DC加入者に与えられる権利は，DBのそれより強い不可侵性を備えている。まず，雇用主はDC加入者の所有する個人勘定の資産を，自らの経営事情の理由から没収することはできない。また確定性に関しても，年金資産の形で表されるDCの受給権には，DBのように現在給与と最終給与の相違を利用し，短期勤続者に不利を与える余地が存在しない。ただし，加入資格や受給権の付与期間の設定を通じた権利の不確定性は，DCでも依然として残されている。

（2）年金資産への所有権

「年金資産は誰のものであるのか」という問題は，企業年金の本質に関わる論点であった。年金給付が雇用主の私的恩恵であるならば，その準備金である年金資産もまた雇用主の所有物ということになる。他方で，年金給付が加入者の賃金の後払いであるとするならば，それは加入者に支払うべき賃金の積立金であり，加入者の所有物ということになる。

年金資産に対する雇用主の所有権は，「後払い賃金」としての年金給付，という考えの定着とともに制約されていった。まず，1947年に成立した労使関係法（タフト・ハートレー法）では，年金制度は組合と雇用主が共同で管理する信託基金と位置づけられ，1958年の企業年金開示法においては，情報開示および

報告義務などが定められた[7]。1974年のエリサ法は，年金資産が雇用主の私有財産ではなく受託された資産であるという規定をより明確にした。同法は，雇用主を受託者（fiduciary）と位置づけ，年金資産を加入者の年金給付のためのみに用いなければならないとする受託者義務を明文化した。

年金資産を受託資産としたエリサ法は，しかし，経済学的な意味で年金加入者の所有権を確立するものではない。一般に経済学では所有は残余請求権と残余支配権の存在によって定義される[8]。ここでは，これらの概念をやや単純化し，年金資産から生まれる想定外収益への請求権，および資産の形成，運用，処分に関する決定権とする。この理解を踏まえれば，エリサ法は，DB加入者へ年金資産の所有権を与えていない。まず，当然ながらDB加入者は年金資産への支配権をもっていない。また，残余請求権の保持者も明瞭ではなかった。この不明瞭さに決着をつけたのが，1980年代のリバージョン問題である。

リバージョンとは，年金基金に積み立てられた積立超過資産，つまり年金負債を引いた残余分，を年金制度の終了を通じて雇用主が取得する行為である。リバージョンの流行自体は，その後，懲罰税などの規制強化により沈静化したものの，この議論を通じて積立超過資産の所有権が原則として雇用主にあり，加入者の権利は確定済み受給権に対応する年金負債の部分に限定され，それ以上の残余には及ばないことが法的に確認された。雇用主はその後，拠出の削減などを通じて年金資産の生み出す超過収益を自社の収益に組み入れていった[9]。

DCでは，加入者に経済学的な意味における所有権が与えられている。まず残余請求権について見れば，DCには権利の定義上，積み立て超過資産という概念，さらにいえば想定外の金融収益という概念が成立しない。年金資産から発生する金融収益は，雇用主ではなく従業員にそのまま帰属する。

また，年金支配権に関しても，今日のDC加入者は雇用主の提供する選択肢の範囲内ではあるが，個々人で自らの資産運用方法を決定できる。この支配権に法的な保証を与えているのが，エリサ法の第404条(c)項である。同項は，雇用主の受託者責任を免責する条件として，言い換えれば加入者に資産運用のリスクを負わせる条件として，雇用主に年金資産に対する加入者の支配権の保障を求めている。この条項は，1992年に発布された労働省解釈（第2550.

404c-1) によって具体的なルールとなった。その内容は，第1に安全資産を含む3本以上の投資選択肢，第2に少なくとも四半期ごとの乗換え機会，第3にプランおよび運用商品に関して十分な情報開示，である[10]。このルールは一般に「セーフハーバー（安全地帯）ルール」と呼ばれている。

（3）年金の「所有権」と労使関係

労使間での権利・義務関係から見るならば，年金「所有」の成立は，年金加入者の雇用主からの「独立」を意味している。第1に，受給権の不可侵性は，加入者の権利の倒産や経営難等の雇用主の事情，また転職や懲戒等の雇用主との関係変化による影響を防ぐ。それは安定的な労使関係が崩れ，個人が雇用主からの自立を強いられる時代に適合した権利の発展といえる。エリサ法は，雇用主の倒産やリストラクチャリングが常態化する経済環境へDB受給権を適応させる試みであった[11]。しかし，既に見たように元来雇用主の恩恵として生まれたDBの枠内で，受給権の不可侵性を確立することには限界があった。これに対しDBからDCへの移行は，加入者の「受給者」から「所有者」へ変化を通じて，不可侵性を確立させる。この性質は，一般に「受給権のポータビリティ」と呼ばれ，DCへの肯定的評価の主要な論拠とされてきた[12]。

第2に，年金所有権の確立は，年金資産の運用や処分への雇用主の関与の排除，すなわち資産所有者としての加入者の雇用主からの独立を意味している。エリサ法は，雇用主を資産受託者に位置づけることで，DB資産に対する雇用主の私的利害に基づく関与の排除を目指す試みであった。しかし，それは積立超過資産問題に見るように，年金資産の雇用主による私的取得を完全に防ぐことはできなかった。加入者を年金資産の「所有者」とするDCでは，原則として雇用主による年金資産の取得や私的な利用は発生しない[13]。このため，資本市場の活況期にあっては，DCはその恩恵を退職後所得の強化に結びつける制度として，肯定的な評価を与えられることが多い[14]。

他方で，DCにおける資産所有者としての加入者の独立は，年金給付に対する雇用主の責任の撤退でもある。エリサ法は，資産所有者としてのDB加入者の独立を雇用主の責任強化によって図るアプローチであった。これに対し，

DC 加入者の独立は，雇用主の責任強化ではなく軽減によって達成される。DC を提供する雇用主は，セーフハーバールールを満たす限り，自らの資産運用責任とリスクから解放され，これらを加入者自身に負わせることができる。

　DC 加入者は，雇用主の関与と保証から独立した年金資産の所有者として，資産形成・運用結果に関する自己責任を負う。DC の消極的評価の多くは，この自己責任に関するものである。例えば，Burtless [2002] は歴史的データを用いて，DC による退職所得の水準が，資本市場の不安定性によって生年毎に大きく変動しうることを示した。また，吉田 [2006] も指摘するように，運用，拠出，引き出しに関して加入者に与えられた資産の支配権もまた，退職時の結果の分散（リスク）を拡大させる。

　以上，労使関係の文脈において企業年金における「所有権」の確立は，個々人の雇用主からの「独立」の獲得と，それに伴う「リスク」の自己負担を意味している。これらは「自由」と「自己責任」に象徴される「オーナーシップ社会」の一般的イメージに合致する。

3　権利と年金サービス

　企業年金における加入者個人の「独立」は，労使間の契約，およびそれを支える法律上での義務や権利，権限配分の変化として観察できる。しかし，労使関係の法的な定義は年金加入者の「独立」を成立させる十分な条件ではない。それは，法律以外にも年金基金の発達を実質的な必要条件としている。なぜなら雇用主から独立した権利に，経済的な実体を与えているのは年金準備金の雇用主会計からの独立，すなわち年金基金の存在だからである。

　雇用主の法的義務，権限の変化，またそれに伴う年金運営のインセンティブの変化は，年金基金運営に関する新しい要求を生み出す。このニーズを実現させ，年金加入者の権利を実体面で支える役割を果たしてきたのは金融機関の提供する年金サービスであった。DC における年金サービス自体は，すでに井潟 [1996] 等で研究されている。以下，その成果を権利に対応した年金サービスの進化過程に位置づけ，「年金所有」を支えるサービスの歴史的独自性を示す。

（1）普及当初のDB

　企業年金が普及し始めた1920年代，年金給付に備えた原資の確保に対する雇用主のインセンティブは，極めて弱かった。年金給付が加入者の権利として法的に認められていない以上，極言すれば，雇用主は給付約束の破棄も可能であったからである。当時は外部に年金資産を積み立てる雇用主は少数であった。1930年以前の年金制度のうち年金資産を保険会社や銀行信託部等の外部に積み立てていた制度は，16.2％にすぎなかった[15]。図表2-(a)が示すように，当時の典型的な年金制度は，単純化すれば雇用主と加入者の間で完結していた。

（2）ペンション・ドライブ期のDB

　年金給付が従業員給付として社会に認められるとともに，年金給付の破棄はより困難なものとなった。このことは，年金基金の形成，十分な年金積立金の確保に対する雇用主のインセンティブを強化させた。1956年の時点では，年金制度のうち31.3％が外部の保険会社と契約し，60.7％が銀行信託部などの外部に積み立てていた[16]。

　また同時期，年金基金は独立の機関投資家としての体裁を確立させていった。その画期的出来事は，1950年GM社年金制度の創設である。同制度の基金は，自社証券への投資制限，分散投資，専門家による運用など一般的な投資信託の原則に沿って設計された。GMの年金設立以降，多くの年金基金がこの方式に倣い，株式投資を行う機関投資家となっていった。その後も年金基金の数は増加し，また拠出金も流入し続けた結果，1960年代には年金基金の莫大な資産規模や独特の運用行動が注目されるようになった。

　年金債務の累積額を所与とするならば，より効率的な資産運用は，雇用主の拠出負担の軽減へと結びつく。そのため雇用主は，資産運用のパフォーマンスに基づいて年金資産を預託させる金融機関の選別を図っていった。1969年にはフォード財団によって「受託機関の門戸開放」が提言されている。しかし，当時の雇用主と金融機関との関係は，総じて流動的なものではなかった。「門戸開放」が改めて宣言されたことは，当時，雇用主と金融機関との関係が依然として開放的ではなかったという証左でもある。Light & Perold [1987] らが指

235

Ⅳ　投稿論文

図表2　年金サービスの進化

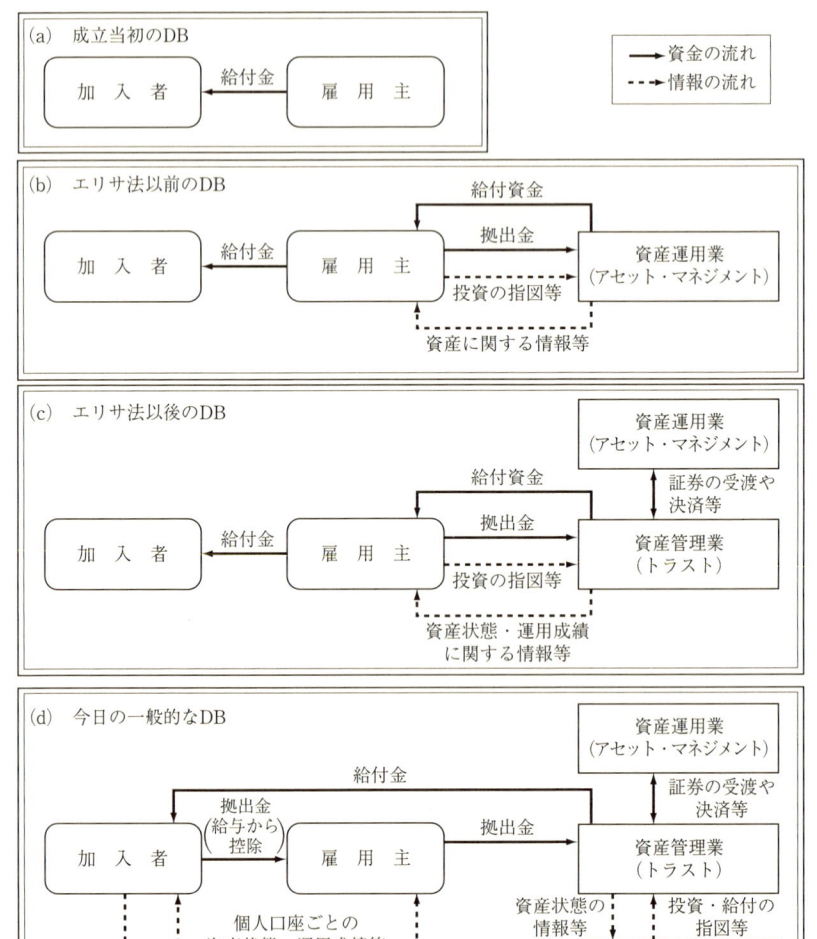

(a) 成立当初のDB

加入者 ←給付金― 雇用主

凡例：
→ 資金の流れ
⇢ 情報の流れ

(b) エリサ法以前のDB

加入者 ←給付金― 雇用主 ―拠出金→ 資産運用業（アセット・マネジメント）
雇用主 ←給付資金― 資産運用業
雇用主 ⇢投資の指図等⇢ 資産運用業
雇用主 ⇠資産に関する情報等⇠ 資産運用業

(c) エリサ法以後のDB

加入者 ←給付金― 雇用主 ―拠出金→ 資産管理業（トラスト）
雇用主 ←給付資金― 資産管理業
雇用主 ⇢投資の指図等⇢ 資産管理業
資産管理業 ↔証券の受渡や決済等↔ 資産運用業（アセット・マネジメント）
雇用主 ⇠資産状態・運用成績に関する情報等⇠ 資産管理業

(d) 今日の一般的なDB

加入者 ―拠出金（給与から控除）→ 雇用主 ―拠出金→ 資産管理業（トラスト）
加入者 ←給付金― 資産管理業
資産管理業 ↔証券の受渡や決済等↔ 資産運用業（アセット・マネジメント）
制度管理業（レコード・キーピング）
・資産状態の情報等
・投資・給付の指図等
・個人口座ごとの資産状態・運用成績等
・個人口座ごとの投資・給付の指図

注：一般的な制度の概説図。詳細に関しては，各プランごとに相違がある。例えば，ここでのDBは加入者の非拠出型制度を想定したものである。
出所：(a)(b)(c)は筆者作成。(d)は井潟（1996）を加筆修正。

摘するように，雇用主が金融機関のパフォーマンスを評価し，選別する体制は十分に整っておらず，また受託契約は企業の他の取引関係が考慮された「関係重視」のビジネスであった。こうした関係を反映して，当時の年金サービスは，図表2-(b)のように雇用主と金融機関との一対一の関係を前提としており，複数の資産運用業者を管理する資産管理業もまだ未分離であった。

（3）エリサ法以後のDB

　エリサ法は，年金資産を効率的に運営する雇用主のインセンティブをさらに強化した。まず受給権の不可侵性の強化によって，雇用主や年金給付の削減や破棄による年金債務の縮小はますます困難となり，年金資産の非効率な運用はそのまま雇用主の将来的な拠出負担の増加を意味するようになった。運用成績と拠出負担とのこの対応関係は，最低積立基準の設定によってより直接的なものとなった。この変化は1985年に制定された会計基準（FAS 87）にも反映され，年金資産の運用成績は年金費用（収益）の構成要素として雇用主の各期の損益計算書に直接認識されるようになった。

　エリサ法は，また雇用主の資産運用のあり方を直接に規定している。同法は，年金資産の受託者たる雇用主が従うべき義務としてプルーデントマン・ルールを提示している。同ルールは，通例として忠実義務，善管注意義務，あるいは慎重人の原則と訳される。しかし，それは単なる忠実性，善意，慎重さに止まらず，「当該状況下でその運用につき同じような能力と知識を持つ熟練者が，同質で同目的の資産の管理について用いる注意，技術，慎重さ，および勤勉さをもって行動すること」という規範を意味している。つまり，このルールは雇用主に，資産運用の専門家と同様の能力で合理的な分散投資を行い，インフレを十分にカバーするだけの利益を挙げることを事実上，義務づけている。

　年金基金は，エリサ法の成立を一因に，さらに積極的な投資姿勢をとるようになった。基金の投資態度は従来までの優良株への集中投資，長期保有といったパターンから，リスク商品を含む分散投資，短期的な成果を狙った短期売買戦略へと転換していった[17]。このような転換は，同時期に年金委員会の組織，年金専門のマネージャーの配置など，自社内で資産運用機関の比較評価や選別

IV 投稿論文

を行う体制を強化によって支えられた[18]。それらは，当時発達しつつあった金融サービスの年金基金運営への活用によって実現した。まず，資産運用業は，株式や社債等などの単純な区分から，インデックス運用，小型株，特定部門，不動産投資など多様な発展を遂げていった。また1970年代末以降のエリサ法の禁止取引条件の規制緩和によってヘッジファンドやベンチャーファンドなども年金受託競争に参加するようになった。こうした資産運用業の複数化・多様化の条件を整備したのが資産管理業の発展である。図表2-(c)が示すように，資産管理業は資産運用業から分離・独立し，複数の年金制度を複数の金融機関で運用される年金資産を集中的に管理し，短期的なパフォーマンスの評価や情報の分析を行うマスター・トラスト業として高度化していった[19]。

（4）今日のDC

DCにおける年金制度運営の権限やインセンティブの構造は，DBとは大きく異なる。DCでは残余請求権と支配権は雇用主ではなく加入者に与えられており，彼らが退職資産の増大というインセンティブをもって資産運用を行う。しかし，こうした運用主体の転換は，高パフォーマンスを求める資産運用のインセンティブを根本的に変更させるものではない。したがって，効率性を目的としたDBの年金ビジネスの構造，すなわちトラスト業の確立と多様な資産運用業の発展はDCにおいても基本的に継承される。

他方，加入者が運用するDCは，新たに次のようなサービスを必要とする。第1に，個人向の小口投資に対応した資産運用ビジネスである。上記のように，年金資産運用の目的自体はDC・DBの間で相違しない。しかし，その意思決定をめぐる事情は両者間で異なる。基金単位で運営されるDBは，一般に資産規模が大きく，金融機関は大口顧客としての各基金の要望に応じた細かい資産運用サービスを提供できる。これに対し，DCでは加入者個々人が小さな単位で資産運用を行う。このため，金融機関は個人単位にパッケージ化された商品群，例えば各種のファンドや確定利付商品（GIC）等，を通じて資産運用サービスを提供しなければならない。DC加入者は，これら金融商品の購入を通じて資産運用を行う。

アメリカ「オーナーシップ社会」の社会経済的意義

　第2の変化は，レコード・キーピング業の追加である。上記のように，DC加入者には年金資産に対する残余請求権と支配権が与えられている。しかし，この権利を個々人の単位で実現するためには，それぞれの加入者が自らの年金資産の状態を逐次確認でき，個別に資産運用の指図を与えることが可能でなければならない。これらの条件を整える業務が，図表2-(d)に示されたレコード・キーピング業である。それは，DB運営においてマスター・トラストが担っていた情報の管理・提供業務を，年金資産の合算ベースではなく個人単位で処理する業務として理解できる。

　以上，「年金所有」を支えるDCサービスの体系は，年金サービスの進化過程において，DBで培われてきたサービス体系の継承の上に，対個人向けの金融商品・サービスという新要素を追加したものだと理解することができる。

4　年金「所有」と「金融革命」

　DC独自のサービス体系は，どのような過程で発展してきたのであろうか。以下では，年金サービスとそれに伴う資産「所有権」の発展過程を確認し，その発展を実現させた主要な経済主体と背景の分析を行っていく。

（1）サービスの発展と「所有」の強化

　1980年代，DC独自の金融サービスは未だ十分に発達していなかった。
　第1に，資産運用オプション，すなわち選択可能な金融商品の範囲である。これは，加入者が行使しうる支配権の強さ，および残余請求権のもつ実質的な価値を決定づける。1980年代の401(k)は，単なる従業員貯蓄制度という性格が強く，資産運用先の内容と幅は乏しいものであった。1986年に242プランのDCを対象としたBankers Trustの調査では，この当時に加入者が選択できる運用オプションの数は非常に少なく，オプション数が3つ以下の企業が59％，2つ以下の企業が21％という状態であった。しかも89％の制度が，自社株をひとつのオプションとしていた。
　第2は，加入者個々人の支配権の行使機会を確保するレコード・キーピング

の質である。1980年代当時の401(k)は、加入者が自分の資産運用に関する情報にアクセスし、投資内容を変更する機会は十分に保証されていなかった。Bankers Trust の調査では、1986年の時点で、いつでも投資内容の変更ができたプランは調査対象の14％にすぎず、66％のプランが年に2回以下の、37％が1年に1回以下の変更しか認められていなかった。同様に1988年時点での会計検査院の調査でも、50％のプランが資産運用の変更は年に1回だけ、という結果が示されている[20]。

DC サービスの発達、すなわち実質的な意味における加入者の所有権の確立は、1990年前後を境に急速に進展する。メット・ライフの DC センターの副所長であったハート氏は、この変化を図表3のように整理している。

まず加入者の選択できる運用オプション数が増大した。ハート氏は、この点を、手数料など不透明な「謎めいた」ファンドから、ミューチャル・ファンドへの転換、また限定された選択肢から増加する投資オプションへの転換としている。1990年代中盤では多くの企業で運用オプション数は10本程度、2004年には平均で18.4本と増大している。特に大規模プランでは平均運用オプション数は、1995年の14本から2004年の34本へと急増している。

レコード・キーピング・サービスの質も、1980年代末頃から向上した。同サービスを提供するプロバイダーは、音声自動応答装置、およびコールセンターの発達を通じて、フリーダイヤルによる情報提供や投資指図の受付体制を整備していった。今日では大半の DC プラン加入者の大半は、フリーダイヤル、さらにはインターネットを通じて、いつでも情報にアクセスでき、自らの資産運用や管理に関する指示を出せる[21]。

（2）ファンド会社の参入

これらの発展の大きな原動力となったのが、DC 市場へのファンド会社の参入である。ファンド会社とは、ここでは自ら組成したミューチャル・ファンドを直販する企業を指す。具体的には、フィデリティ、バンガード、T. ローワ・プライス社などである。

1980年代、ファンド会社は未だ DC 市場の主要なプレイヤーではなかった。

図表3　401(k)の特徴の発展
プランのデザインや口座情報，顧客サービスは，どのようにして機関から個人へ移ったか？

	第1の波 機関的なプラン スポンサーへ焦点	第2の波 小口顧客のための 小売志向	次の波 技術に促進された 加入者への双方向の連絡
プラン情報への 従業員のアクセス	プラン概要へ限定	目論見書，広告用印刷物，フリーダイヤルでのアクセス，ミーティング，フィナンシャル・プランニングの補助	インターネット，技術主導の情報アクセスや補助，データベースの情報
投資オプション	情報が十分に公開されない「謎」のファンド，限定された選択肢，隠された手数料	ミューチャル・ファンド（ノー・ロードの）など，日々の変更，増大する投資オプション	ファンドの日用品化，個人的に管理できるポートフォリオなど，無制限のアクセス，低い雇用率，ニーズに基づいた資産構成
個人勘定の価格評価	せいぜい4半期に1度，しばしば1年に1度	日ごとか月ごと	日ごと
口座情報への 従業員のアクセス	制限される (年に1回か2回の報告書)	月ごとか四半期に1度の報告書（要望に応じてフリーダイヤルで24時間アクセス）	インターネットによるアクセス
授業員の投資変更	せいぜい月ごと，多くは四半期に1度	フリーダイヤルを通じて日ごとに変更 ただし，月ごとに制約されるプランも多い	インターネットを通じて毎日
顧客の定義	プランスポンサー，投資／年金委員会	いまだプランスポンサーに焦点，しかし加入者への配慮も増大	加入者

出所：Hurt (1998).

当時のDCの多くはDBを捕捉する制度として設立されており，DC市場は従来からDBの金融サービスを提供していた銀行や保険会社にとって，従来の営業対象と同様の顧客を相手にする市場であった。その結果，1980年代のDC市場シェアの多くは，銀行と生命保険会社によって占められていた。1988年時点で，DCの中心である401(k)資産の40％は生命保険会社によって，32％は銀行によって保有され，ファンド会社のシェアは14％にすぎなかった[22]。また，

Ⅳ 投稿論文

図表4　401(k)資産運用額ランキング

(a)　1990年　　　　　　　　　　　(b)　2000年　　　　　　　　　（単位：100万ドル）

ランク			ランク		
1	メトロポリタン・ライフ	9,594	1	フィデリティ・インベストメンツ	276,000
2	エトナ・ライフ	7,989	2	シティ・ストリート	173,431
3	ジョン・ハンコック	7,214	3	バンガード・グループ	77,219
4	フィデリティ・インベストメンツ	7,007	4	パトナム・インベストメント	57,040
5	プリムコ・キャピタル	6,375	5	プリューデンシャル	52,956
6	プリューデンシャル	5,620	6	ジャナス	41,353
7	ステート・ストリート・バンク	5,500	7	プリンシパル・キャピタル	36,700
8	GE インベストメント	5,305	8	アメリカン・エクスプレス	34,001
9	プリンシパル・フィナンシャル	4,957	9	T. ローワ・プライス	32,552
10	マサチューセッツ・ミューチャル	4,800	10	メリル・リンチ	29,879

注：1990年のランキングには457プランの資産も含まれる。
出所：*P & I*, May 21, 1990, August 7, 2000.

図表4-(a)で示されているように，同時期の401(k)資産の運用規模ランキングでも，1位がメトロポリタン・ライフ，2位がエトナ・ライフと上位を生命保険会社で占められており，ファンド会社は4位にようやくフィデリティが見られる程度であった[23]。投資信託協会（ICI）の統計では，1990年の時点での401(k)資産に占めるミューチャル・ファンドの割合は，わずか9.1％であった。商品別では保険会社が提供するGICが1985年時点で平均的加入者の資産の38％を占めていた[24]。

　ファンド会社によるDC市場への参入は，1990年前後から顕著となる[25]。ICIの統計では，401(k)資産に占めるミューチャル・ファンドの割合は，1988年の9.1％から1995年には，30.8％，2000年には44.7％にまで達している。ミューチャル・ファンドはまた，銀行や生保によっても提供されるようになった[26]。その結果，図表4-(b)に見るように1990年代末の401(k)資産受託の上位ランキングには，1位のフィデリティをはじめ，バンガード，パトナム，ジャナス，T. ローワ・プライスなど独立系の運用会社が目立つようになった。他方で，保険会社のシェアは，1988年の40％から1995年には25％へ，銀行のシェアは32％から22％へと低下した[27]。同じ調査では，ミューチャル・ファンドのシェアは，14％から37％まで急増している。保険会社の主力商品のGICの

シェアは，1997年には15.5％，2000年には11.4％まで低下している[28]。

　1990年前後から顕著となったDC市場でのファンド会社の急成長の背景には，いくつかの契機がある。例えば，1987年の株価崩落に伴うGICの破綻，その後の持続的な株価上昇，セーフハーバールールの明示化，中小企業への普及などによる顧客層の変化などである。しかし，ファンド会社がこれらの契機を活かし，銀行や生命保険会社からの「奪い取り」を伴う急成長を実現しえたのは，彼ら自身がこの市場で強い競争力をもっていたからである。

　競争力の第1は，金融商品のパフォーマンスや，多様な品揃え，何よりブランド力である。この見方は，業界の共通認識とされている[29]。例えば，フィデリティのマゼランファンドは401(k)ビジネスの離陸の強力な支えとなったことは有名であり，またバンガード社の社長であったブレナン氏も，「401(k)ビジネスの初期段階において，ウィンザーの名前は我々のための扉を開いた」と述べている[30]。銀行もミューチャル・ファンドと同種の金融商品としてコミングル・ファンドと呼ばれる商品を提供していたが，知名度の点においてファンド会社の商品に及ばなかった[31]。銀行業界や生命保険業界でも，自らの苦戦した要因として金融商品の差異を指摘している[32]。

　第2に，レコード・キーピング・サービスの質の高さである。同サービスの質は，DC市場での勝敗を決定する重要な要素である。ICIが実施したアンケートでは，雇用主が401(k)のプロバイダーを選択する際に重視する要素として，レコード・キーピングの能力は，5点満点中4.6ポイントと投資のパフォーマンスと並んで最も高いポイントを記録していた[33]。DC市場の最大手であるフィデリティ社401(k)関連子会社の社長レイノルズ氏は，401(k)サービスが「実はサービス業である」と評している[34]。この認識をもとに彼らは，このサービスの向上に多くの投資を行い，高い評価を獲得してきた[35]。実際，1994年にDALBAR Surveys Inc.が行った調査によれば，401(k)のプロバイダーのうち総合サービスの質で最も高い評価を受けていたのはフィデリティ社であり，中規模プランにとってはバンガードが，大規模プランにとってはT・ローワ・プライスなどのファンド会社がそれに続いていた。同じ調査内で，資産運用に関してもこれらの業者は上位にランクインしているものの，その優

位はサービスの質ほど際立ったものではなかった[36]。1990年代中盤には，他の調査からも類似の結果が報告されている[37]。

（3）DC サービス発展の歴史的意味

　DC 市場の後発組であったはずのファンド会社が，このような際立った競争力をもっていたのは何故であろうか。それは，DC サービス市場の競争構造が，それまで彼らが基盤としてきた大衆個人向け市場でのビジネスの構造とほぼ合致していたからである。元来ファンド会社は，中流層の個人貯蓄資金の性質を大きく転換させた「金融革命」の旗手として注目されてきた。ここで「金融革命」とは，銀行預金から金融商品への個人資金のシフト，すなわち個人の預金者から投資家への転換，およびその転換を支えた金融ビジネスの革新を指す[38]。それは1980年前後の激しいインフレを契機に加速した。当時，高いインフレ率が銀行の規制金利を上回る中で，ファンド会社は，市場金利との連動によってインフレリスクをヘッジできる商品としてマネー・マーケット・ファンド（MMF）を提供することで，中流層の貯蓄資金の取り込みに成功した。その後，1983年の預金金利規制の全面的な解禁を受け，銀行による資金獲得競争の巻き返しなどが展開されるもの，MMFや株式ファンドなどの金融商品への資金流入は持続的な傾向として定着した[39]。

　「金融革命」を牽引したファンド会社の競争力は，第1に金融商品の魅力である。1970年代以降ファンド会社は販売するファンド数を著しく増大させていった。ICI によるファンドの分類定義は，1970年から2000年までの間に5から33にまで増大し，実際に登録されたファンド数も1970年の361から2000年には8,155に達していた[40]。フィデリティの運用ファンド数は，1970年の14から80年代初頭には100前後，90年代には200以上にまで増大していた[41]。彼らの金融商品は，好調な株式市場と運用技術の革新を背景に，高いパフォーマンスを上げていった。中でも特に有名なのがマゼランファンドである。同ファンドは1980年代に記録的な成績を残し，株式ファンドの代表として広く認知されていった。彼らの金融商品は，またテレビや雑誌を通じたファンド会社の強力な広報力，「ブランド戦略」によって広く認知されるようになった[42]。

第2は，ファンド会社が備えていたトランスファー・エージェントといわれる投資家個人に対する顧客サービスの質である。トランスファー・エージェントとは，ミューチャル・ファンドの保有者への口座情報の定期的な配信，配当やキャピタルゲインの受け取り方式の選択，ファンドの売買・乗り換え取引の処理，多様な形式での報告，税務書類の作成などのサービスである[43]。これらの情報のやりとりは，電話による問い合わせ，Eメールおよびダイレクトメールにて行われる。ファンド会社は，大規模なシステム投資，およびコールセンターの設置を通じて，この業務の向上を図った。例えば，フィデリティ社は，1970年代以降，積極的な情報投資により自動応答システムを含む顧客との電話情報システム発達やコンピューター化に注力し，その顧客サービスの技術力において高い評価を得ていた[44]。

　金融商品の魅力，および対個人向けサービスなど「金融革命」を支えたファンド会社の競争力は，いずれもDC市場における競争力と軌をひとつにしている。すなわち，DCサービスの体系とは，「金融革命」で発達した個人向けサービスの応用可能な体系でもあった。トランスファー・エージェントに代表される対個人向けサービスは，401(k)におけるレコード・キーピング業に非常に類似している。業務内容から見れば，レコード・キーピング業とは，ファンド会社のトランスファー・エージェントの業務に，年金制度特有の情報処理や関連法規に関わる書類作成，および付加的なサービスとしての投資教育の実施等を追加したものだと理解することができる。すなわち，DCサービスは彼らが培ってきた対個人サービスのノウハウや経営資源を最大限に活用できる分野であった。ファンド会社がもっている401(k)市場の適性について，上述のレイノルズ社長は，「401(k)は，フィデリティに完全にフィットしている」と論じた[45]。

　ファンド会社によるこうした適性の発揮は，彼らによるDC市場の席巻を実現させただけではなく，図表3で示されたDC市場全体での年金サービスの向上を牽引するものであった。

　以上より，DCサービスの発展は，それを促した経済主体の面に着目すれば，ファンド会社の主導した「金融革命」技術のDC市場への移転として進展し

たといえる。従来，企業年金の領域における DC の普及，すなわち年金所有権の確立は，多くの場合 Ippolito [1998] に代表されるように主に長期的な労使関係の解体という文脈から理解されてきた。以上の分析は，年金「所有権」確立が労使関係の変化とは別に，「金融革命」の年金市場への波及という金融関係での変化という側面をもっていたことを示すものである。

5 結論と展望

　「オーナーシップ社会」の柱である年金「所有」は，企業年金の領域ではすでに DC の普及として実現している。この認識に基づき，本稿では DC の権利形態の分析を通じて，「オーナーシップ社会」の歴史的な意義を考察してきた。その結論は，次の3点に要約される。第1に，DC による年金「所有」の確立は，それまで DB において追求されてきた雇用主からの加入者の「独立」を強化するものであった。第2に，その「独立」の一部，すなわち年金資産の所有権の確立を実現したのは，伝統的な年金サービスに加え，個人向け金融商品およびレコード・キーピングを備えた DC 独自のサービス体系であった。第3に，DC 独自のサービスの発展は，ファンド会社の主導する「金融革命」の年金市場への浸透として進行した。すなわち，DC において実現した加入者の独立は，「金融革命」の進展によって支えられている側面がある。

　「金融革命」は，中流層の貯蓄資金を新たな金融商品へ取り込む過程である。したがって，DC における年金「所有」の実現は，加入者の雇用主からの独立であると同時に，上記の DC サービスを梃子に個人を金融市場あるいは個人向け金融ビジネスへ顧客として包摂していく過程でもあった。このことは，個人の独立と自由を以て謳われる「オーナーシップ社会」のもつ社会経済的意義が，必ずしも無条件での個人の独立ではなく，「金融革命」などの特定の歴史的条件，およびそれを生み出す経済構造への包摂であることを示唆している。したがって，「オーナーシップ社会」における政策論点とは，個人の自由に伴う自己責任をめぐる問題，例えば年金資産への「支配権」の是非に限定されない。そこでは，労使関係からの独立を規定する条件を支える経済主体の利害調

整が政策論点にも深く関わりをもっている。実際に，エンロン社破綻事件を契機に，DC に関しては加入者と金融機関との利益相反の問題，例えば投資アドバイス問題や手数料問題が政策の課題として浮上している。次稿では，これらの課題とその対応に関する具体的な分析を課題としたい。

1) 政策体系としての「オーナーシップ社会」に関する概括的な考察は，小野・安井 (2005) を参照。
2) Department of Labor (2003)。加入率には，副制度としての DC 加入者も含む。
3) *News Week*, March 14, 2005, p. 34.
4) 企業年金の本質を巡る判例の整理は，Harbrecht (1959), p. 182 を参照。
5) 森戸 (2003)，164頁。
6) 給付算定式の性質に伴う短期離職者への不利益については，例えば Ippolito (1998) を参照。
7) 北條 (1992)，88頁。Harbrecht (1959), p. 135, 259.
8) Milgrom and Roberts (1992) を参照。
9) リバージョンの流行から規制強化，「拠出の休日」普及に至る経緯の分析は，吉田 (2001) を参照。
10) 詳細は，労働省規則第2550．404c-1を参照。
11) この視点からのエリサ法の批判的評価は，Clark (1993) を参照。
12) 例えば橘木・鯛天 (1997)。
13) ただし，DC 運用にも強制的な自社株保有という重大な問題がある。詳細は，吉田 (2006) 参照。
14) これらの研究の整理は，吉田 (2006) を参照。
15) Latimer (1932), p. 572.
16) Harbrecht (1959), p. 63.
17) エリサ法成立後の年金基金の資産運用姿勢の変化に関する詳細は，北條 (1992) を参照。
18) 運用体制の発展や資産運用業の多様化に関しては，Light & Perold (1987) を参照。
19) アメリカにおけるマスター・トラストの発展に関しては，十菱・山本 (1998) を参照。
20) General Accounting Office (1988).
21) *Managing 401 (k) Plans*, March 1999，p．5．
22) Curtis (1998).
23) *Pensions & Investment*（以下 *P & I*), May 21, 1989, p. 64.
24) *P & I*, October 19, 1998, p. 94.
25) 例えば，*P & I*, June 11, 1990, p. 20。
26) 井潟 (1996)，23頁。
27) Curtis (1998), p. 46.

28) *Employee Benefit Plan Review*, August 1998, August 2001.
29) 例えば，P & I, June 11, 1990, p. 20．
30) *P & I*, February 8, 1993, p. 17.
31) 井潟（1996），23頁．
32) 例えば Curtis (1998)．
33) Investment Company Institute（以下 ICI）(1995), p. 68.
34) *P & I*, June 11, 1990, p. 20．なおレコードキーピングと資産獲得競争との関係の考察は吉田（2003）を参照．
35) *P & I*, February 8, 1993, p. 17.
36) *P & I*, March 21, 1994, p. 15.
37) 例えば，*Managing 401 (k) Plans*, January 1996 を参照．
38) こうした言葉の使用例としては，ノセラ（1997）．
39) 預金金利規制下での個人資金のシフトに関しては，例えば宮崎（1992）を参照．
40) ICI (2003), p. 63.
41) Henriques (1995), p. 204, 206，ノセラ（1997），336頁．
42) こうしたファンド会社のブランド戦略の詳細は，Gremillion (2001) を参照．
43) トランスファー・エージェント業務の詳しい紹介は，Gremillion (2001), p. 185.
44) こうした投資と発展の過程は，Henriques (1995) を参照．
45) *P & I*, February 8, 1993, p. 17.

【参考文献】

井潟正彦「米国の401(k)プラン（確定拠出型年金）」『FUND MANAGEMENT』1996年春季号．

小野亮・安井明彦『ブッシュのアメリカ改造計画——オーナーシップ社会の構想』日本経済新聞社，2005年．

ジョセフ・ノセラ著，野村総合研究所訳『アメリカ金融革命の群像』野村総合研究所，1997年．

十菱龍・山本誠一郎『年金基金が変える資産運用ビジネス——アメリカ年金運用の潮流』東洋経済新報社，1998年．

橘木俊詔・鯛天材樹「わが国企業年金の制度改革——ポータビリティと確定拠出型の導入をめぐって」大蔵省財政金融研究所『フィナンシャル・レヴュー』1997年12月号．

北條裕雄『現代アメリカ資本市場論——構造と役割の歴史的変化』同文舘，1992年．

宮崎義一『複合不況——ポスト・バブルの処方箋を求めて』中公新書，1992年．

森戸英幸『企業年金の法と政策』有斐閣，2003年．

吉田健三「金融収益部門としてのアメリカ確定給付型企業年金——1980年代リバー

ジョン問題を起点に」日本証券経済研究所『証券経済研究』第29号, 2001年

吉田健三「アメリカの企業年金——確定拠出型年金と金融ビジネス」渋谷博史・渡瀬義男・樋口均編『アメリカの福祉国家システム——市場主導レジームの理念と構造』東京大学出版会, 2003年

吉田健三「確定拠出型の企業年金——財産化された受給権とその帰結」渋谷博史・中浜隆編『アメリカの年金と医療』日本経済評論社, 2006年。

Burtless, G. "Social Security Privatization and Financial Market Risk", *Center on Social and Economic Dynamics Working Paper*, No. 10, 2000.

Clark, G, *Pensions and Corporate Restructuring in American Industry*, The John Hopkins University Press, 1993.

Curtis, C., "The 401 (k) Race : What Banks Can Learn From Mutual Funds", US Banker, Vol. 108, No. 3. March 1998, pp. 44-55.

Department of Labor (DOL), *Pension Plan Bulletin*, 2003.

General Accounting Office, *401 (k) Plans ; Incidence, Provisions and Benefits*, 1988.

Gremillion, L., *A Purely American Invention*, The National Investment Company Service Association, 2001.

Harbrecht, P., *Pension Funds and Economic Power*, The Twentieth Century Fund, New York, 1959.

Henriques, D., *Fidelity's World*, Simon & Schuster, 1997.

Hurt, R., "The Changing Paradigm of 401 (k) Plan Servicing", in O. Mitchell & S. Schieber eds., *Living with Defined Contribution Pensions*, University of Pennsylvania Press, 1998.

Investment Company Institute (ICI), "401 (k) plan : How Plan Sponsors See the Market Place", *ICI Research Report*, 1995.

ICI, *Mutual Fund Fact Book 43rd edition*, 2003.

Ippolito, R., *Pension Plans and Employee Performance*, Chicago Univ. Press, 1998.

Latimer, M., *Industrial Pension System in the United States and Canada*, Vol. I, II, 1932.

Light, J. & A. Perold, "The Institutionalization of wealth", in S. Hayes III ed., *Wall Street and Regulation*, 1987.

Milgrom, P., and J. Roberts, *Economics, Organization & Management*, Prentice Hall Inc., 1992.

* 本研究は, 平成16-18年度に交付を受けた日本学術振興会科学研究費補助金, 若手研究（B）（課題番号16730158）による研究成果の一部である。

SUMMARY

The East Asian Path of Economic Development and the Quality of Labour and Life : An Historical Perspective

Kaoru SUGIHARA

This paper argues that there was a long-term path of economic development in East Asia, which underpinned the "industrious revolution" since the seventeenth century and labour-intensive industrialisation since the late nineteenth century, and eventually produced the "East Asian miracle" during the second half of the twentieth century. Central to this path was its commitment to the improvement of the quality of labour. The improvement of the quality of life, expressed in education, health and housing, was also pursued from a relatively early stage in order to improve the quality of labour.

The first half of the paper describes the interactions between "high initial conditions", international circumstances and government policies in postwar East Asia, and suggests that "developmentalism", an ideology adopted by many governments of the region's high growth economies, reflected its specilaisation in labour-intensive industries in the global division of labour, based on the East Asian path, rather than its effort to "catch up" with the West.

The paper then considers how development economics in the postwar period had neglected the question of the improvement of the quality of labour and life, and attributes some of the reasons for the rapid improvement in education and, to a lesser extent, health in East and Southeast Asian economies to the region's long-term commitment to "productivist" ideology. The success was also helped by the "mechatronics revolution", which combined the introduction of micro-electronics technology with traditional mechanical engineering in the 1970s and the 1980s. The speed at which new technology was adopted to consumer electronics, computer and other manufacturing and service industries was faster in East Asia than anywhere else, because the region was able to combine good-quality labour of all kinds, from unskilled to highly skilled, to produce competitive manufactured goods. It was the quality of labour that determined where the region's comparative advantage lay.

The paper ends with comments on the development of "social policy" in East Asia. In the literature on development,"social policy" often means human development policy, and includes all areas of education, health, housing etc. as well as the traditional areas covered by welfare state policies such as social security and unemployment benefits.

While Esping-Andersen's typology of welfare capitalism is formulated on the experience of the Western path of economic development, the East Asian path requires a different evaluation, on which to assess the history of a rather piecemeal introduction of Western-style welfare system to the region.

Perspectives for Studying East Asian Social Policies

Mari OSAWA

In the 2000s, at least two perspectives towards social policies in East Asian countries began to interweave and articulate themselves. One perspective is from comparative social policy or political economy, which originated in the West but began to include some East Asian countries in the 1990s, while another is from development studies, which have been paying greater attention to social policies in a developmental context, with a focus on East and Southeast Asian countries. Against this backdrop the current paper first tries to overview different but partly overlapping concepts of social policy in various perspectives. It suggests that much is expected of chronological as well as cross-sectional comparative studies of social policies, in order to cover policy measures other than social insurance schemes or their alternative modes of social protection on the one hand, and stages of development preceding industrialization and democratization on the other hand.

Secondly by introducing a conceptual framework of "livelihood security system", this paper highlights a characteristic of 20th century welfare states, in which the inherently individualistic and multi-dimensional risks of livelihood were reduced to the single-dimensional insufficiency of the income of male breadwinner, and explained away as employed or not employed in terms of main causes of risk. Of course, welfare states in the 20th century did not share a similar structure, and the livelihood security systems of "advanced" nations around the 1980s can be grouped into three main categories: the "male breadwinner" model, the "work/life balance" model and the "market-oriented" model.

It is argued that 20th century welfare state dysfunction has revealed itself as "social exclusion" in a broader sense, particularly in the male breadwinner model, designated as "the clearest case of impasse" in adapting to post-industrialization. Youth and women are excluded both within and outside the labor market, and exclusion is widely used by employers to avoid the burden of social insurance premiums. In Japan, where the male breadwinner orientation of the livelihood security system at the turn of the century is stronger than in other countries, social exclusion as accelerated "extra-legality" in social insurance schemes is evident. It needs to be contrasted to recent social

SUMMARY

security reforms in Korea and Taiwan that moved towards universalization of social insurance schemes in their efforts to restructure their strategies of economic development from labor- to capital- and skill-intensive.

A Comparative Study of Industrial Relations in Japan and Korea: Based on the Cases of Toyota Motor Corporation and Hyundai Motor Company

Jong-Won WOO

This paper examines the differences between the similarly enterprise-union-based industrial relations of Japan and Korea by focusing on union functions. In the case of Toyota, the union cooperates with management, which strives for "kaizen." The core workers on the shop floor, who also take on leadership of the union, are systemically trained and committed to shop management. Other ordinary workers are able to work flexibly and are committed to long-term training. In contrast, the relation between union and management in Hyundai is adversarial. Management does not depend on shop-floor workers but on engineers to maintain production system. Moreover, the union does not commit itself to functional flexibility or show interest in long-term training.

The paper investigates the historical contexts in which the contrasting practices were formed. First, the existence of skilled workers and the degree of their cooperation in the primary stage of economic growth influenced whether or not the production system made good use of the shop-floor workers' skills. Next, the democratization process affected the workers' attitudes toward long-term training differently. In Japan, "democratization" after WWII meant "equalization" between white-collar workers and blue-collar workers. The latter tried hard to improve their long-term abilities in order to show that they deserved equal status with the former. In Korea, democratization after 1986 was limited to free collective bargaining between management and blue-collar workers. It could not attain "equalization" because management was not weakened and the white-collar workers were more privileged than their Japanese counterparts. Finally, ideology influenced managerial attitudes toward worker participation in management. In particular, the division of the Korean peninsular exerted a strongly negative effect on worker participation in South Korea because it was believed that managerial prerogative should not be infringed in the capitalist regime.

The most difficult issues facing Korean unions are how to commit themselves more strongly to long-term training and how to reduce the working condition differentials between permanent and contingent workers in the process of setting up industrial unions. The problems facing Japanese unions are covering contingent workers more broadly and managing lifestyles, which have not been viewed as a worker's own but as a salaryman's.

Comparison of Public Pension Reforms in the East Asian Countries: China, Korea, and Japan

Kwang Joon PARK

This is a comparative study regarding the purposes and contents of public pension reforms among the East Asian countries of China, Korea, and Japan. For the purposes of reform, the three nations, with varying degrees of maturity, are compared in terms of universal coverage, the adequacy of benefits, fiscal security (sustainability), and modernization.

To examine the nature of pension reforms, a framework of four ways of spreading-out in social policy—penetration, imposition, harmonization, diffusion—is utilized to examine how each nation assimilated experiences from other countries. Diffusion was seen as the most common way of expansion in pension reforms while under conditions of globalization harmonization and diffusion have became the more prevalent methods.

East Asian countries face the usual challenges of fiscal security, intergenerational equity, diversifying need (i.e., women's rights to benefits), and public distrust, but each nation pursued its own objectives based upon its years of maturity. China, which started its reforms in the 1990s, has as its primary goal universal coverage followed by fiscal viability. Korea is, above all, seeking financial stability in its system, juggling between the adequacy of benefits and their sustainability. More mature than those two countries is Japan, which is, however, beginning to see the possibility of modernizing its pension system while pursuing fiscal stability as the primary objective.

The increase in the number of part-time workers and in public distrust of the pension system are still prevalent in these three countries. Sound and proper measures have not yet been developed to deal with demands for more fundamental reforms.

A Study on the Characteristics and Prospects of Japanese Industrial Relations

Yoshinori TOMITA

This study aims to examine the development pattern of Japanese industrial relations and trade union movements in the post-World War II period. In addition, it also

SUMMARY

provides suggestions on overcoming the difficulties confronted by trade unions in Japan at present.

The mid-1980's marked a turning point in industrial relations in Japan as various economic transformations, which influenced industrial relations deeply, took place in succession. The main transformations were (i) Globalization of the product market, (ii) Acceleration of market changes (shortening of the average product life cycle), (iii) Technological changes (introduction of microelectronics and information technologies), and (iv) Reduced demand for labor (slackening of labor markets).

These transformations in turn forced changes in systems of management, product development and production. The unit of management in firms became smaller and extended down to shop floors. Work teams on shop floors were designated as the smallest units to be responsible for firm profitability. At the same time, firm cost control became more severe. On the other hand, functions and responsibilities granted to lower level workers increased. As a result of these changes, the shop floor level became important because not only conflicts between workers and management, but also resolution of conflicts, took place there.

Another aspect of change in contemporary industrial relations is individualization. The individualization of industrial relations has had a deep impact on the trade union movement. This paper attempts to examine its impact by viewing (i) individualization of work hour controls, and (ii) individualization of payment controls. It is vital for trade unions to alleviate the effects of individualization through collective regulation. In a firm that devotes sufficient time to labor-management consultation, workers succeed in regulating working conditions collectively. As a result, working conditions tend to get better in such firms. This indicates that, in the process of individualization of industrial relations, joint consultation is more effective and practical than collective bargaining.

Centralization and decentralization of three-tiered structures of industrial relations within the U. S. automotive industry due to labor-management cooperation

Ken YAMAZAKI

This paper examines the transformation of industrial relations within the U. S. automotive industry, focusing on the evolution of the historically adversarial model into a cooperation-based approach to labor-management relations.

During the New Deal era, the federal government began supporting the collective bargaining process, a development which put labor unions on equal footing with employers for the first time. As a result, labor's share of corporate success increased in the form of improved wages, conditions, and benefits, ultimately stimulating economic activity in the U. S. marketplace. Around 1950, a new three-tiered structure of industrial relations was introduced and nearly fully realized. This three-tiered structure was comprised of a strategy level on an industry-wide basis, a collective bargaining level on both an industry wide basis and a company basis, and a work place level on a plant or an office basis. At that time, the power relationships within these three levels were balanced. However, in recent years, these dynamics have been altered due to (1) the loss of union power due to a declining rate of organization, (2) the emergence of a non-union industrial relations system, (3) the use of human resource management or low-wage strategies, and (4) changes in marketplace competition due to increased globalization. Under these new circumstances, the cooperative labor-management model's goal of attaining competitive levels of productivity and quality, for both the labor union and management, has become more important than the objective of continuing traditional industrial relations. Within the automotive industry, there are some patterns of labor-management cooperation unique to each company's management style. Daimler Chrysler and General Motors have taken different approaches in their efforts to transform industrial relations and rebalance power within the three-tiered structure. Such examples illustrate not only the possibility of the labor union's recovery, but also its limits and contradictions.

The Provident Fund Centered Social Security System: A Comparative Examination of Three Countries and Policy Implications for Nepal

Ghan Shyam GAUTAM

Provident funds that work through the mandatory saving accumulation are the dominant social security scheme in some Asian and African countries, though with varying levels of progress over the years. In this paper, we present a comparative analysis of provident fund performance in three Asian countries, Nepal, Malaysia and Singapore, respectively representing agriculture-dominated, industrializing and industrialized economies, and try to identify issues and prospects from the Nepalese perspective. After briefly reviewing the existing social security structures in the three countries, we comparatively appraise provident funds from different angles. Thereafter, after examining issues and prospects of provident funds, we conclude with some policy implications for the future design of the social security system in Nepal.

In Nepal, where the social security system is a relatively new phenomenon, the scope of EPF is rather narrow in terms of participants and services compared to Singapore and Malaysia. More concretely, coverage is drastically low, health service is completely neglected and schemes to enhance members' choices are lacking. In all three countries, no significant income redistributive features are available, necessitating the requirement of such provision by pooling certain funds among the participants. Positively, returns to members' savings are comparatively attractive in the Nepalese provident fund and the overall progress since 1990 deserves considerable praise. It possesses strong potential to become an effective social security program by bringing all organized workers and upper-income persons into its coverage. Nevertheless, the provident fund can hardly incorporate the large population engaged in the informal and agriculture sectors in the near future, making necessary a supplementary scheme to guarantee social security for all. Lastly, considering the possibility of introducing social insurance to incorporate the excluded majority into the social security net, we propose a two-layered four-pillared social security framework for Nepal. However, detailed preparatory work for the framework is needed for its successful implementation, and this has not been conducted in this study.

Defects in the Financial Verification of Public Pensions

Tohru HATANAKA

This paper reviews the report "Financial Report on the Public Pension System Fiscal Year 2003" recently published by the Pension Mathematics Section (PMS) in the Social Security Council of May 2001. The report provides data calculated from annual financial verification, including comparisons of the actuarial revaluation in 1999 with actual results. The report provides considerable information, but not enough information about National Pension and Basic Pensions benefits per insured person (B/P), which exceeded the forecast in the actuarial revaluation by 180 yen from 2000 to 2003. This paper argues that the inadequacy needs to be compensated for two reasons: (1) The National Pension involves over 20 million insured persons and attracts national attention, and (2) the financial problem affects all public pensions through the Basic Pension system, in which public pensions are mutually balancing.

To reveal what caused the actual result of B/P to exceed the forecast in the actuarial revaluation, this paper analyzes B/P using "Difference Analysis", which PMS has introduced (the method of Difference Analysis is explained in this paper). The result shows that B/P was mainly influenced by three factors: (1) The decrease of benefits functioned to cut B/P, (2) The number of persons insured by employees' pensions decreased because some of them moved to the National Pension, and (3) The rate of insured persons who don't pay contributions to the National Pension increased. The latter two worked to raise B/P, and their impact was much stronger than that of the former. In the actuarial revaluation in 1999, the Ministry of Health, Labour and Welfare assumed that the number of persons insured by employees' pensions would continue to increase and that the rate of contributors to the National Pension would be fixed. These optimistic assumptions resulted in differences between the forecast and actual result.

The conclusion is that PMS overlooks the serious problem above, so the MHLW should verify the National Pension and Basic Pension in more detail, and make available its results to encourage a discussion about public pension reform among researchers and associations.

Globalization and the Philippines' Overseas Employment Program for Nurses

Ryoichi YAMADA

The growth of the elderly population demands a large health workforce in the world's developed countries. Many health workers, especially nurses, in the developing countries are moving to the developed countries. The Philippines' global strategy is to provide a supply of health workers according to the current demands of each country. The Philippines has a redundant supply of nurses, and can supply them for the U. S. A., the U. K., the Kingdom of Saudi Arabia and many other countries . The remittances of OFWs (Overseas Filipino Workers) helps to maintain the economy and their families' consumption.

The exodus of the nursing workforce has caused some measure of "Brain Drain". It has cost the national economy the talents of many highly skilled professionals, such as licensed doctors who attend nursing schools to gain overseas jobs as nurses. The Philippines is at the brink of a healthcare worker and nursing crisis.

According to this research on the Philippines' Global Age Strategy, we need to ensure that labour migration programs are orderly, efficient and protective of the rights of migrant workers.

Economic Basis of the "Ownership Society" in the United States: Analysis of "Ownership" in Private Pensions

Kenzo YOSHIDA

Since 2004, the Bush administration has emphasized an "ownership society" as a

SUMMARY

key political concept. This concept includes promoting the "ownership" of retirement income as a significant aspect. In 2005, the administration assigned top priority to introducing the individual account system into the Social Security. This idea signified the application of a structural change in the private pension system to the public pension system, namely the introduction of defined contribution plans, such as 401(k)s.

This paper examines the historical implications and the economic basis of retirement income ownership by analyzing the characteristics of defined contribution plans. It arrives at two primary conclusions.

First, ownership of pensions has made participants independent of their employers. In defined contribution plans, the employer does not have the discretionary power to forfeit and reduce the benefits of the participants. It is a subject that the Employee Retirement Income Security Act of 1974 (ERISA) and a series of legislation on retirement income security tried to cover for defined benefit plans. Further, participants in defined contribution plans can decide how to manage their pension assets independently from their employers.

Second, the ownership of pensions also signifies the involvement of participants in a new economic order instead of the old order, industrial relations. In defined contribution plans, participants are dependent on plan providers, whose financial services incorporate a condition according to which participants can "own" their pensions. Participants need plan providers to manage their assets and generate profits from them. Such services are an application of services for individual investors and have been developed in order to promote various investment options to middle-class families. Hence, the independence of pension participants, or the ownership of the pension, is based on a specific historical condition-developing the financial business for middle-class individuals, which is also referred as the "money revolution."

These findings suggest the emergence of new political issues over the ownership of pensions. In traditional defined benefit plans, the primary objective of retirement income policy is to coordinate industrial relationships, with a special focus on securing employees' rights from employers. However, in defined contribution plans, it is also important to adjust for the conflict of interests between participants and financial institutions. For instance, disclosure of service fees and deregulation of investment management, banned under ERISA for potential conflicts of interest, have emerged as the main issue of retirement income policy since the rapid growth of defined contribution plans.

学 会 記 事 (2006年度秋)

1 大 会 関 係

社会政策学会は，例年，春と秋の年2回の大会を開催している。2006年度の秋には第113回大会が開催された。以下に，第113回大会のプログラムを掲げる。なお，プログラム発行後の変更等は以下では修正されている。

▶第113回大会
　　2006年10月21日（土）～22日（日）
　　会場：大分大学
　　実行委員長：阿部誠
【共通論題】　東アジアの経済発展と社会政策—差異と共通性—
　　　　　　　　　　　座　長：田多英範（流通経済大学）・沈　　潔（浦和大学）
　　1　東アジアの経済発展と労働・生活の質　　　　杉原　薫（京都大学）
　　　　—歴史的展望—
　　2　東アジアの社会政策を考える視点　　　　　　大沢真理（東京大学）
　　3　労使関係の日韓比較　　　　　　　　　　　　禹　宗杬（埼玉大学）
　　　　—戦後システムの形成と変化を中心に—
　　4　東アジアの社会保障比較　　　　　　　　　　朴　光駿（佛教大学）
　　　　—公的年金制度の生成・発展・改革—
　　5　コメント　　　　　　　　　　　　　　　　　上村泰裕（法政大学）
　　　　——総括討論——

【テーマ別分科会】
《第1（労働組合部会）》
　　「規制緩和」のなかの労働組合
　　　　　　　　　　　　　　　　　　　座長：早川征一郎（法政大学）
　　　　　　　　　　　　　　　　　コーディネーター：兵頭淳史（専修大学）
　　1　建設産業における規制緩和と労働組合　　　　浅見和彦（専修大学）
　　2　行政サービスの民間開放と公務員労組の対応　武居秀樹（都留文科大学）
　　　　—東京・H労組を事例に—

《第2》
　　貧困・低所得層の自立支援
　　　　　　　　　　　　　座長・コーディネーター：岡部　卓（首都大学東京）
　　1　生ける相談援助の質の標準化　　　　森川美絵（国立保健医療科学院）
　　　　　―現状および質評価の課題―
　　2　母子世帯と自立支援　　　　　　　　　　　　丹波史紀（福島大学）
　　3　生活保護における就労支援の検証　　　　　　布川日佐史（静岡大学）
《第3（秋季大会企画委員会）》
　　日本労使関係のいま
　　　　　　　　　　　　　　　　　　　　座長：石田光男（同志社大学）
　　　　　　　　コーディネーター：阿部　誠（大分大学）・富田義典（佐賀大学）
　　1　労働政治の構造変化と政策制度要求運動　　　五十嵐仁（法政大学）
　　　　　―政治的面からみた労使関係の変容―
　　2　日本の労使関係と法　　　　　　　　　　　　田端博邦（元東京大学）
　　3　日本の労使関係の特質と現状　　　　　　　　富田義典（佐賀大学）
《第4》
　　母子世帯政策の現状と課題
　　　　　　　　　　　　　　　　　　　座長：所　道彦（大阪市立大学）
　　　　　　　　コーディネーター：阿部　彩（国立社会保障・人口問題研究所）
　　1　母子世帯になってからの期間と生活水準
　　　　　　　　　　　　　　　　阿部　彩（国立社会保障・人口問題研究所）
　　　　　　　　　　　　　　　　　　　　田宮遊子（神戸学院大学）
　　　　　　　　　　　　　　　　　　　　藤原千沙（岩手大学）
　　2　母子世帯の母親の就労支援―政策と結果―　　田宮遊子（神戸学院大学）
《第5（産業労働部会）》
　　米韓自動車産業の労使関係
　　　　　　　　　　　　　座長・コーディネーター：上井喜彦（埼玉大学）
　　1　米国自動車組立企業の労使協調がもたらす労使関係枠組みの変化と
　　　　その矛盾　　　　　　　山崎　憲（日本労働政策研究・研修機構）
　　2　韓国自動車産業の労使関係　　　　　　　　　金　良泰（明治大学）
　　　　　―H自動車における『昼夜連続二交代勤務制度』と『月給制』を中心に―
《第6（社会保障部会）》
　　「障害者自立支援法」の内容と意義

　　　　（制定経緯・構成・直接的影響と社会保障構造改革的な意義）
　　　　　　　　　座長・コーディネーター：相澤與一（高崎健康福祉大学）
　1　「障害者自立支援法」立法の意義　　　相澤與一（高崎健康福祉大学）
　2　「障害者自立支援法」における応益負担の問題点　　鈴木　勉（佛教大学）
　3　「自立支援医療」の問題　　　　　　　荻原康一（中央大学大学院生）
　　　―障害者自立支援法が障害者医療政策に与えた影響―

《第7》
　アジア発展途上国の社会保障―カンボジアとネパール―
　　　　　　　　　　　　　　　　　　　　座長：上村泰裕（法政大学）
　　　　　　　　　　　　　　　　　コーディネーター：埋橋孝文（同志社大学）
　1　カンボジアの社会保障制度施行の遅延　　漆原克文（川崎医療福祉大学）
　2　ネパールの社会保障におけるプロビデント・ファンド
　　　―シンガポールとマレーシアの対比において―
　　　　　　　　　　　ガン・シャム・ゴータム（大阪産業大学大学院生）

【書評分科会】
《第1》現代の賃金問題
　　　　　　　　　　　　　　　　　　　　座長：猿田正機（中京大学）
　1　遠藤公嗣著『賃金の決め方』　　　　　　　岩佐卓也（神戸大学）
　　　（ミネルヴァ書房，2005年）
　2　森ます美著『日本の性差別賃金』　　　　　清山　玲（茨城大学）
　　　（有斐閣，2005年）
　3　小越洋之助著『終身雇用と年功賃金の転換』杉山　直（中京大学）
　　　（ミネルヴァ書房，2006年）

《第2》社会福祉の歴史
　　　　　　　　　　　　　　　　　　　　座長：玉井金五（大阪市立大学）
　1　谷沢弘毅著『近代日本の所得分布と家族経済』　千本暁子（阪南大学）
　　　（日本図書センター，2004年）
　2　菅沼　隆著『被占領期社会福祉分析』　六波羅詩朗（国際医療福祉大学）
　　　（ミネルヴァ書房，2005年）
　3　北場　勉『戦後「措置制度」の成立と変容』小笠原浩一（東北福祉大学）
　　　（法律文化社，2005年）

学会記事（2006年度秋）

【自由論題】
《第1》労働経済
　　　　　　　　　　　　　　　　　　　　座長：松尾孝一（青山学院大学）
　1　ボルダー・モデルの構造について　　　　　久保隆光（明治大学）
　2　転職経路と不平等に関する実証分析　　　森山智彦（同志社大学大学院生）
　3　韓国における公共勤労事業の展開過程　　鄭　在哲（早稲田大学大学院生）

《第2》年金
　　　　　　　　　　　　　　　　　　　　座長：森　詩恵（大阪経済大学）
　1　基礎年金制度の類型と決定要因　　　　　鎮目真人（同志社女子大学）
　2　障害年金改革に関する論点　　　　　　　百瀬　優（早稲田大学）
　　　─アメリカ，スウェーデンとの比較を手がかりに─
　3　アメリカ「オーナーシップ社会」の歴史的位置　吉田健三（松山大学）
　　　─年金「受給」から「所有」への転換─

《第3》生活・家族
　　　　　　　　　　　　　　　　　　　　座長：三山雅子（同志社大学）
　1　中国における農民工の『貧困』問題　　　劉　綺莉（金沢大学大学院生）
　　　─労働・生活実態の総合的分析─
　2　デンマーク・モデルと就業女性　　　　　熊倉瑞恵（日本女子大学大学院生）
　　　─出産から復職を中心に─
　3　ワーク・ライフ・バランスに関する考察　鈴木紀子（横浜国立大学大学院生）
　　　─社会的活動への参加を中心に─

《第4》福祉国家
　　　　　　　　　　　　　　　　　　　　座長：平地一郎（佐賀大学）
　1　日本における福祉国家研究の特質　　　　岡本英男（東京経済大学）
　　　─加藤榮一の福祉国家論の場合─
　2　福祉改革政治の分析枠組みの検討　　　　西岡　晋（早稲田大学大学院生）
　　　─経路依存と経路形成─
　3　緑の福祉国家の形成と展開　　　　　　　高橋睦子（吉備国際大学）
　　　─フィンランドの事例研究から─

《第5》ジェンダー
　　　　　　　　　　　　　　　　　　　　座長：居神　浩（神戸国際大学）
　1　女性のキャリア・コース　　　　　　　　水野有香（大阪市立大学大学院生）
　　　─事務系職種に就く登録型派遣労働者の事例から─

 2 家族主義的福祉レジームにおける「脱家族化」概念
   ―イタリアにおけるケア労働の事例から―
宮崎理枝（市立大月短期大学）

 3 生活協同組合の正規職員とパートの賃金格差 山縣宏寿（明治大学）

《第6》社会保障・福祉
座長：大西秀典（尾道大学）

 1 北海道におけるウェルフェアミックスの可能性
黒沼清一（佛教大学大学院修士課程修了）

 2 ベーシックインカムとベーシックケイパビリティ
村上慎司（立命館大学大学院生）

 3 フランスにおける医療保険と病院との関係
松本由美（早稲田大学大学院生）

◆編集後記

　「はじめに」で記したように，本誌は昨年10月の大会報告を中心に編集されている。編集作業に入る前に少し心配していた点は，本誌のタイトルについてである。昨年秋に本学会によって刊行された『東アジアにおける社会政策学の展開』と重複しないタイトルを決める必要があったからである。しかし，このような心配は無用であった。ある編集委員が提案されたタイトルが，重複しないという条件にそうものであり，容易に決定された。

　本誌の編集に関することで，お礼とお詫びを申し上げたい。まず，お詫びから述べたい。全体的なボリュームの事情と修正時間との関係で，本年1月末に提出された投稿論文で第二次審査を通過した論文を掲載できなかったことである。前号から引き継いだ論文の掲載で紙幅の余裕がなくなったためである。投稿者にはご了解をいただいたが，まことに申しわけないことである。投稿者には，お詫び申し上げる。

　次に，テーマ別分科会報告で留学生の論文をご指導下さった，埋橋孝文会員にお礼申し上げる。前号に引き続き，英文要約をきわめて迅速にチェックしていただいた，チャールズ・ウェザーズ会員にお礼を申し上げる。加えて，急遽，英文論文のチェックをお引き受け下さったことにも心から感謝申し上げる。

　周知のように本誌は学会誌の秋季号として刊行される最後の号である。編集期間中に，学会および学会誌の歴史について学びたいと願ったが，業務に追われそれは叶わなかった。幹事会に提出された小笠原編集委員長の学会誌に関する覚え書きを参照させていただくと，学会誌が辿った歴史は，編集委員会組織の統合と出版社の一本化に至るまで紆余曲折の道のりであったことがわかる。

　その長い歴史のほんのわずかな断面について触れると，現在のスタイルとなっての社会政策学会誌第1号は1999年7月に刊行されており，現行の編集委員会（秋季号担当）の前史とでもいうべき「第2編集委員会」によって編集された学会誌第2号は，同年10月に刊行されている。社会政策学会誌という名称（来春3月の刊行分を含めて）は，10年で19号の学会誌を刊行してきたことになる。

　この間に刊行された社会政策学会誌の編集に携われた歴代の編集委員会の方々および現編集委員会の方々のご苦労に感謝しつつ，編集後記を閉じることにしたい。

（室住眞麻子）

Shakai-seisaku Gakkai Shi
(The Journal of Social Policy and Labor Studies)

October 2007 　 No. 18

Impact of Socail Policy on the Economic Development:
Differences and Similarities in the East Asia

1. The East Asian Path of Economic Development
and the Quality of Labour and Life:
An Historical Perspective .... Kaoru SUGIHARA (3)

2. Perspectives for Studying East Asian Social Policies .... Mari OSAWA (19)

3. A Comparative Study of Industrial Relations in Japan and Korea:
Based on the Cases of Toyota Motor Corporation
and Hyundai Motor Company .... Jong-Won WOO (33)

4. Comparison of Public Pension Reforms in the East Asian Countries:
China, Korea, and Japan .... Kwang Joon PARK (48)

Comment by Chair

5. On the Study of the East Asian Welfare States .... Hidenori TADA (66)

From the Sub-sessions

1. A Study on the Characteristics and Prospects of Japanese
Industrial Relations .... Yoshinori TOMITA (77)

2. Centralization and decentralization of three-tiered structures of
industrial relations within the U. S. automotive industry
due to labor-management cooperation .... Ken YAMAZAKI (93)

3. The Provident Fund Centered Social Security System:
A Comparative Examination of Three Countries and
Policy Implications for Nepal .... Ghan Shyam GAUTAM (107)

Comments by Sub sessions Chairs .... (125)

Book Review Columns .... (155)

Articles

1. Defects in the Financial Verification of Public Pensions ...... Tohru HATANAKA (185)

2. Globalization and the Philippines' Overseas
Employment Program for Nurses .... Ryoichi YAMADA (208)

3. Economic Basis of the "Ownership Society" in the United States:
Analysis of "Ownership" in Private Pensions .... Kenzo YOSHIDA (228)

Summary

Edited by
SHAKAI-SEISAKU GAKKAI
(Society for the Study of Social Policy)
c/o Professor Shogo TAKEGAWA
Graduate School of Humanities and Sociology, The University of Tokyo
7-3-1, Hongo, Bunkyo-ku, Tokyo, 113-0033, JAPAN
URL http://wwwsoc.nii.ac.jp/sssp/
E-mail: takegawa@l.u-tokyo.ac.jp

〈執筆者紹介〉 〈執筆順〉

杉原　薫	京都大学東南アジア研究所教授	
大沢　真理	東京大学社会科学研究所教授	
禹　宗杬	埼玉大学経済学部教授	
朴　光駿	佛教大学社会福祉学部教授	
田多　英範	流通経済大学経済学部教授	
富田　義典	佐賀大学経済学部教授	
山崎　憲	労働政策研究・研修機構 調査・解析部副主任調査員	
ガン・シャム・ゴータム	大阪産業大学大学院経済学研究科・院生	
兵頭　淳史	専修大学経済学部准教授	
岡部　卓	首都大学東京大学院人文科学研究科教授	
石田　光男	同志社大学社会学部教授	
所　道彦	大阪市立大学大学院生活科学研究科講師	
上井　喜彦	埼玉大学経済学部教授	
相澤　與一	高崎健康福祉大学大学院健康福祉学研究科教授	
上村　泰裕	法政大学社会学部准教授	
岩佐　卓也	神戸大学大学院人間発達環境学研究科講師	
清山　玲	茨城大学人文学部教授	
杉山　直	中京大学非常勤講師	
千本　暁子	阪南大学経済学部教授	
六波羅詩朗	国際医療福祉大学医療福祉学部教授	
小笠原浩一	東北福祉大学総合福祉学部教授	
谷沢　弘毅	札幌学院大学経済学部教授	
畠中　亨	中央大学大学院経済学研究科・院生	
山田　亮一	高田短期大学講師	
吉田　健三	松山大学経済学部准教授

経済発展と社会政策
―東アジアにおける差異と共通性―

社会政策学会誌第18号

2007年9月30日　初版第1刷発行

編　集　社　会　政　策　学　会
（代表幹事　武川正吾）

発行所　社会政策学会本部事務局
〒113-0033　東京都文京区本郷7-3-1
東京大学大学院人文社会系研究科気付
電話／Fax　03-5841-3876
URL http://wwwsoc.nii.ac.jp/sssp/
E-mail:takegawa@l.u-tokyo.ac.jp

発売元　株式会社　法律文化社
〒603-8053　京都市北区上賀茂岩ヶ垣内町71
電話 075(791)7131　FAX 075(721)8400
URL:http://www.hou-bun.co.jp/

©2007　社会政策学会　Printed in Japan
印刷:㈱冨山房インターナショナル／製本:㈱藤沢製本
装幀　石井きよ子
ISBN 978-4-589-03040-5

日本的雇用慣行
野村正實 著
● 全体像構築の試み　身分制の視点から雇用慣行の再検証を行い、全体像を構築する。　5040円

業績管理の変容と人事管理
佐藤厚編著 ● 電機メーカーにみる成果主義・間接雇用化　現状を詳細に分析・着地点を探る。　5250円

熟練工養成の国際比較
平沼 高／佐々木英一／田中萬年編著 ● 先進工業国における現代の徒弟制度　5250円

脱クルマ社会の交通政策
西村 弘著 ● 移動の自由から交通の自由へ　過剰依存を検証、交通政策のあるべき姿を探る。　3675円

中国の社会保障改革と日本
広井良典／沈潔編著 ● アジア福祉ネットワークの構築に向けて　持続可能な福祉社会の可能性。　5040円

中華圏の高齢者福祉と介護
沈潔編著 ● 中国・香港・台湾「少子高齢化」をキーワードに高齢者福祉政策の今後を展望。　4725円

イギリス非営利セクターの挑戦
塚本一郎／柳澤敏勝／山岸秀雄編著 ● NPO・政府の戦略的パートナーシップ　3360円

現代資本主義と福祉国家
加藤榮一著　形成・発展・解体を資本主義発展の全歴史過程に位置づけて内在的に解明。　6300円

福祉国家システム
加藤榮一著　加藤福祉国家論第2弾。国際比較を交え、現代資本主義の再編・解体を精緻に実証分析する。　6825円

マイノリティとは何か
岩間暁子／ユ・ヒョヂョン編著 ● 概念と政策の比較社会学　混乱した「ことば」を整理する。　5250円

被占領期社会福祉分析
菅沼 隆著　一次資料発掘の成果。　4725円

第12回社会政策学会奨励賞
第25回社会事業史文献賞
第8回損保ジャパン記念財団賞
受賞！

ミネルヴァ書房
〒607-8494 京都市山科区日ノ岡堤谷町1　☎075-581-0296　宅配可／価格税込
E-mail eigyo@minervashobo.co.jp　URL http://www.minervashobo.co.jp/

中国社会主義国家と労働組合
――国家体制と政治協商体制との相互関係の歴史的分析

石井知章著

A5判・504頁・8190円(税込)

【内容】
- 序章
- 一章 初期中国型協商体制論
- 二章 中期中国型協商体制のコーポラティズムと労働組合
- 三章 中国政治体制改革と全面的民主化の模索と集団的民主化の挫折
- 四章 中国政治体制改革段階における労働組合の思想的位置
- 五章 中国社会主義国家と労働組合の意味
- 終章

中国の政治協商体制において中心的な役割を果たしている代表的アクターとしての労働組合(＝工会)を媒介にしつつ、この政治協商体制をとりまく政治構造の「全体像」を国家と社会との関係論としてはじめて描き出す。本来の中国政治研究の「一次資料」に基づき事実に迫る。

資本主義国家の理論
――資本主義国家理論への新機軸を提示

村上和光著

A5判・400頁・6300円(税込)

「資本主義国家の基本型」を全体の要石にしつつ、経済学体系と対応させながら国家体系を方法論的に確立する諸論考。

東アジア社会・経済制度の現状と課題
――経済危機後の東アジアにおける社会経済システムの再構築

保住敏彦編著

A5判・300頁・5040円(税込)

問題を孕みながらも発展する東アジアの実情を金融制度、企業の競争戦略、ソーシャルセーフティネットの三部構成で分析する。

自治体改革ビジョン
――地方分権時代に即応した地域特性を踏えた行政改革とは!!

佐藤隆著

A5判・242頁・2990円(税込)

NPM理論への批判を踏えつつアカウンタビリティの概念とマネジメント理論を融合させた新たな行政運営手法を提示する。公会計制度改革を中心に戦略計画・行政評価・

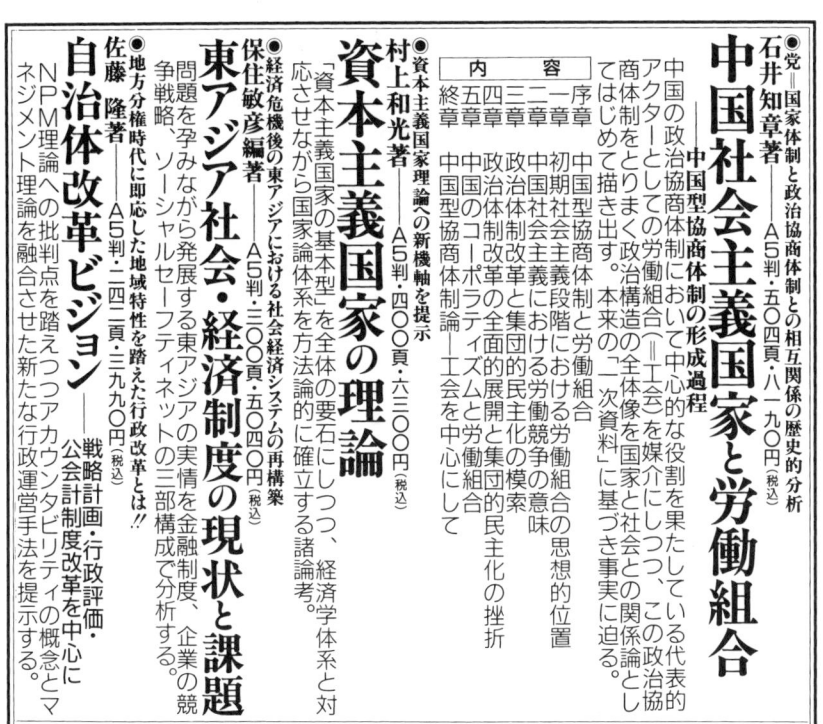

【マルクス経済学の現代的課題】
SGCIME編 ●各3255円

第Ⅰ集 グローバル資本主義=2巻
情報技術革命の射程
《第8回配本》
執筆者:半田正樹・石井徹・清水真志・石橋貞男・吉村信之・三輪春樹・新井栄二・須藤修・土肥誠・佐藤公俊・杉本伸・福田豊

第Ⅱ集 現代資本主義の変容と経済学=3巻
現代マルクス経済学のフロンティア
《第7回配本》
執筆者:植村高久・岡部洋實・大黒弘慈・コスタス・ラパヴィツァス・中村宗之・正上常雄・野口眞・山口系一・新田滋・阿部秀二郎・池上岳彦・佐藤公俊・榎本里司

●民主政の理論と概念の展開
アメリカ政治学と政治像
ジョン・G.ガネル/中谷義和訳
●5460円

アメリカ政治学に底流している民主的思想の固有の内在的意識とはどのようなものか解明する

●今何故、憲法の改正が提起されているのか
憲法の核心は権力の問題である
――9条の改悪阻止に向けて
三上治著 ●2100円

「自民党新憲法草案」はこれまでの歴史的流れの中でどのような位置にあるのか。特徴を析出。

【民族問題の古典的名著】
2冊を初めての全訳

諸民族の自決権
――特にオーストリアへの適用
カール・レンナー/太田仁樹訳
●6825円

『国家をめぐる諸民族の闘争』の完全改訂第2版の全訳。

民族問題と社会民主主義
オットー・バウアー/
丸山・倉田・相田・上条・太田訳
●9450円

マルクス主義における最も詳しい民族問題の体系的な理論化。

御茶の水書房
113-0033 東京都文京区本郷5-30-20 電話03(5684)0751
http://www.ochanomizushobo.co.jp/ 《価格は税込み》

東アジアの福祉資本主義

イアン・ホリデイ／ポール・ワイルディング編
埋橋孝文・小田川華子・木村清美・三宅洋一・矢野裕俊・鷲巣典代訳

● 教育、保健医療、住宅、社会保障の動き──香港、シンガポール、韓国、台湾の社会政策の全体を見渡し、各制度の基礎的知識を提供する。〈政策の発展〉〈規制〉〈供給〉〈財政〉を比較・分析し、現在進行していること、今後の課題と展望を解明。

●4515円

東アジアにおける社会政策学の展開

社会政策学会編

中国、韓国などの経済成長をうけて急速に関心が高まってきた東アジアの社会政策研究。社会政策学会においてこの十年で蓄積されてきた研究の成果を一挙に掲載し、社会政策学確立の可能性をさぐる。

●3990円

【近刊】シリーズ・新しい社会政策の課題と挑戦

第Ⅰ巻 **社会的排除／包摂と社会政策**
福原宏幸編著

第Ⅱ巻 **ワークフェア** ●排除から包摂へ？
埋橋孝文編著

第Ⅲ巻 **シティズンシップとベーシック・インカムの可能性**
武川正吾編著

社会保障論

河野正輝・中島誠・西田和弘編

現行制度の概説だけではなく、制度の基礎にある考え方や論理を解き明かすことにより、初学者が基本原則をしっかり学べる。国試受験者にも役立つ書。

●2625円

図説 日本の社会福祉〔第2版〕

真田是・宮田和明・加藤薗子・河合克義編

人権としての社会保障の視点から、制度の現実を直視して問題点と課題を整理し、今後の展望を示す。04年以降の動向、改変をふまえ加筆修正した最新版。

●2625円

社会福祉学の理論と実践

田澤あけみ・髙橋五江・髙橋流里子著

思想、理論、国際類型、制度、政策、各領域、実践と援助技術をまとめた最新の教科書。社会福祉を考え、知識・理論を体系化できる力をつけることをめざす。

●2835円

近代児童福祉のパイオニア

ボブ・ホルマン著
福知栄子・田澤あけみ・内本充統・林浩康訳

英国の児童福祉の黄金時代といわれる40〜60年代、この時代を築き、運動・運営を担った政治家、運動家、福祉官らの足跡をたどり、今日の議論に示唆を与える。

●2940円

法律文化社
価格は定価（税込）